OORLOGSDAGBOEK VAN VEGGENERAAL DE VILLEBOIS-MAREUIL

OORLOGSDAGBOEK
VAN VEGGENERAAL DE VILLEBOIS-MAREUIL

Vertaal deur Johann Rossouw & D.P.M. Botes

Protea Boekhuis
Pretoria
2000

Oorlogsdagboek van veggeneraal De Villebois-Mareuil
G.H.A.V. de Villebois-Mareuil

Afrikaanse vertaling deur Johann Rossouw en D.P.M. Botes

Oorspronklik uitgegee as:

Carnet de Campagne du Colonel de Villebois-Mareil. Parys: Société d'éditions litteraires et artistiques, 1902.
War Notes: The diary of Colonel de Villebois-Mareuil from November 24, 1899 to March 7, 1900. Londen: Adam and Charles Black, 1901.
War Notes: The diary of Colonel de Villebois-Mareuil from November 24, 1899 to April 4, 1900. Londen: Adam and Charles Black, 1902.

Protea Boekhuis
Posbus 35110, Menlopark 0102
protea@intekom.co.za

Tipografie en ontwerp deur Communi-Ad
Buitebladontwerp deur HOND BK
Tekening van De Villebois-Mareuil op buiteblad deur Daniël du Plessis
Reproduksie deur Dusk Dimensions
Gedruk en gebind deur   ABC Pers

ISBN 1-919825-15-0

© Afrikaanse vertaling 2000 Protea Boekhuis

© Alle regte voorbehou.
Geen gedeelte van hierdie boek mag gereproduseer word
op enige manier sonder die skriftelike toestemming van die uitgewer nie.

Hierdie publikasie is moontlik gemaak deur 'n ruim finansiële bydrae van die *Institut Française d'Afrique du Sud (IFAS)*, Johannesburg.

Institut Français
d'Afrique du Sud

Inhoud

- Lys van illustrasies — p vi
- Vertalersvoorwoord (2000) – Johann Rossouw — p vii
- Voorwoord (1902) – E.M. de Vogüé — p ix

Dagboek van die oorlog in Transvaal van veggeneraal De Villebois-Mareuil — p 1

- Hoofstuk I — p 2
- Hoofstuk II — p 8
- Hoofstuk III — p 14
- Hoofstuk IV — p 18
- Hoofstuk V — p 21
- Hoofstuk VI — p 25
- Hoofstuk VII — p 29
- Hoofstuk VIII — p 33
- Hoofstuk IX — p 37
- Hoofstuk X — p 40
- Hoofstuk XI — p 45
- Hoofstuk XII — p 54
- Hoofstuk XIII — p 60
- Hoofstuk XIV — p 65
- Hoofstuk XV — p 67
- Hoofstuk XVI — p 72
- Hoofstuk XVII — p 77
- Hoofstuk XVIII — p 80
- Hoofstuk XIX — p 85
- Hoofstuk XX — p 89
- Hoofstuk XXI — p 93
- Hoofstuk XXII — p 97
- Hoofstuk XXIII — p 101
- Hoofstuk XXIV — p 105
- Hoofstuk XXV — p 109
- Hoofstuk XXVI — p 112
- Hoofstuk XXVII — p 116
- Hoofstuk XXVIII — p 132
- Hoofstuk XXIX — p 136
- Hoofstuk XL — p 139
- Hoofstuk XLI — p 146
- Hoofstuk XLII — p 152
- Hoofstuk XLIII — p 157
- Register — p 161

Lys van illustrasies *(tussen pp. 80–81)*
Foto's
1. Georges de Villebois-Mareuil in 1894 as bevelvoerder van die 67e Regiment.
2. Georges de Villebois-Mareuil.
3. Leon Grunberg.
4. Ewald Esselen.
5. Genl. Louis Botha.
6. Genl. Schalk Burger.
7. Genl. Piet Cronjé.
8. Genl. Willem Kolbe.
9. President Paul Kruger.
10. President M.T. Steyn.
11. Genl. Koos de la Rey.
12. Genl. Chrisjan de Wet.
13. Genl. Naas Ferreira.
14. Genl. S.P. du Toit.
15. Genl. lord Methuen.
16. Die kanonkoeël wat De Villebois-Mareuil se dood veroorsaak het.
17. Genl. Piet Joubert soos De Villebois-Mareuil hom in sy tent aangetref het, Desember 1899.
18. Op kommando by die Elandsfonteinstasie op pad na Ladysmith. De Villebois-Mareuil is links met Sam Léon sittende oorkant hom.
19. Franse vrywilligers op die Natalse front.
20. Die mark op Bloemfontein soos dit ten tye van De Villebois-Mareuil se besoek daar uitgesien het.
21. Die Long Tom by Kimberley met genl. Piet Cronjé.
22. De Villebois-Mareuil by die winkel op Wonderfontein, met baron Van Dedam aan sy linkerkant.
23. Buitelandse militêre attachés by die Boeremagte.
24. Die oorlewendes van De Villebois-Mareuil se mag as krygsgevangenes by Boshof.
25. Die oorblywende lede van De Villebois-Mareuil se mag na sy dood.
26. De Villebois-Mareuil se oorspronklike grafsteen by Boshof.
27. Prins Bagration en graaf Pierre de Bréda as gevangenes op St. Helena.
28. Die monument ter ere van De Villebois-Mareuil in Nantes.

Kaarte
29. Kaart van die oorlogsterrein, Oktober 1899.
30. Die Natalse front, 1899–1900.
31. Die Slag van Colenso, 15 Desember 1899.
32. Die Suid- en die Wesfront, 1899–1900

VERTALERSVOORWOORD (2000)

Kolonel (later veggeneraal) Georges Henri Anne-Marie Victor de Villebois-Mareuil (22 Maart 1847 – 5 April 1900) was sonder twyfel een van die kleurrykste figure van die Anglo-Boereoorlog. Sy familie is ná die slag van Bouvines teen Engeland in 1214 tot die Franse adelstand verhef en was sterk Rooms-Katoliek, militêr en monargisties ingestel. Villebois-Mareuil het hom vroeg in sy lewe as soldaat onderskei in Indo-China[1] en die Frans-Pruisiese Oorlog van 1871, wat deur Frankryk verloor is en waarin hy swaar gewond en tot kaptein bevorder is. In 1892 dien hy as die jongste kolonel ooit in Frankryk op die staf van die Franse minister van oorlog. Hy voer gedurende 1895 die Eerste Vreemde Legioen vir 'n kort rukkie in Algerië aan. Nadat die bevel daarvan egter aan 'n ander kolonel vir 'n veldtog in Madagaskar oorgedra word, beleef hy 'n ineenstorting en bedank uit die leër. Tot 1899 lê hy hom toe op skryfwerk en politieke aktivisme. Gedurende hierdie tyd is hy mede-stigter van *Action Française*, wat vandag steeds as een van die belangrikste regse burgerlike bewegings in Frankryk voortbestaan. Nadat hy en sy honderd manskappe op 5 April 1900 naby Boshoff in 'n hinderlaag van 'n Britse mag onder aanvoering van lord Methuen uitgewis word, word hy met militêre eerbewys deur die Britte begrawe. Op 18 April 1971 word hy by Magersfontein herbegrawe.

Die dagboek wat hy vanaf 24 November 1899 tot 4 April 1900 gehou het, is 'n insiggewende tydsdokument oor die eerste paar maande van die Anglo-Boereoorlog. Nie net verleen dit insig in hoe 'n Franse soldaat wat hom volledig met die ou ridderlike ideaal vereenselwig het die wêreld gesien het nie, maar ook in hoe die Suid-Afrikaanse samelewing destyds vir 'n Europeër daaruit gesien het en waar die Boeremagte militêr tekort geskiet het.

Die Franse ridderlike ideaal het sedert die Middeleeue 'n baie belangrike funksie binne die Franse militêre en politieke lewe gespeel. Voorbeelde daarvan voor Villebois-Mareuil is onder meer te vinde in Balzac se *Le Colonel Chabert*, waarin vertel word van die stryd van 'n Franse soldaat wat na die slag van Eylou in 1807 veg om sy naam in ere te herstel, sowel as by die vrygeestige skrywer Chateaubriand, wat 'n belangrike intellektuele stem in Frankryk vroeg in die negentiende eeu ná die Franse Rewolusie was. Die leser sal geredelik in hierdie dagboek kan sien in watter mate Villebois-Mareil se eie deelname aan die Anglo-Boereoorlog gedryf is deur die versugting om hierdie ideaal in ere te hou.

1   Nou Viëtnam.

Villebois-Mareuil se aristokratiese siening sal waarskynlik vir 'n Suid-Afrikaanse leser aan die einde van die twintigste eeu heelwat ongemak meebring. Net soveel as wat waardes soos dissipline en trots vir hom belangrik was, net so begriploos het hy omgegaan met diegene wat nie by sy wêreldbeeld ingepas het nie. 'n Goeie voorbeeld hiervan is die rassisme, overt en kovert, waarmee hy Jode en swartes benader het. Van laasgenoemde getuig die dagboekinskrywing van 8 Januarie 1900. Wat hy hier oor swart werkers te sê het, is vir 'n hedendaagse leser ewe lagwekkend as wat dit skokkend is.

Wat sy ambivalente en moeilike verhouding met die Boere betref, sal die leser enersyds kan sien hoe sterk lojaal hy aan die Boere se anti-imperiale stryd verbind was – grootliks vanweë sy historiese haat vir Brittanje – en andersyds watter frustrasies hy met hulle ervaar het, veral weens die gebrek aan behoorlike strategie en inisiatief deur die Boereleierskap, wat oorwegend uit politici eerder as militêre bestaan het. Die leser sou met reg kon wonder watter verskil dit aan die vroeë verloop van die oorlog kon gemaak het as meer van Villebois-Mareuil se voorstelle ten uitvoer gebring is. Dat hy ook 'n gevoel van kulturele meerderwaardigheid teenoor die Boere gehandhaaf het, kan byvoorbeeld in die uiters komiese inskrywing van 31 Januarie 1900 gesien word.

Ten slotte moet genoem word dat hierdie vertaling om twee redes besondere vertaaleise gestel het. Ten eerste het Villebois-Mareuil hom, getrou aan sy aristokratiese agtergrond, van 'n baie keurige negentiende-eeuse Frans bedien. Dawie Botes se redigering van my vertaling het 'n onmisbare rol gespeel om oor hierdie hindernis te kom. Ten tweede het Villebois-Mareuil nie geskroom om sy menings en sienings oor die wêreld en die Suid-Afrika van sy tyd te gee nie, waarvan sommige, soos sy rassisme en romantiek, vandag erg anachronisties en selfs aanstootlik aandoen. Nietemin was dit nie my taak as vertaler om as sensor op te tree nie. Oordele en vertolkings is nie die taak van die vertaler nie. Ek het dus my bes gedoen om die teks so getrou moontlik te vertaal.

Johann Rossouw
Johannesburg, Julie 1999

VOORWOORD (1902)

"My ganse strewe is om te wees wat ek nog altyd was – 'n soldaat. Die matrys waarin die lewe van 'n soldaat in ons land, Frankryk, gevorm word, is te streng vir 'n mens om daaruit vry te kom as jy eenmaal daarin gegiet is."

Hierdie geloofsbelydenis kom uit 'n brief van De Villebois-Mareuil, wat hy van Pretoria af na *La Liberté* gestuur het. Dit kan as motto van hierdie oorlogsdagboek dien.

Hierdie daaglikse notas is op die paaie van Transvaal en in die harwar van die kampbedrywighede gemaak. Het die verteller enkele ledige ure gehad? Nee, dit blyk eerder dat hy 'n uiters talentvolle skrywer was! Wanneer die tyd gedruk het, was die haastige notas nie meer as 'n opsomming van 'n stafvergadering nie – duidelik en substansieel. Die eerste inskrywing is gedoen in Lourenço Marques[1] op 24 November 1899, en die dagboek eindig op 7 Maart 1900[2] – 'n maand voor die dood van die skrywer, in die tyd toe hy besig was om die groepie Franse troepe byeen te bring waarmee hy van voorneme was om 'n desperate onderneming aan te durf. Die dagboek waarin hy sy laaste gedagtes opgeteken het, is nie opgespoor nie. Hoe het dit verlore geraak? Is dit verlê? Is dit in die hande van die vyand? Is dit begrawe op die koppie van Boshof, na aan die groot hart waaruit hierdie gedagtes ontspring het?

Die dele van die dagboek waaroor ons beskik, sal die leser uiters boeiend vind. Dit sal in die besonder diegene aangryp wat hoop om daarin die tragedie van 'n lewe te lees. 'n Suggestie van tragiek straal uit hierdie bladsye wat aan ons toon wie Villebois-Mareuil was, waarna hy gesoek en wat hy gevind het.

Wie was hy? 'n Deel van die wrak van 'n groot skipbreuk; 'n ontroosbare slagoffer van openbare teenspoed, wat nie bereid was om die agteruitgang van sy land en sy status in daardie land te aanvaar nie. As soldaat van geboorte en roeping het hy hom by die leër aangesluit met die entoesiastiese geloof van 'n jong priester wat opdragte ontvang. In die tyd toe hy sy eerste epoulet ontvang het, was die draers daarvan baie hoog aangeskrewe en is hulle gereken tot 'n eie klas. Afgesien van die eer wat dit ingehou het, het dit ook 'n voortreflike persoonlikheid aangedui: 'n offisier van die Franse leër. Kort daarna het die oorlog uitgebreek. Dié oorlog, het hy geglo, was die oestyd vir gewisse roem, die enigste rede vir offisiere van

---

1 Nou Maputo.
2 Die Franse uitgawe van die dagboek *Carnet de Campagne* (1902) asook die eerste Engelse uitgawe *War Notes* (1901) eindig op 7 Maart 1900. Die tweede, en latere, Engelse uitgawes, eindig op 4 April 1900, 'n dag vóór De Villebois-Mareuil se dood. Gevolglik doen die gedeelte wat nou volg, effens vreemd voor.

sy kaliber om te leef of te sterf. Maar binne enkele weke het sy vertroue grootliks getaan in die skadu van die neerlaag.

Dit was egter slegs gedeeltelik: reeds die volgende dag het alle harte weer moed geskep, was almal se gedagtes koorsagtig op die komende herstel gerig. O, jongelinge wat my lees, hoe kan ek julle die atmosfeer van daardie tyd laat aanvoel, daardie hartstog wat deur 'n hele volk gedeel is, die verterende hartstog van die dobbelaar wat dag en nag leef in die afwagting op sy wraak? Villebois is vir sy dapper optrede in die Loire-leër tot kaptein bevorder. 'n Lang en belowende toekoms het vir hom as jong offisier voorgelê. Hy het hom met oorgawe aan sy beroep gewy.

Soos hy in sy taak opgegaan het, het Tyd, die draer van vergetelheid, ook aangestap. Die drif van vroeër jare het plek gemaak vir roetine. Die nuwe geslag het in ander belange opgegaan. Geleidelik het die Franse volk afgewyk van die ideale waaraan manne soos Villebois-Mareuil nog vasgehou het. As onbeweeglike skildwag op die rots van herinnering het hy die woeste see gesien styg: stadig maar seker het dit die hoop verswelg waaruit hy geleef het. Sy verslae siel het die geloof verloor wat hom na die ineenstorting van 1871 gedra het.

Nuwe waardes en nuwe eise het daagliks aanpassings in die militêre orde geverg – nog bittere smarte vir hierdie draer van tradisie. Agter die ou woorde waarmee die nuwe funksie opgetooi is, het hy die werklikheid duidelik waargeneem. Hy het die vanselfsprekende gevolg van maatskaplike ontwikkeling op die horison sien opdoem: 'n goeie burgerwag wat daardie mistieke familie – die leër – vervang het. In sy onvermoë om op die moedeloosheid wat hom oorval het te reageer, het kolonel Villebois-Mareuil bedank.

Hy het ander loopbane beproef en hom tot die letterkunde en die politiek gewend, maar dit was die tydverdrywe van 'n balling wat nie in staat was om sy verdriet uit te druk nie. Soos hy dit so treffend gestel het: niks kon sy lewe verander nadat dit in dié matrys gevorm is nie. Met 'n instinktiewe, oorgeërfde beweging het hy steeds na die geliefde ontbrekende swaard aan sy sy gesoek. Villebois het dit voel tril die dag toe Afrika aan almal wat vry en toegewy is, die bekoring gebied het van 'n kans om 'n edele saak te dien. Vir hierdie ontwortelde soldaat was die versoeking te groot. As gevangene van 'n middelmootbestaan, van 'n onaktiewe burgerlike lewe sonder gevaar, sonder roem, sonder gesag, het hy vertrek soos een wat uit die tronk ontsnap het.

Laat ons dit juister stel – hy het 'n kruisvaart onderneem. "Ek het derhalwe uit Joinville vertrek," vertel die goeie hofmeester, "sonder om weer – tot met my terugkeer – my voet in die kasteel te sit ... Ek wou nooit weer na Joinville terugkyk nie, sodat my hart nie versag sou word deur die mooi kasteel en die gedagte aan my twee kinders wat ek agtergelaat het nie." Is dit nie vir u of u in hierdie woorde die versugting van ons tydgenoot hoor nie, wanneer ook hy wegvlug na oorloë sonder die hoop om ooit weer sy familie te sien, sonder om selfs die dogter te omhels wat hy in hulle sorg gelaat het? Hy het op 'n kruisvaart vertrek – dit is die sinsnede wat ons altyd moet gebruik wanneer ons praat van manne van hierdie statuur. Hulle gehoorsaam steeds, na soveel eeue, die oproep van die voorouers wat na die Heilige Graf gegaan het. Die naam en doel van hulle moderne kruistogte het verander: hulle het Amerika met La Fayette[3] gaan bevry, Griekeland met Fabvier[4] vry gaan maak en die Boere met Villebois-Mareuil gaan verdedig. Waar ook al op die aarde 'n noodkreet opstyg, is dit altyd dieselfde drif wat hulle daarheen voer, dieselfde soeke na 'n ridderlike ideaal, dieselfde ongeduld om milde Franse bloed vir die ongelukkigstes te stort.

Helaas! Dieselfde ontnugtering wag oral op hulle. Dit blyk uit elke bladsy van die kolonel se dagboek. Ons lees dieselfde verhale wat tagtig jaar gelede uit Griekeland deur ons ontnugterde Grieksgesindes vertel is. Dit is waar dat Villebois in Transvaal uiters dapper manne, wat hom met roerende meelewing verwelkom het, aangetref het. Hy bring dan ook hulde aan hulle deugde en heldhaftigheid. Maar ons kan nie anders nie as om te voel dat daar nooit 'n behoorlike verstandhouding – selfs op 'n intellektuele vlak – tussen die Europese offisiere en hierdie landbouers van 'n ander wêreld en tydperk was nie. Van die Boere as sy feodale leenhere sê hy: "Alles in hulle denkwyse en metodes is outyds." Die gevegsmetodes wat hy aan hulle kom oordra het, het vir hulle Grieks gebly. Hierdie

---

3   Markies de la Fayette (1757–1834), Marie Joseph Paul Roch Gilbert Motier, Franse generaal en patriot, het in die leër van die Amerikaanse Vryheidsoorlog gedien. Ook gespel Lafayette.
4   Baron Charles Nicholas Fabvier (1782–1855), 'n Franse generaal, gebore in Pont-à-Mousson, onderskei hom as vrywilliger in die opstand van die Grieke teen die Turke in 1822. Hy was die aanvoerder in die verdediging van Athene in 1827.

"onbeweeglike stryd" het hom moedeloos gemaak. Die geringste aanvallende aksie, het hy sonder ophou gesê, sou vernietigende gevolge hê. Maar hy het vir die dowes gepreek! Kolonel de Villebois-Mareuil het die ergernis ervaar van 'n goeie speler wat sien hoe sy makkers 'n manjifieke spel met al die troewe in die hand verloor. As 'n leier sonder troepe, maar uitgehonger vir aksie, het hy as onverbonde offisier deur die Boerelaers geswerf. Hy het elke geleentheid vir sy eie gewaagde verkenningstogte benut. Hy het op grond daarvan raad gegee waarna altyd met agting geluister is, maar wat nooit gevolg is nie. Die roetine was vir hulle te streng.

Roetine en politieke versigtigheid het die leërleiding in hierdie oorlogvoerende republiek verlam. "Politiek speel by alle militêre besluite 'n groot rol; leiers ontduik verantwoordelikheid ... 'n Soort gewoonte om 'n beroep te doen op algemene stemreg wat planne voortdurend in die wiele ry, die vereiste dat te alle tye in ooreenstemming met die algemene wil opgetree moet word, maak die Boereleërleiding onbedwingbaar huiwerig." Villebois keer op twintig plekke terug na die twee oorsake wat soveel dapperheid en toewyding ongedaan gemaak het: die vrees vir verantwoordelikheid by die generaals en die verdagte individualisme by die gewone soldaat. Laasgenoemde het die slagveld sommer voor die afloop van 'n beslissende veldslag verlaat om by sy familie te gaan rus; hy het hom op gelyke voet met sy leiers gestel. Al die Boeregeneraals wat in die dagboek vermeld word, het een gemeenskaplike kenmerk -- hulle besluiteloosheid en hulle onwilligheid om bevele te gee. Die verteller gee uitdrukking aan sy gedagtes wanneer hy sover gaan as om te sê dat hierdie leiers, hierdie burgerlike politieke leiers "'n redelik getroue weergawe is van wat menere ... [die name van sommige van ons mees tipiese parlementslede is in die oop ruimte geskryf] sou aanvang as ons aan hulle die witgepluimde helm sou gegee het om ons eskaders te lei." Hy het slegs Louis Botha uitgesonder. Die onverskrokke De Wet het hy nooit geken nie.

U moet egter nie dink dat ons landgenoot onregverdig is teenoor dié navolgenswaardige volk nie, wat die dood agter hulle koppies afgewag het en dit stoïsyns tegemoetgegaan het, eerder as om hulle grond prys te gee.

Nee, wat hom vertoorn het, was die absurditeit van die gewag; die voortdurende onderwerping aan die wil van 'n oorwonne vyand wat die bewe bewegings van die oorwinnaar bepaal het; die nutteloosheid van hierdie edelmoedige opofferings en die resultaat van te min dissipline en strategie. Villebois het verbyster en verlore soos 'n volbloedperd tussen 'n trop beeste gevoel; hy het hulle na die slagplaas sien gaan met 'n trae gang in plaas daarvan dat hulle die veewagter wat hulle soontoe aangeja het, storm.

Sy intellektuele en morele isolasie blyk duidelik uit sy beskrywing van Kersnag. Saam met wie sou hy in daardie uur wanneer harte verlang om in 'n ontboeseming van herinneringe en gemeenskaplike gevoelens te verenig, 'n broederlike glas sjampanje wou drink? Met sy Boerevriende wat hy kom help het? Nee, met Duitse offisiere, die aartsvyande teen wie hy altyd gedroom het om te veg. Hy was self verbaas om in hulle tente net vae blyke van volk en vaderland aan te tref. Dit was omdat hulle ten spyte van alles sy mense was – Europeërs, offisiere deur dieselfde kultuur gevoed, dissipels van dieselfde militêre kultus.

Kolonel de Villebois-Mareuil het aanvanklik Natal toe gegaan, in die tyd toe die Republikeine slegs die wil moes openbaar en die vyand halsoorkop in die Tugela sou verdwyn het. Ladysmith was soos 'n ryp vrug wat gepluk moes word. Hy het sy bes gedoen om Joubert oor te haal om al die kommando's wat reeds in hulle stellings wortel geskiet het, saam te trek, maar dit was 'n verlore saak. Sy argumente is aanvaar, maar nie 'n vinger is verroer nie. Ontmoedig hierdeur, het hy na die ander front naby Kimberley vertrek. Ook daar was 'n kragdadige aanval al wat nodig was om die dorp in sy laaste stuiptrekkings te verower. Cronjé was egter net so ontoeganklik as Joubert vir taktiese voorstelle. Hy het voor die Engelse geswig en toegelaat dat hy omsingel word. Soos al die ander was ook hy slegs groots deur die selfversaking en manhaftigheid in teenspoed wat hy oor homself gebring het. Op 4 Maart 1900 vat Villebois sy indrukke van die veldtog en militêre temperament van die Boere saam. Die gevolgtrekking waartoe sy ervaring hom gelei het, staan in skrille kontras tot ons heersende siening. Hy sluit met hierdie woorde af: "Die ramp lyk seker. Dit is slegs 'n kwessie van 'n paar uur."

So het hy ook die situasie as hopeloos beskou toe hy uiteindelik die klein onafhanklike kolonne – 'n sestigtal Franse en Europeërs – kon vorm waarmee hy voordat dit te laat was, wou toon hoe 'n offensief uitgevoer moes word. Toe hy bevel van die groep neem, het hy slegs een doel voor oë gehad, een oorheersende gedagte wat telkens in sy dagboek opduik. Hierdie gedagte was nie meer aan die Boere nie, maar aan Frankryk en sy leër. Hy het gesweer dat hy 'n onuitwisbare herinnering aan Franse onverskrokkenheid in Afrika agterlaat. Hy het hom voorgeneem om aan almal – vriend en vyand – te toon hoe die soldate van sy volk te sterwe kom. Hy het sy besluit by Boshof gestand gedoen.

Al was dit slegs deur hierdie testament aan ons na te laat, was sy opofferings nie tevergeefs nie. Hierdie uitmuntende getuienis sal 'n verkeerde en gevaarlike blindheid in Frankryk oor die Boere regstel. Onoorwinlik soos die weerstand van die Boere destyds gelyk het, het dit guerrillavegters van vrywillige milisies en dergelike ydele grille aangemoedig. 'n Bevoegde ooggetuie verstrek die enigste rede vir die Boere se aanvanklike sukses aan ons: dit was slegs toe te skryf aan die ongelooflike onvermoë van die Boere se teenstander wat as taktikus net so treurig soos die Boere was. Met hulle morele deugde iets seldsaam in die demokrasieë van die Ou Wêreld[5], met fisieke opleiding en skietkuns soos wat ons by geen ander volk aantref nie, sou die burgersoldate en geïmproviseerde generaals van die veld nogtans nie teen 'n paar goed gedissiplineerde en geharde regimente standgehou het nie. 'n Feitlik onopgeleide leër sou hulle met die eerste veldslag verslaan het. Villebois het dit duidelik gesien en dit onomwonde gestel dat, ten spyte van hulle bewonderenswaardige individuele eienskappe, hierdie arme burgers uit die staanspoor in 'n slegter posisie was – nie slegs as gevolg van die getalsoorwig van hulle vyand nie, maar ook weens hulle gebrek aan 'n samehorigheidsgevoel, dissipline en bevel.

Dit is die mening van 'n uitstekende militêre beoordelaar wat sy lewe vir hulle sou opoffer en wat nie daarin kon slaag om hulle die lig te laat sien nie.

Laat ons luister na die getuie wat hier met die dubbele gesag van sy lewe en dood spreek. Mag ek hierdie reëls vooraf verskoon word: hulle verduidelik die oorsprong en betekenis van hierdie dokument. Dit gee nie voor om enigiemand in Frankryk daaraan te herinner met watter ootmoedige respek ons die nadoodse stem van die held van Boshof moet aanhoor nie. Ek is gevra om 'n laaste eerbewys aan kolonel De Villebois-Mareuil te betoon. Ek het hierdie plig aanvaar, maar ek berou dit byna. Ek voel die swakheid en die ydelheid van my woorde te sterk aan in vergelyking met

---

5 Europa, Asië, ens.

hierdie heldedade. Op sy verlore graf, waar hy in Afrika begrawe lê, moes hierdie vers uit die Boek van die Makkabeërs gegraveer word, die een waar na Judas verwys word: "Die eer van sy volk het hy verbrei; in sy pantser was hy soos 'n reus. Nie 'n plekkie op die aarde nie, of hy was daar beroemd as die een wat verlorenes saamgetrek het."

E.M. de Vogüé[6]
Lid van die Franse Akademie

---

6   De Vogüe, Eugène Melchior, Franse skrywer van romans soos *Jean d'Agrève* (1897) en publikasies soos *Le Roman Russe* (1886) en *Maxime Gorki* (1905). Hy word in 1888 tot die Académie Française toegelaat.

DAGBOEK VAN DIE OORLOG IN TRANSVAAL VAN VEGGENERAAL DE VILLEBOIS-MAREUIL

2

I

24 November 1899. Vertrek van Lourenço Marques. Die spoorlyn het 'n bog van die baai gevolg en spoedig deur 'n gelyk omgewing gegaan, begroei met struikgewas, lae bome, riete en groepe dwergpalms hier en daar. Dan het die ruigte verdig, die gras het ru en skerp geword. Die vlakte was deurkruis met stroompies, waarvan die twyfelagtige water in die hoë gras verdwyn het. Die kontrei was groen.

'n Swerm sprinkane het oorgevlieg en soos in Algerië op die trein neergereën. Die stilstaande strome maak die hele landstreek ongesond. Die gras is vir perde gevaarlik. By die stasies het klein swart seuntjies met hokke voëls nadergekom.

Op ons trein was vyf Duitsers – waarskynlik soldate. Ons kon uitgestrekte, verlate, bosryke vlaktes sien, wat goeie jagveld kon wees omdat daar nog leeus voorgekom het, as dit nie deur die tsetsevlieg besmet was nie. Klein hopies grond het miernesse aangedui. Daar was redelik baie kameelperde, hoewel die spoorlyn hierdie skugter diere verdryf het.

'n Leër wat Transvaal wil oorwin deur uit Delagoabaai te vertrek, sou weens malaria en 'n gebrek aan drinkwater swaar beproef word. Dit sou vir hom onmoontlik wees om in hierdie besmette verlatenheid te vertoef.

Nietemin, die spoor het die kronkeling van 'n mooi rivier met helder water tussen sy gelyk oewers gevolg. Die trein het die hele pad voorrade afgelaai. Donkerkleurige negers, geklee in snaaks saamgestelde Europese klere, het die trein bestyg.

By Komatipoort is die grens. Nadat ons die ysterbrug oor die Komatirivier oorgesteek het, het ons die gelukkige verrassing gehad om 'n Franse vlag te sien wapper bo 'n stokery waarvan die eienaar voedsel aan die stasie verskaf het.

Die doeanebeampte was noulettend en puntenerig, maar met 'n aangename en familiêre korrektheid. Hulle het my my woord laat gee dat my saalsak niks bevat waarop doeane betaal moes word nie en nouliks na een van my veldflesse gekyk. Daarteenoor is ons paspoorte versigtig nagegaan. Hierdie operasie het tot die afkeuring van twee buitelanders gelei. Op wapens is beslag gelê, maar ek is toegelaat om my sabel en rewolwer te hou.

Die afdaal was vinnig. Voor ons het hoë berge op die horison gelê. Ons het oor 'n plato voortgesnel. Doringbome was versprei op 'n grasvlakte wat soos die prêrie lyk, soos sommige boorde in dele van Noord-Afrika en Suid-Spanje. Dan het ons 'n uitsig op 'n voortreflike amfiteater van berge gehad. Steeds het die trein deur 'n uitgestrekte, bosryke plato gestoom.

'n Jong man van sestien het by ons in ons kompartement aangesluit. Hy was 'n Boer wat, bygestaan deur twee makkers, vyf-en-twintig Engelse gevangenes – stokers, ingenieurs – geleide gedoen het. Altesaam 1560 soldate het in Pretoria agtergebly. Die jong mans was belas met die polisie- en geleidediens. Hoflik, eenvoudig, geensins aanstellerig nie, is hierdie Boere. Tydens sukses wonderbaarlik kalm, maar verwoed teen die Engelse.

Op die rooi aarde was verspreide bossies, struike, lappe gras, omring deur kaal berge, besaai met swaar rotsblokke en -formasies, beboste maar onbewoonde plato's, voortreflike woude met volop wild – ongelukkig besmet met koors van die riviere wat dit deurkruis. Hierdie land sou 'n afgryslike begraafplaas word as dit tot hier verdedig sou word.

Ons het 'n rotsagtige, digbeboste bergpas binnegegaan. Die rivier was op regterkant, die spoorlyn 40 voet daarbo. Die berghange het met 'n helling van 60 grade na die watervlak gedaal. Dit sou vir 'n troepemag onmoontlik wees om daar deur te gaan.

Ná Nelspruitstasie het die plato weids uitgesprei en met koppies op die horison verdwyn. Plek-plek was lappies groenigheid, struike of 'n rivier wat tussen die bosse deur vloei.

Al die stasies was met bloekombome omring. 'n Mens sou jou kon verbeel dat ons op die Algerynse spoorweg was as die majestueuse skoonheid van Transvaal nie so 'n teenstelling met die Algerynse verslonsdheid gevorm het nie.

25 November. Waterval-Onder. Ons het aandete genuttig en die aand deurgebring aan huis van 'n Fransman, meneer Mathis, wat hier 'n agtermekaar fabriek, 'n hotel, plantasies en 'n tuin gevestig het, sonder dat die woonhuis in die berge daarby uitgesluit is. Gaaf, intelligent, aktief en hoog gewaardeer in Transvaal – waar hy die Franse naam hoog hou – het ons gasheer ons hartlik ontvang. Danksy hom kon ons weer egte Franse kookkuns geniet – iets kosbaars in Suid-Afrika.

Na aandete het ek in die plantasies gaan stap. Die nag was sereen en vol luister met 'n fees van sterre. Die bloekomgegeurde aandlug het 'n heerlike aroma versprei. Die lug was so suiwer en vars dat ek my afvra of ek nie vir 'n lugkuur na Afrika gekom het nie. Ek het die energiekheid ervaar wat 'n mens op groot hoogtes voel. Aan die ander kant slaap ek lig, ver van die loomheid van die see, en wag ongeduldig op die dagbreek.

Vertrek om agtuur die oggend. Die trein het die rotsagtige versperring wat ons van die hoë plato's skei met 'n tandrat uitgeklim. Ons het 'n manjifieke pas binnegestoom, gevorm deur berge wat soos die mure van 'n fort met groen hange lyk. Onder het die stroom voortgebruis, geel van die sand wat dit meevoer. Toe het ons die laaste bome agtergelaat en die streek van weivelde en Boereplase by Waterval-Boven bereik, waar 'n Engelse hotel is wat met dié van meneer Mathis die ondersteuning van reisigers deel.

Gisteraand het 'n klein konvooi gevangenes wat uit Johannesburg verban is, aangekom. Tydens aandete by die hotel is hulle deur jong Boere bewaak en daarna vir die nag in hulle treinwaens toegesluit. Hulle was stil en afgetrokke.

26 November. Sondag is in Pretoria 'n dag van algehele rus, nie die geringste verstrooiing of vermaak nie. Sonder die vriendelikheid van meneer Aubert, konsul van Frankryk, en sy gesin wat my van tienuur die oggend tot tienuur die aand besig gehou het, sou ek niks gehad het om te doen nie. Met die afklim van die trein af gister het ek die hartlikste ontvangs van hom en mejuffrou Aubert gehad. Sy is eg Frans soos haar vader en praat soos hy Nederlands. Sy stel haar heelhartig en toegewy in diens van alles wat Frankryk bevoordeel en mense van ons land laat hou en dit laat verstaan.

Gehuisves in die Grand Hotel, baie weelderig en gerieflik, het ek in 'n diep slaap geval, want die reis het my baie vermoei. Vanoggend, nadat ek die mis in 'n klooster bygewoon het, het ek die besoek afgewag van Holboom en die konsul, wie se raad vir my van groot belang was. Ek beskou dit so dat ek slegs van nut sal wees as ek baie ongekompliseerd en gereserveerd optree en my advies aanvanklik met die mins moontlike opdringerigheid gee. Nietemin glo ek dat ek met takt en volharding daarin sal slaag om die Boere tot diens te wees.

Daar is drie of vier Duitse offisiere in die personeel van generaal Joubert by wie ek waarskynlik my kwartiere – en sonder twyfel goeie kwartiere – sal hê.

Ek het middagete by meneer Aubert geniet en in gesprek met hom het ek baie akkurate kennis van die krygsoperasies opgedoen. Die Uitvoerende Raad moes die ultimatum op 2 Oktober gestuur het, maar aangesien die Vrystaat se mobilisering nog nie afgehandel was nie, is tot die negende met die aflewering van die ultimatum gewag. Van die elfde af het die tydperk van vyandighede feitlik reeds aangebreek; meneer Conyngham Greene het sy briewe van herroeping aan die regering oorhandig; krygswet is afgekondig en bevel is aan die Boeremagte gegee om Natal en Betsjoeanaland[1] binne te val.

Op 12 Oktober het generaal Joubert Natal oor Laingsnek binnegegaan. 'n Boerekommando het van Vryheid oor Dundee met Colenso as verdere mikpunt opgeruk. 'n Vrystaatse kommando het oor Van Reenenspas gegaan om Ladysmith – die mikpunt van generaal Joubert se operasies – te omsingel.

Gevegte het van die twintigste af plaasgevind. By Elandslaagte het generaal Kock weens ontoereikende getalle teruggeval, maar die Duitse en Nederlandse korps het nie die Boere se voorbeeld gevolg nie en is omvleuel. Hy moes tot hul redding kom en is gevolglik verslaan en gewond.

Op 11 Oktober het generaal Cronjé – die einste wat Jameson gearresteer het – die grens van Betsjoeanaland oorgesteek en die Rhodesiese[2] spoorlyn vernietig, waarop 'n dinamiettrein was wat ontplof

---

1 Nou Botswana en die Noord-Kaap. Hier word eintlik die Noord-Kaap bedoel. Sien ook p. 46 n. 24.
2 Noord-Rhodesië is tans Zambië en Suid-Rhodesië is Zimbabwe.

het. Hierdie trein is deur die drywer daar gelaat met die doel om die Boere op te blaas, maar die plan het misluk.

Generaal Cronjé het toe 'n gepantserde trein gebuit en na Mafeking[3] opgeruk. Die Boere van die Oranje-Vrystaat het na Kimberley opgeruk, beheer oor die waterleiding oorgeneem en die brûe oor die Vaal- en die Suid-Modderrivier opgeblaas.

Op die twintigste het majoor[4] Lucas Meyer met 600 Boere 4000 Engelse troepe by Dundee aangeval, maar omdat hy nie die verwagte hulp gekry het nie, het hy na tien uur se gevegte teruggeval en een kanon, nege Engelse offisiere en 175 Engelse berede soldate met hom saamgeneem.

Op die een-en-twintigste is generaal Kock met 700 man, waarby die Duitse korps van Johannesburg en die Nederlandse korps van Pretoria ingesluit was, by Elandslaagte deur die magte van Ladysmith en Dundee aangeval en verslaan. Weens die oormag van die vyand het die Boere teruggeval, maar die Duitsers en die Nederlanders het pal gestaan en versterkings aangevra. Kock het die fout begaan om na hulle te luister, in plaas daarvan om die bevel te herhaal dat hulle moes terugval. Uitslag: 183 Boere, Duitsers en Nederlanders, waaronder talle gewondes, is gevange geneem. Kock was onder die gewondes en het beswyk. Die Engelse verliese by Dundee en Elandslaagte (generaal Symons) was: gesneuwel – drie senior offisiere, drie luitenante, 46 soldate; gewond – ses senior offisiere, 16 kapteins, 15 luitenante, 26 onderoffisiere, en 175 soldate.

Toe die Boere Dundee ingeneem het, het hulle 300 gesneuweldes en 190 gewondes daar aangetref. Die gevangenes – nege offisiere en 200 soldate – is na Pretoria gestuur, waar hulle goed ontvang en behandel is. Die Boeregevangenes in Ladysmith is deur die Engelse bespot.

Die Engelse soldate is in die omheining van 'n resiesbaan aangehou, terwyl die offisiere gehuisves is in 'n gebou wat gebruik is om voorwerpe te berg wat Transvaal na die wêreldtentoonstelling

---

3 Nou Mafikeng.
4 Hoewel in hierdie dagboek na Lucas Johannes Meyer as majoor verwys word, was hy 'n generaal en het hy as generaal tot die Anglo-Boereoorlog toegetree.

in Parys wou stuur. Hulle het 'n sokkerbal vir afleiding gevra en die Boere het onmiddellik aan hulle versoek voldoen.

Tydens die krygsoperasies het die Engelse die wit vlag misbruik, óf om hulle magte uit 'n probleemsituasie te kry, óf onder die valse voorwendsel dat hulle vroue en kinders beskerm.

By Ladysmith het die Engelse sewe batterye, vier kavallerieregimente, vier infanterieregimente, een geniekompanie, kompanies berede infanterie versterk deur die infanterie en 'n berede battery – altesame 16 000 man – gemonster. Die beleg van Ladysmith het die nag van 29 op 30 Oktober geskied. Die Royal Irish Fusiliers en die Gloucester Regiment, wat saam met die Tiende Berede Battery probeer uitbreek het, is omsingel en het oorgegee. Die Boere het vyf kanonne gebuit en 42 offisiere en 1200 manskappe gevang wat in Pretoria aangehou is.

Tot op 1 November is Engelse verliese geraam op 5500 gedood of gewond en die Boere s'n op 500, insluitende die manskappe wat by Elandslaagte gevang is.

Mafeking is baie goed deur kolonel Baden-Powell[5] met 3000 man verdedig. Ten spyte van die verowering van twee klein forte en 'n bombardement hou die dorp steeds uit. 'n Sterk groep Vrystaatse soldate bewaak die suidelike front.

Die volgende eenvoudige feit sal 'n aanduiding gee van die onwaardige gedrag van die Engelse: Op 30 Oktober het die soldate van 'n regiment lansiers afgestorm op die Boere wat oorgegee het of beseer is en vir hulle geskree: "No mercy for you, damned Boers!" Nadat die Boere van hierdie afstootlike daad te hore gekom het, was hulle uiteraard verontwaardig, maar hulle het spoedig wraak geneem. 'n Mag van 700 soldate van die Vrystaat het hom naby die Modderspruit, noordwes van Ladysmith, bevind. Hulle aanvoerder het die manskappe beveel om die Engelse magte wat wou probeer uitbreek, toe te laat om nader te kom en om slegs enkele geweerskote te vuur om so die indruk by die Engelse te skep dat die stelling swak verdedig was. Die lansiers het uitgebreek en toe hulle binne 320 tree

---

5 Kol. (later generaal lord) Robert Stephenson Smyth Baden-Powell (1857–1941). Stigter van die Boy Scout-beweging in 1908.

was, is hulle deur dodelike vuur oorval en groot verliese toegedien. Hulle het nog drie keer probeer, sonder om te merk dat 'n omsingelingsbeweging besig was om hulle te omsluit. Hulle het op vyf na almal omgekom. Hierdie voorval het 'n groot indruk in Ladysmith gemaak en die kavallerie het nou geweier om die dorp te verlaat. Sedertdien is gevegte feitlik tot kanongevegte beperk. 'n Uitval het wel op 15 November plaasgevind, maar dié Engelse poging is afgeslaan. Generaal Joubert het die gewondes, vroue en kinders toegelaat om uit te kom en buite die dorp kamp op te slaan.

'n Vlieënde kolonne wat in 'n suidelike rigting gestuur is, het Colenso aan die Tugela beset en gevorder tot by Estcourt, wat swaar verskans is en Pietermaritzburg dek. Die kolonne het 'n gepantserde trein en 'n maxim gebuit en 55 manskappe, waaronder twee offisiere en een joernalis, die oudste seun[6] van wyle lord Randolph Churchill, gevange geneem. Daarbenewens het die Engelse tien gesneuweldes en 14 gewondes gehad. Aan die Boerekant is 'n paar manskappe lig gewond.

In die suide van die Vrystaat het die kommando's die grens oorgesteek en Colesberg, Aliwal-Noord, Burgersdorp en die spooraansluiting by Albert ingeneem. Hulle is met geesdrif verwelkom. Die Engelse gee voorkeur aan die ontsetting van Kimberley, omdat Cecil John Rhodes[7] daar vasgekeer is.

II

27 November. Ek het vandag die staatsekretaris, meneer Reitz, gespreek, wat my dienste aanvaar het en my meegedeel het dat ek my van nou af as gas van die regering moet beskou, maar hy wil my nie sonder 'n begeleier om my deur die linies te neem "na die front" (soos die Boere sê) stuur nie. Ek het ook 'n afspraak gehad met die Franse konsul in Johannesburg, wat my genooi het om hom te gaan

---

6 Winston Churchill, die latere Britse eerste minister.
7 Cecil John Rhodes (1853–1902), Brits Suid-Afrikaanse kapitalis en staatsman, eerste minister van die Kaapkolonie (1890–1896). Met die oogmerk om 'n Suid-Afrikaanse federasie en 'n strook Britse besittings van Kaapstad tot Kaïro te vorm , was hy in 1885 vir die anneksasie van Betsjoeanaland verantwoordelik. In 1889 stig hy die British South Africa (Chartered) Company, wat Masjonaland en Matabeleland beset en stig so Rhodesië, wat na hom vernoem is.

spreek. Hy het goedgunstiglik aangebied om my op 'n besoek aan die myne te neem. Ek het die uitnodiging aanvaar en sal môre saam met Holboom vertrek en die aand terugkeer. Ek het op die vertrek van president Kruger gewag. Die polisie het 'n wag gevorm en die berede polisie het voor die regeringsgebou stelling ingeneem. Die president het uitgekom, gesalueer en in sy koets geklim. Dié gestalte is die een wat ons so goed ken – met 'n bril en keil.

Die Engelse krygsplan neem soos volg vorm aan ooreenkomstig die linies wat almal verwag het:

Eerste divisie: Generaal lord Methuen; basis Kaapstad, voorbasis die spoorwegaansluiting by De Aar, operasielyn die Rhodesiese spoorlyn.

Tweede divisie: Sir Cornelius Clery; basis Port Elizabeth; voorbasis Colesberg of Noupoort; operasielyn Port Elizabeth, Bloemfontein, Pretoria.

Derde divisie: Sir William Gatacre; basis Oos-Londen; voorbasis Stormberg (halte naby Molteno), beweeg na Bethulie om by Aliwal-Noord by die tweede divisie aan te sluit.

Laastens sal sir George White volgens die oorspronklike plan Durban as basis en Ladysmith as voorbasis behou, maar dit is moontlik dat hy nie toegelaat sal word om daaraan deel te neem nie. Hierdie plan met vier kolonnes en 'n doelwit so ver weg as Pretoria en Johannesburg herinner aan dié van lord Chelmsford[8] met die destydse inval in Zoeloeland. Daar wag groot rampe op die Engelse as die Boere weet hoe om die binnelandse linies te hanteer en hulle manmoedig tussen hierdie kolonnes inwerp.

Radikale stappe is gedoen om die oorlogspoging te bevorder. Feitlik alle vyandige vreemdelinge is sonder enige provokasie deur die Boere weggestuur, met die gevolg dat die gebied voor die oorlogsverklaring ontruim is. Die swart bevolking wat in die myne werk, is *en masse* na die Portugese besittings[9] teruggestuur. Die Transvaalse regering het dié wat sonder geld was, gratis ontruim,

---

8 Opperbevelhebber van die Britse magte in die Anglo-Zoeloe-oorlog van 1879. By Isandlwana het die Zoeloes 'n verrassingsaanval op die Britse kamp geloods en die resultaat was een van die mees verwoestende bloedbaddens in die annale van Britse koloniale oorlogvoering.

9 Mosambiek.

maar die Portugese owerhede het geweier dat hierdie ongelukkige mense op die trein klim sonder om te betaal, sodat die arme drommels die 55 myl van bos en moeras tussen die grenspos en Lourenço Marques te voet moes aflê.

Die myne (behalwe vir die agt wat deur die regering bedryf word) is onder sekwestrasie geplaas, met 'n spesiale polisiemag wat hulle teen enige beskadiging moes bewaak.

Treinreis is verbied, behalwe deur persone aan wie spesiale permitte uitgereik is.

'n Verbod is in Johannesburg op verkeer geplaas – vir die swart bevolking van sewe-uur die aand af en vir blankes van nege-uur af.

Alle kroeë is gesluit, of liewer, die verkoop van alle wyn of alkohol is in sowel hotelle en klubs as in kroeë verbied. Laasgenoemde plekke het dus hulle deure gesluit. By die hotel was ek verbaas om te sien hoe almal vra om mineraalwater of suiwer water – dis tóé dat die raaisel aan my verduidelik is.

Hier is 'n mens wesenlik soldaat en alles word sonder omhaal van woorde gedoen. Op die lange duur is dit miskien vervelend, maar in oorlogstyd is dit baie prakties.

'n Dokter saam met wie ek gereis het, het hierheen gekom onder die indruk dat tot drie pond[10] per dag aan buitelandse dokters aangebied word. Dit was 'n vergissing. Tot op datum was daar nie meer as 90 gesneuweldes en 200 gewondes aan die Boerekant nie, en die medisyne waarmee private liefdadigheidsinstellings so vrylik hulp verleen, het veelvoudig toegeneem. In die ambulans waaraan mejuffrou Aubert, die dogter van die Franse konsul, verbonde is, is ernstig gewondes wat hulle lyding blymoedig dra. Dit is so buitengewoon – is dit die lug of die bloed van die Boere? – dat die genesings die dokters verstom.

28 November. Ons het gisteraand in Johannesburg aangekom. Toe ons in die loop van die nag die mynstreek binnegaan, is ons aangegryp deur die intensiteit van menslike lewe wat straal uit die lang rye

---

10 Krugerponde. Dié geldeenheid is nie met die moderne pond of rand vergelykbaar nie.

elektriese ligte wat die skagte van myne aandui waarvan hulle die siel verteenwoordig teen die uur wanneer dit lyk of hulle deur die afwesigheid van beweging in die dood gedompel is.

Elke nou en dan doem die skelet van 'n steierwerk, 'n hoë skoorsteen of 'n ry werkershuisies uit die duister op. Na nege-uur die aand mag 'n mens nie in die strate van Johannesburg rondloop nie, behalwe met spesiale magtiging wat verskil van die spoorwegpermit wat die polisie toestaan aan reisigers wat per trein wil reis.

Meneer Hofer, 'n eertydse vlootoffisier maar nou algemene sekretaris van die Océana, 'n groot maatskappy met belange in Mosambiek en Suidoos-Afrika, bied my sy gasvryheid aan in 'n weelderige woning wat ons te voet bereik, aangesien geen voertuie saans meer rondgaan nie. Die verlatenheid is volkome en as ons nie polisiemanne teëgekom het wat ons onderweg voorgekeer het nie, sou ons kon glo ons is in 'n dooie stad.

Hier is die gebruike van mense in die ontwrigte handel Engels. Die gedagtegang is nogal Brits. In Pretoria is die wyse waarop die spoorwegmaatskappy[11] die bewegings van die Boere gehanteer het en die snelheid van vertrek geloof, maar in Johannesburg is mense minder entoesiasties en beskou die maatskappy se pogings as uiters ongewoon.

Gister het ek die werkswinkels van hierdie maatskappy besoek en hulle instandhouding merkwaardig gevind. 'n Mens kon sien dat hulle hul uiterste bes vir die Boereregering doen deur ambulanswaens en affuite te vervaardig. Daar was 'n skaflike hoeveelheid materiaal op die spoor, insluitende gelaaide trokke, skamele buit uit Natal, maar ek het ook 'n nuwe perdekar waarop die koper waarskynlik vir altyd sal wag, gesien. Toe militêre sake bespreek is, is oor die geveg by Belmont gepraat. Namate besonderhede beskikbaar word, word dit moeiliker om vas te stel wat die uitslag van dié geveg was. Nogtans wil dit voorkom asof die Boere weens te klein getalle die stelling verloor het en dat die Engelse besig is om Kimberley te nader. Generaal Cronjé beweeg in daardie rigting, maar met watter werklike

---

11 Die NZASM (Nederlandsche Zuid-Afrikaansche Spoorweg-Maatschappij).

getalsterkte? Die Engelse verliese – selfs so min as 1500 – word grootliks oordryf.

Aangesien ek vanmôre 'n afspraak met die konsul gehad het, het meneer Hofer my met sy perdekar na sy huis geneem, want in hierdie stad wat volgens Engelse koloniale afmetings uitgelê is, is afstande groot. Die stad het geslaap, winkels was gesluit en gegrendel. Dit het gelyk asof die inwoners verdwyn het, die villas was gesluit. Meneer Tolomias het my na die Ferreiramyn geneem waarvan die bestuur ná die vertrek van die Engelse bestuurder en personeel in die hande van meneer Walker, 'n Franse ingenieur en myninspekteur vir Transvaal, oorgegaan het. Simpatiek, intelligent, baie Frans, het hy alles herorganiseer. Tans verkry hy dieselfde produksie en het selfs die werktoestande verbeter. Hierdie myn is een van die agt wat vir die Boereregering funksioneer en is een van die oudstes en bestes. Ek het twee skagte besoek. Die erts word in 'n hysbak deur 'n stoomenjin na die oppervlak gebring. Die vervoer geskied met behulp van elektries aangedrewe waentjies. Die eerste bereidingsproses is die vergruising van die erts deur middel van stampers wat dit verpoeier. Die poeier beweeg oor kwik en die mengsel[12] hou sestig persent van die goud terug. Die waentjies vervoer die residu na die sianideringsaanleg waar nog dertig persent van die goud met presipitaatvorming geëkstraheer word. Die gouderts wat oorbly, word deur die aanwending van elektrisiteit herwin. Die residu word deur batterye gestuur waarvan die lood die goud behou. Ná die smelt van die lood bly die goud alleen agter. Aangesien goud wat met piriet gemeng is aan al hierdie prosesse ontsnap, word die residu laastens vir chlorering gestuur, wat vir al die myne by die Robinson-myn gedoen word. Al hierdie prosesse wat meganies met hystoestelle, wassery en chemiese presipitasie uitgevoer word, word tot in die fynste besonderhede deur chemici beheer, sodat 'n mens kan bevestig dat alle goud, behalwe 'n uiters geringe deeltjie, uit die erts herwin word. Selfs water – kosbaar op hierdie hoogte bo seevlak en afkomstig uit reusetenks wat geskep is deur die giet van beton in

---

12 Amalgaam.

gate in die grond – word herwin en gesuiwer van die slik waarmee dit besoedel geraak het.

'n Deftige middagete ter ere van my is deur die konsul vir vooraanstaande lede van die Franse gemeenskap aangebied. My tafelgenote was meneer Duval, wat nou met die belange van al die myne belas is, en meneer Hofer.

Ek het die Franse nooddienste besoek. Danksy die toewyding van die Franse konsul en gemeenskap is daar 47 beddens geplaas by die Maristebroers,[13] in wie se skole in gewone tye meer as 800 leerlinge van alle godsdienste en rasse onderrig ontvang. Mevrou De Ferrière, die uitnemende en vriendelike voorsitter, het ons ontvang en ons bewondering vir die interessante organisering van hierdie geïmproviseerde hospitaal afgedwing.

Dié aand het ek die myn ondergronds besoek. Ek het met lere afgeklim in die eerste gang, wat nou byna uitgeput is, en daarna met die hysbak af tot by die laaste vlak op 'n diepte van 1500 voet. Tussen die twee laaste gange is elke vierhonderd treë tonnels waarin die swart werkers in 'n lang ry gate in die rots boor om die dinamiet daarin te plaas. Die diepte en rigting word vir hulle aangedui. Wanneer hulle taak afgehandel is, vertrek hulle. Gewoonlik word sewe of agt man twee sjielings per dag betaal, kos en huisvesting ingesluit. Na hulle vertrek stel die blankes die dinamiet en die detonasie vind gedurende die omruiling van die dag- en nagspanne plaas, dit wil sê, twee keer elke vier-en-twintig uur.

So word die grond geleidelik tussen die twee gange weggeneem. Hulle hou eers op om met die dinamiet te werk wanneer slegs rotspilare oorbly, wat saam met houtstutte die dak ondersteun.

Die gouderts word weens die helderheid van die kwarts maklik van ander minerale onderskei.

---

13 'n Monnikkeorde.

III

29 November. Vertrek om sewe-uur uit Johannesburg. Ons het 'n skilderagtige uitsig op die lang rye skoorstene en skagte al met die rif langs tot op 'n groot afstand van die stad af. Die trein was stampvol. My reisgenote is 'n artilleriekaptein, 'n kleinseun van president Kruger, en 'n vriendelike sekretaris van die Johannesburgse Rooi Kruis, wat Frans vlot praat en aan my besonderhede verstrek oor Ladysmith, waarvandaan hy kom. Hy het my meegedeel dat generaals Cronjé en De la Rey die Engelse ontsettingstroepe wat na Kimberley gestuur is by Modderrivier verslaan het. Generaal De la Rey het gerapporteer: "Ek het elf gesneuweldes en gewondes, insluitende my oudste seun wat vanmôre gesterf het." Generaal Joubert maak hom gereed vir 'n geveg met die vyand by Colenso.

30 November. Wag in Pretoria.

1 Desember. Ek het vandag die man gespreek wat my aan generaal Joubert gaan voorstel – meneer Edward Rooth, 'n sjarmante man, wat dit goedgunstiglik op hom geneem het om vir my 'n agterryer te vind. Ek het saam met hom stalgereedskap, kettings, ensovoorts, gaan koop, waarna hy my na sy klub geneem het en my as erelid laat inskryf het. Al wat nog gekoop moet word, is 'n kakie-uitrusting, dan is ek gereed om te vertrek.

Ek het met 'n Franse losieshuis wat tien jaar gelede in Transvaal gevestig is, kennis gemaak. Die eggenoot van die eienares, meneer Jacques, is 'n welgestelde stoffeerder wat geld gespaar het. Hy het my van die Engelse uittog vertel en gesê dat Engelse werkers hulle hele salaris bestee en niks spaar nie.

Ek het 'n besoek gebring aan Sunnyside, die Pretoriase woonbuurt met die villas, en gemerk dat, hoewel dit mooi en blomryk is, dit nie uitbundig is nie, waarskynlik omdat al die bome sipresse en wilgers is.

Dit is nou die vrugteseisoen; vrugte is puik, maar skaars. Die begin van Desember is hier soos die einde van Mei in Frankryk.

8 Desember. Ek is deur meneer Rooth klub toe genooi en het middagete saam met menere Reitz, Aubert en Stewart geniet. Hulle was uiters vriendelik teenoor almal en ek is bly om onder hulle beskerming te vertrek.

Mnr. Reitz het 'n groot eer aan my bewys deur tyd aan my af te staan, hoewel hy oorbelas is met werk. Hy is baie intelligent, goed opgevoed, praat voldoende Frans en hy ken ons geskiedenis goed. Hy het die lof van Richelieu[14] besing met betrekking tot 'n sekere Du Plessis, 'n Franse vlugteling in Transvaal in sy voorgeslag wat, so glo hy, 'n bloedverwant van die groot kardinaal was. Die Boere onthou nog die herroeping van die Edik van Nantes en hulle vind enige reaksie teen die Protestante wreed. My nuwe vriende het daarna verwys rakende die Dreyfus-saak[15]. Dit is nogal moeilik om hulle te laat besef dat daar 'n aansienlike verskil tussen die buitelandse Protestante en ons Franse Protestante is – 'n onderskeid wat in ons land nie toereikend toegelig word nie en waar ons geneig is om te veralgemeen. Die Boere is ook baie behep met die Joodse vraagstuk, maar ek moet erken dat hier twee Jode is – menere Grunberg en Léon, ingenieurs van die Creusot-werke – wat die Franse saak uitstekend, toegewyd en intelligent dien.

Bowenal is die Boere vrye mense, bewus van hulle regte, vreesloos om dit teen die owerheid te verdedig, maar hulle eerbiedig die oomblik wanneer die belange van die vaderland op die spel is, is ten alle tye gereed om vir hulle onafhanklikheid te sterf.

In Transvaal kan ek 'n verskil in stand agterkom en daar is selfs 'n soort aristokrasie gegrond op die dienste wat deur manne soos Pretorius en Kruger aan die land gelewer is, maar daar bestaan geen klasseonderskeid nie. Tussen die armstes en die rykstes is daar nie 'n groot maatskaplike gaping nie. Hierdie morele gelykheid bestaan ook by manskappe soos ek dit onder die artilleriste waargeneem het. Beleef teenoor sy senior offisiere en baie militêr, bly die eenvoudige kanonnier 'n vrye man en beskerm hy sy waardigheid tot op 'n punt van insubordinasie.

---

14 Duc de Richelieu (1585–1642) of Armand Jean du Plessis, Franse kardinaal en staatsman, eerste minister van Lodewyk XIII.
15 Alfred Dreyfus (1859–1935), Joodse Franse leëroffisier wat valslik van hoogverraad aangekla en skuldig bevind is. Met sy herverhoor in 1906 is sy onskuld ten volle bewys.

So is Papenfus, die ordonnans wat mnr. Rooth aan my beskikbaar gestel het, 'n familielid van majoor Erasmus van die artillerie en verwant aan baie van die invloedryke mense in Pretoria. Terwyl hy in die veld as my metgesel optree, sal hy dienste verrig wat as gevolg van my rang benede my is, maar as ek 'n Boer was en die oorlog was verby, sou ons weer op gelyke voet verkeer.

Die offisiere, onderoffisiere en soldate – groot en goed gebou – is almal uitstekende ruiters. Die offisiere vorder nie deur die geledere nie, maar kry hulle range deur 'n eksamen en hulle sosiale stand word in ag geneem. Dit skep nie probleme nie, omdat hulle tot in die artillerielaer gelykes bly, waar die swartes die perde versorg en vermoeiende take verrig.

Na middagete het ek na die regeringskantoor gegaan om die reëlings rakende my ordonnans te tref en die beste kaart van die land te bekom. Sake verloop soos tussen mense van dieselfde samelewing wat oor alles saamstem omdat hulle dit volkome eens is met betrekking tot die wêreld, gewoontes en gevoelens. Gunssoekers by ministers wat soos gevaarlike en gulsige roofdiere 'n mens in Frankryk met weersin vervul, is in Pretoria onbekend.

Daarna het ek met luitenant Krone 'n perderit van die artillerielaer af onderneem. Ons het by mnr. Rooth aangegaan om sy perd te kry. Ons het die huis aan die einde van Sunnyside aangetref – uiters gerieflik en 'n verruklik blomryke opset binne. Ek het al ons blomme – rose, krismisrose, sonneblomme, hibiskus, varings, fynblaarvaring, dahlias, ensovoorts – daar opgemerk.

Uitstekende paaie waarlangs villas geleë is wat met lindebome, bloekoms, sipresse en wilgers beskadu is, loop in alle rigtings om Pretoria. In die verte kon ons berge in onbeskryflike helderheid sien. Ons het oor die rooi ysterhoudende grond gegalop – grond waardig om hierdie ystermanne te dra wat vir hom veg. Uiteindelik het ons by 'n kristalhelder rivier aangekom waar ons perde hulle dors kon les. Ons was by die fontein van Pretoria wat 'n vloeiende watergordel vorm vir 'n volmaak skone park van vrugtebome en wilgers. In die middel van 'n poeletjie was 'n ontsaglike wilger waar 'n hele kolonie geel voëls hulle neste gevleg het wat soos vrugte aan die punte van die takke gehang het, nes klein gedroogde kokosneute in hulle veselagtige en houtagtige doppe.

Hierdie plek – voortreflik vanweë sy skadu's en vloeiende water – tel onder die twee of drie beroemdste fonteine ter wêreld. Hier is 'n herberg met 'n mooi Jodin met pragtige oë en tande wat geen geheim daarvan maak vir wie sy bedien nie. Op die mure is 'n humoristiese inskripsie in alle tale.

Omdat ek by ons terugkeer na Pretoria bely het dat ek nie kon wag om aan die president voorgestel te word nie, is ek reguit na sy woning geneem wat slegs onderskei word deur twee marmerleeus en 'n paar polisiemanne met wit helms. Ons het mnr. Kruger met sy onvermydelike keil, manel en swart bril op die stoep aangetref, waar hy daardie aand alleen met sy gedagtes was, hartseer oor sluipmoorde deur swartes van Rustenburg waarin verskeie van sy vriende hulle lewens verloor het.

Hy het 'n diep stem, dink regverdig en vinnig, en het die gesag wat spruit uit sy diep denke en sy onblusbare energie. Hy het my hand geskud, deur mnr. Rooth my uitgevra en sy hartlikheid betoon teenoor my metgeselle, waaronder die hoofregter van Pretoria, 'n gesiene en sjarmante man. Ons het bloot eenvoudig, byna familiêr, rondom hom gaan sit. Hy het kragdadig en met erns gepraat; baie bitter teenoor die Engelse wat hy hartstogtelik haat en wie se taal hy goed ken, hoewel hy voorgee dat hy dit nie verstaan nie. Bowenal druk hy homself bondig, noukeurig en sonder nadruk uit. Sy woorde verraai nóg vrees, nóg hoop. Hy is onverbiddelik en vol hartseer, want hy is volkome aan sy plig toegewy. Geen sukses kan die hartseer wat die verlies van sy vaderland oor hom bring, versag nie. Die leuens van die Engelse koerante laat sy toorn ontvlam en hy het my gevra of dit ook in Frankryk oorvertel word. Ek het hom geantwoord dat ons kabel ten spyte van ons simpatie met Transvaal aan die genade van die Engelse kabel uitgelewer is, maar dat ek hoop om van hier af die materiaal vir 'n boek te neem wat die regte lig op gebeurtenisse sal werp en dat die skryf daarvan by my terugkeer in Frankryk my eerste prioriteit sal wees.

By my terugkeer na die hotel is ek deur almal vergesel, want die hoflikheid is hier weergaloos. Ek het voor die hoë granietvoetstuk verbygeloop wat op die standbeeld van president Kruger wag. Die oorlog het die werk daaraan tot stilstand gebring, en sir Redvers Buller mag dit vir hom toeëien as die Engelse as oorwinnaars uit die stryd tree. Maar ek glo dat Kruger nie sy voetstuk sal afstaan nie en dat die Suid-Afrikaners nog vir lank respek sal betoon aan die bronsfiguur van die man wat hulle onafhanklikheid aan hulle gegee het.

IV

3 Desember. Middagete by die woning van meneer Philip, wat die monopolie op rooklose buskruit het.

Ek het die aand ná die aanddiens voor die kerk 'n Hollandse vader van die Oblate van Maria, kapelaan van die gemeente van Onse Vrou van Loreto ontmoet, wat 'n groot onderriginstelling bestuur wat deur kinders van alle godsdienste bygewoon word en waaronder heelwat Joodse leerlinge is soos by die Maristebroers van Johannesburg. Die susters het aan my die priesterswoning en die gronde van die sendingstasie daar oorkant gewys. Die sendelinge is ietwat Engelsgesind in hulle uitkyk, want subsidies en geriewe kom eerder van die Engelse as die Boere. Die Boere is sektaries.

4 Desember. Ek het vandag tydens my afskeidsbesoeke met die vrouegemeenskap kennis gemaak en gevind dat hulle baie gaaf is. Hulle het Engelse gewoontes aangeneem, streef na gemak, hou van blomme, beoefen fotografie en drink tee en ysdrankies. Die vroue, byna almal van hul mans ontneem, besoek mekaar om vyfuur vir tee.

Aangesien mnr. Rooth met 'n sending vir die regering besig is, het ek vertrek saam met een van sy vriende, mnr. Sauer, 'n advokaat, wat vir die kommissariaat sorg en van voorneme is om genoeg saam te neem om 'n leër te voed. Ek het van die Oblatevaders gaan afskeid neem en het weens hoflikheid slegte spysvertering van appelkose by mnr. Rooth opgedoen. Hy het 'n pragtige tuin waar hy groot hoeveelhede vrugte oes – aarbeie, perskes, appelkose, pere, appels, vye, amandels, druiwe. Die vrugtebome is verstommend mooi, soos hulle by ons na dertig jaar sou wees. Tog het mnr. Rooth sy grond slegs agt jaar gelede gekoop. Die werf, hondehokke en stalle is alles slim ingerig.

5 Desember. Vertrek om halfsewe. Die perde is reeds om vyfuur deur my ordonnans Papenfus op die trein gelaai. Mnr. Sauer, my nuwe vriend en metgesel, het syne eers gelaai toe die trein vertrek. Dit word so maklik met 'n platform gedoen, so natuurlik asof dit 'n hond is wat in die wa moet klim. Mnr. Rooth het vir my 75 pond appelkose gebring! Mnr. Sauer se voorrade het 'n hele kompartement gevul. Die hotel het ook vir my 'n mandjie gepak en ons eet genoeglik.

Ons het 'n gesprek in Engels met 'n aantal telegraafoffisiere oor jag gevoer en hulle het ons vertel dat mens hier jakkalse, twee soorte hiënas, drie soorte luiperds, wildsbokke, ensovoorts, aantref.

Die land met sy doring- en bloekombome is pragtig. Die grond is rooi, soos in Algerië. Bees- en skaapboerdery is baie suksesvol. Die weiding is uitstekend, maar in die lente groei daar in sekere gebiede 'n giftige grassoort wat diere laat vrek.

Met die myne van Johannesburg in die weste agtergelaat, tref ons 'n groot aantal steenkoolmyne aan, sy aan sy met die goudmyne asof om die beste myntoestande vir dié edelmetaal moontlik te maak.

Ons het ons bagasie by ons en ons perde is byderhand. My ordonnans is in 'n eersteklaswa. Elkeen het hom vrylik na sy grootste gemak ingerig. Hier is nie juis sulke puntenerige toesig deur die spoorwegadministrasie nie.

Van Johannesburg tot by Heidelberg was ons in 'n landskap met grasryke plato's, maar daarna het dit bergagtiger geword. Dit het gereën. Klein hopies grond het bo die groen van die grasvlaktes uitgesteek. Dit is miershope: rooi- en swartmiere wat in leërs teen mekaar optrek.

6 Desember. Alles word buitengewoon maklik gereël. Gisteraand het ons 'n voerstoor besoek. Toe die bestuurder hoor wie ek is, het hy aan my gesê om te neem wat ek wil. Ons het die perde uit hulle wa laat kom om te suip. Daarna het hulle weer teruggespring en die hawer begin vreet wat ons vir hulle in klein bondeltjies gegooi het.

Dit het gestortreën. Na aandete het ons ons beddens vir die nag opgemaak. Met dagbreek het almal opgestaan. Heelwat reisigers het opgeklim. Ek is voorgestel aan 'n lid van die Tweede Volksraad, 'n kommandant, en 'n veldkornet, waarvan laasgenoemde by Majuba was. Die nuwe aankomelinge het aan my die posisies by Laingsnek, Majuba en Ingogo, wat deur berge omring is en vir 'n groot mag oninneembaar is, verduidelik.

Ons daal met twee lokomotiewe deur 'n reeks skerp draaie tot by Ingogo. By Newcastle, wat deur die Engelse verlaat is, het die kampkommandant 'n tent en 'n muilkar aan my belowe. Die hoofingenieur het ons in sy salonwa, wat agter aan die trein gehaak was, ingeneem sodat ek die landskap kon besigtig. Een van die eerste dinge wat ek gesien het, is 'n kudde van tweeduisend stuks vee wat van die Engelse gebuit is.

Met die oorname van die spoorweë deur die Nederlandse maatskappy was hy bang dat alles vernietig sou word, maar dit was nie die geval nie. Die verraste Engelse het nie tyd gehad om enigiets te doen nie. Dinge verloop voor die wind: daar is 'n hospitaal op Volksrust; die kommissariaat is by Newcastle. Die maatskappy voed sy werkers met voorrade wat uit Pretoria gestuur word.

Die ligging van Dundee – waar generaal Symons gedood is – is aan my gewys. Die feit dat Dundee gekies is, getuig van ongelooflike onbeholpenheid. Van die hoogtes af waarvandaan die Engelse die Boere probeer uitdryf het, kon die verdediging maklik gewees het.

Die skryftafel van die Engelse generaal wat by Dundee gevind is, is in die salonwa geplaas.

Buite Glencoe het ons 'n baie vrugbare vallei wat met bloeiende doringbome oortrek is en deur swartes bewoon word, binnegegaan. Hier en daar het ons volstruise wat deur die swart mense mak gemaak is, teëgekom.

Die Natalse steenkoolmyne is in die Boere se hande. Dit verhinder mynbedrywighede en het die Engelse gedwing om steenkool uit Europa in te voer.

Die vernietiging van die spoorlyne deur die Boere word gedoen deur die spore van die dwarslêers los te skroef en hulle met twintig osse van die dwarslêers af weg te trek.

Ek vrees toenemend dat ek nie iets vir die Boere sal kan doen nie. My vrese het begin toeneem sedert die besluiteloosheid en traagheid van die opperbevel van die eenhede aan my beskryf is. Na bewering word operasionele besluite in krygsrade waar al die offisiere teenwoordig is, geneem, waarna dit nog vir goedkeuring voorgehou word aan die manskappe wat daardie besluite sal uitvoer as dit hulle behaag. By Ladysmith het die besetting van 'n stelling byvoorbeeld nodig gelyk en is daarop besluit. Die een groep was gereed om te marsjeer, maar die ander groep het nie gevolg nie omdat hulle die aanval as te gevaarlik beskou het.

By Elandslaagte het ek by meneer Léon gebly, wat in 'n ammunisiewa tuis was. Hy het graag ons reëlings op hom geneem en vir ons 'n muilwa, agterryers, muile, voorrade, 'n sak meel, mielies, kondensmelk, Engelse blikkieskos, olie, kerse, byle, pangas, ensovoorts, bekom. Ons het middagete geniet. Net toe die trein moes vertrek, wou 'n Nederlandse dame wat 'n joernalis is, my afneem.

Ek het in oorleg met meneer Léon besluit op 'n plan vir wat ek kan doen ten opsigte van generaal Joubert wat bevelvoerder is alhoewel hy siek is.

Ek het 'n heerlike aand deurgebring saam met vriende van meneer Léon wat van Johannesburg af gekom en hom vir drie weke vergesel het: menere Boucher, Hirsch en Sauvier. Laasgenoemde was ná die swaar reëns nie genoegsaam geklee nie, het 'n koors ontwikkel en is in 'n bed langs die tafel waar ons uitstekend voorbereide hoender, groen ertjies en melkrys geniet het. Hierdie luukse – ons laaste, want aan die front sou ons van blikkiesvleis moes leef – was 'n verrassing langs 'n trein in die oop veld. 'n Tent is vir ons opgeslaan en ek kon tot dagbreek op 'n heerlike bed in my oorjas slaap.

V

7 Desember. Om te was en skeer – die toppunt van luukse! Ek was reeds 'n paar uur wakker toe my perd se vasmaakriem breek. My perd het ontsnap, sy halter aan flarde. Ek het besef dat Papenfus, my ordonnans, onverskillig teenoor ons diere in sy wa lê en slaap. Hy is beleef oor sy verantwoordelikhede ingelig – want 'n mens moet onthou dat die Boere vry is en dat gelykheid selfs in die range voortleef. Ek het hom beveel om die perde te roskam en die wyse waarop hy hom van hierdie taak gekwyt het, het my laat besef dat hy nie vir sy pligte opgewasse was nie. Nadat ons meneer Léon se vriende wat per trein na Johannesburg teruggekeer het, afgesien het, het ek die gawe spoorwegingenieur in sy salonwa gaan spreek. Ses muile wat vir ons bestem was, het gearriveer. Ons het 'n Hindoe as kok in diens geneem en aan Pretoria getelegrafeer om vir ons aankoms voor te berei. Siende dat ons soos here uitgerus is, het ons 'n drywer aangevra sodat Papenfus slegs as versiering sou dien.

Die muilkar het met ons voorrade vertrek en ons het ons opgesaalde perde op die trein na Modderspruit geplaas.

Met ons aankoms by die kamp is generaal Burger nie daar nie. Ek besoek saam met meneer Léon die Long Tom wat saam met 'n veldstuk en 'n maxim daar[16] in posisie is. Naby elke kanon was 'n wag artilleriste, maar ek merk die afwesigheid van enige buiteposte en selfs geen Boere-ondersteuning by die geskut nie. Die Boere steun op die stelling wat weliswaar baie sterk is, maar tog nie vir 'n vasberade mag oninneembaar is nie.

Ek het 'n moontlike aanvalspunt opgemerk: 'n heuwel aangrensend aan Ladysmith wat met 'n skeepskanon bewapen was.

Die noordaansig van die dorp lyk soos 'n ry werkswinkels en geboue en grens aan 'n steilte waar die troepe se kamp opgeslaan is. Verder links is die hospitaal en die kamp vir vroue en kinders.

Die uitgestrekte vlakte word deurkruis deur die rivier wat naby die dorp verbyvloei sonder om dit heeltemal te omsluit. Dit was duidelik dat die ruimte groot is en dat die verspreiding van die Boeretente wat ek waargeneem het, baie ontoereikend was.

My gesondheid is so-so. Ek het 'n effense koors en my maag loop.

8 Desember. Om drie-uur die oggend het ons 'n alarm gehad. Die Engelse het die geskut wat ek gister gesien het, buite aksie gestel. Vyftien man het opgekruip terwyl 'n voetbataljon hulle ondersteun het. Die verraste artilleriste het gevlug en as gevolg van die afwesigheid van enige Boerehulp en die aard van die berg – sonder paadjies en besaai met groot rotsblokke – het die Engelse minstens 'n uur gehad om hulle werk af te handel. Die geskut sal herstel moet word.

Van orals af het groepe Boere op galop vertrek, maar sonder leiding en bevele het hulle lukraak gevegstellings ingeneem.

---

16 By Lombardskop, 5 km wes van Ladysmith.

Léon het geglo dat die Engelse mag in ons nekke geblaas het. Ek was egter nie so onseker oor die situasie nie: die Engelse het geen rede gehad het om kanse te waag en hulle aan verliese bloot te stel nie, omdat hulle weet dat redding van Colenso af moet kom. Al waarvoor ek bang was – aangesien ek nie hulle veldartillerie gehoor het nie toe die Boere Ladysmith genader en die Engelse teruggedryf het – was dat hulle met 'n deel van hulle mag na Colenso vort is, waarvandaan hulle 'n gekombineerde aanval met generaal Redvers Buller kon loods.

Ek het dit by sy terugkeer na die kamp aan generaal Burger gesê en op 'n aanval aangedring, maar in hom het ek 'n man gevind wat nie sy gesag kon laat geld nie, sonder enige idee hoe om uit die moeilikheid te kom en sonder daardie meerdere wil wat sowel tydelike troepe as beroepsoldate aan die dag lê. Ek was in elk geval aan die einde van my kragte.

9 Desember. In plaas daarvan om die verkenning van Ladysmith voort te sit, moes ek in die veldhospitaal naby die stasie behandel word. Ek is goed deur die Duitse dokters ontvang en versorg. Hulle het my 'n kamer in 'n kothuis gegee, maar my bed was sonder lakens. Die koliek was so erg dat ek maagkrampe gekry het en op die vloer wou rondrol.

10 Desember. Die Engelse het nog 'n kanon gebuit. Die Boere is definitief nie op hulle hoede nie. By die veldhospitaal het ek met kolonel Von Braun kennis gemaak wat, soos ek, siek is. Die sorg waarmee ons behandel word, is oorstelpend. Vars melk is vir my van Toeplitz af gebring.

11 en 12 Desember. Steeds in die veldhospitaal; 'n geringe verbetering.

13 Desember. Ek kon die veldhospitaal ten spyte van die koors en buikloop verlaat om na Colenso te gaan waar 'n veldslag verwag word. Ek ry vir vyf uur te perd in die son. Talle probleme word met die opslaan van ons kamp ondervind. Na oorlegpleging met Sauer besluit ons om naby die telegraaf op die wal van die Tugelarivier kamp op te slaan. Ek wou 'n besoek aan generaal Botha bring, maar hy was afwesig, hoewel dit byna aand was. My lyf oorleef die avontuur.

14 Desember. Ek het die front verken: die stelling is baie veilig. Die verskansings is van klippe en sandsakke gepak. Gevegsposte is oral opgerig. Die perde wat reeds in die loop van die nag opgesaal is, is teen dagbreek na die drinkplek geneem.

Ek kon nie ons linies oorsteek nie omdat geen aanvoerder die verantwoordelikheid wou neem om my die nodige toestemming te gee nie. Die Engelse artillerie het agter 'n bult op die terrein ontplooi en op ons toegesak. Bomme het om ons geval – maar dit was skadeloos ten spyte daarvan dat dit netjies gedoen is. Ons het teruggetrek en Galopaud het van die honger flou geval. Sauer het vir ons boeljon gemaak. Ons het melk van die swart mense gekoop. Die situasie verbeter.

Niks sal vandag gebeur nie, maar môre sal 'n veldslag plaasvind.

Ek het generaal Botha gespreek. Hy is jonk en intelligent en doen sy uiterste bes. Hy het die posisie baie deeglik begryp. Ek het aan hom 'n hoogte[17] aan ons linkerkant, anderkant die Tugelarivier, wat baie belangrik vir ons was om te behou, gewys en hy het 800 Boere gestuur om dit te beset. Ek het aan hom gesê dat ek in die lig van die klein getalsterkte van sy mag en die dreigende Engelse aanval geen aanvalsvoorstelle aan hom kon maak nie.

Ons het na die kamp teruggekeer nadat ons die situasie met Sauer bespreek en 'n gesprek gevoer het met die Duitse majoor Von Reittenstein wat saam met Galopaud op die stoomskip *Koenig* aangekom het. Ons albei dink dat baie van die Boere geleer en bewonder kan word. Die aand het ons twee doktore vir ete. Een[21] is die eienaar van die koerant *De Volksstem*. Galopaud se kookkuns is 'n groot sukses. Ons bring 'n rustige nag deur.

---

17 Bosrant (Hlangwane).
18 Dr. F.V. Engelenburg.

VI

15 Desember. Vandag geveg.

Sauer het met die muilkar na Pretoria teruggekeer om nog voorrade te gaan haal. Aksie trek hom nie juis aan nie.

Galopaud, ek en die eienaar van *De Volksstem* het vertrek en nadat ons die spoorlyn gevolg het, het ons ons ingegrawe tussen Colenso en die heuwel links,[19] anderkant die Tugelarivier, wat die doelwit van al generaal Buller se pogings behoort te wees. Hy het die fout begaan om nie uit die staanspoor slegs hierdie hoogte aan te val nie, waarvandaan hy ons verdediging van Colenso van agter sou kon aanval.

Die aanval op ons stelling wat wigvormig oor die vlakte versprei was, is sonder enige verbeelding uitgevoer. Dis nou wat 'n mens noem die bul by die horings pak!

Die Engelse het in verskeie vuurlinies sonder orde en sonder aksie van die agterste linies ontplooi. Hulle het uit 'n laagte in die terrein rondom die spoorlyn wat om die dorp loop, gekom en op twee flanke aangeval. Die beweging is deur die onberispelike vuur van die Boere se artillerie en infanterie ontwrig. Die Engelse het vir die maneuver met oorvloedige maar oneffektiewe grofgeskut voorberei. Die aantal kartetse wat ons sien val het voordat skrapnel rakelings tussen Galopaud se hoed en oor verbygeskiet het, was ongelooflik. Die Boere het eenvoudig skuiling tussen die koppies gesoek en in die rook is baie geld op niks verspil. Die Engelse aanval was baie dapper en metodies, maar sonder die vaagste benul van wat oorlog is.

Op 'n tydstip het twee Engelse batterye onbesonne onder die Boerevuur stelling ingeneem. Die perde en die kanonniers is gedood en die kanonne is agtergelaat. Twee keer en met voortreflike dapperheid het die Engelse artillerie onder swaar vuur teruggekeer en die lyke verwyder, maar sonder om die kanonne wat onder Boerevuur gebly het, terug te neem. Ek het die presisie van die skerpskuttersvermoë van die Boere-artillerie in die geval van 'n Engelse berede regiment opgemerk, asook die geweervuur van die Boere-infanterie tydens die voorwaartse beweging van die Engelse aan die linkerkant, wat altyd in toom gehou is.

19 Bosrant (Hlangwane).

Ek is deur 'n gaping aan die linkerkant van ons linie besig gehou, maar 'n oomblik later het die Boere op 'n galop uitgesprei, die stelling beset en dit op manjifieke wyse behou.

Kortom, vir soverre dit die uitvoering en bevele aangaan, moet die Boere toegelaat word om hulle gang te gaan. Hulle blink uit op die verdediging, maar gaan moeilik tot die aanval oor. Andersyds kan verdediging net voldoende wees wanneer van aangesig tot aangesig teen vyande soos die Engelse te staan gekom word.

Ons sal môre weer begin. Dis 'n groot sukses vir die Boere en hulle eie moreel is daardeur bevorder. Hulle het twaalf kanonne of maxims gebuit en ongeveer 200 troepe – waaronder verskeie offisiere – gevange geneem, wat voor ons verbygemarsjeer het. Die Engelse verliese moes meer as 300 man gewees het. Van die Boere het slégs vier gesneuwel en ongeveer 20 is gewond. Die simpatieke stilte van die Boere in die aanwesigheid van hulle gevangenes het iets roerends gehad. Party het hulle waterbottels vir hulle aangebied om iets te drink.

16 Desember. Ek het generaal Botha gaan gelukwens. Hy het gelyk of hy deur my waardering gevlei is en het goedig aan my gesê dat hy eerder vir Buller as vir my as opponent sou wou hê. Hy het my gevra om hom gereeld te kom spreek. Hy was by die Engelse wapentuig wat met hulle kiste gebuit is. Die Duitse offisiere wou gesamentlik optree, maar hulle is uiteengedryf. Ek het hulle weer by die generaal se kwartiere – waar hulle saamkoek, die generaal verveel en nog geen sukses behaal het nie – aangetref. Gister het ek hulle vir aandete ontvang. Kolonel Von Braun is baie knap, maar die ander offisier is 'n onuitstaanbare parasiet – in so 'n mate dat ons besluit het om ons voorrade vir hom toe te sluit.

Ek het die Boere in hulle stellings besoek, hulle gelukgewens en met hulle gesels.

Ek begin dink dat ek in my doel geslaag het – algemene simpatie toon dit minstens.

Ek het die heuwels[20] oorkant die Tugela – wat die sleutel tot die stelling is – verken. As hulle goed verdedig word, kan hulle maklik oninneembaar wees. Die terugvalsroete wat hulle bied, sal gewis

---

20 Bosrant (Hlangwane).

baie moeilik wees om te ontdek.

Ek het na Botha se tent teruggekeer en dit vir hom gesê. By hom was Burger onder 'n wit sonsambreel aan die gesels met 'n predikant onder 'n swart sambreel. Na die gebed deur die generaal is lofgesange deur die predikant ingesit. Tweehonderd diep peinsende Boere, rapportryers, artilleriste en 'n aantal oorlogskorrespondente het aan die diens bygewoon. Die godsdienstige uitwerking was intens, hoewel dit bederf is deur die sonsambreel en die sambreel wat aan die generaal en die predikant die houding gegee het van afslaers wat by 'n veiling in die wind skree.

Generaal sir Redvers Buller het 'n skietstilstand van vier-en-twintig uur gevra om sy gesneuweldes te begrawe en ook omdat vandag 'n Boerefeesdag is. Hierdie Engelse is so bedagsaam!

Op die slagveld het ons die aanvalsbevel van die Engelse divisie-aanvoerder Clery aangetref – wat al die vermoedens wat ek teenoor generaal Botha uitgespreek het, bevestig het, in die lig daarvan dat Clery se planne deur die verloop van sake ontwrig is. Daar word beweer dat die Engelse 1300 man verloor het.

17 Desember. Sondag. Die Boere sing psalms, die Engelse het die Colenso-stellings ontruim; party verskuif na Weenen. Hulle sal probeer om om die stelling wat hulle nie deur 'n frontaanval kon verower nie, te gaan. Ons sal kamp opbreek en na Ladysmith terugkeer.

'n Warm dag, gedeeltelik in beslag geneem deur die besoeke wat ons aan die inboorlingkrale bring om hoenders te koop. Môre sal ek die verkenning doen ter voorbereiding vir die aanval op Ladysmith, wat ek reeds moes uitstel. Daarna sal ek na die veldhospitaal terugkeer.

Die resultaat van generaal Cronjé se oorwinning by Modderrivier[21] het ons stoutste verwagtinge oortref: na bewering het nie minder nie as 2000 gesneuwel.

18 Desember. Ek het die stelling by Ladysmith besoek. Nadat ek om vieruur die oggend vertrek het, het ek nie voor agtuur die aand nie teruggekeer – doodmoeg, maar met goeie resultate.

21 Magersfontein.

Ek het in al die laers 'n hartroerende ontvangs gehad en met De Villiers en Malherbe kennis gemaak – beide so Frans in hulle harte dat ek bewoë geraak het. Ek het middagete in hulle tent genuttig. Die aaklige vlieë maak dit heeltemal onmoontlik om voor donker te eet en te drink. Sulke pestilensies!

19 Desember. 'n Wit vlag het by generaal Burger opgedaag. 'n Woeste storm sak uit en dit is bitterlik koud, maar ek slaag daarin om my goed wat ek in die veldhospitaal gelaat het, te kry. Ons gaan na Elandslaagte om 'n aansienlike voorraad proviand te kry – aartappels, uie, brood, brandewyn en voer, maar ook breekware, 'n tafel en stoele. Nou is daar weer oorvloed. Ons eet aandete – potjiekos en gekookte aartappels – by lanternlig in 'n groot tent.

20 Desember. Ons het na Colenso vertrek waar 'n mens die kanongebulder kon hoor, maar dit was slegs 'n vals alarm. Nadat ons by die Kliprivier was, het ons teruggekeer.

Ek is voorgestel aan generaal Joubert wat, hoewel hy nog te siek was om 'n perd te bestyg, na die kamp gekom het. Ons sal môre na Colenso vertrek waar 'n beslissende slag verwag word.

Met my verslag voltooi en vertaal, het ek teruggekeer om generaal Joubert, wat die Franse baie goedgesind is, te gaan spreek. Elke stap moet nietemin versigtig en diskreet wees, want Joubert, opperbevelhebber, is 'n openbare figuur van die Republiek. Hy word as 'n gewisse opvolger vir president Kruger beskou. Politiek speel in al die militêre besluite 'n groot rol. Die leiers omseil verantwoordelikheid, veral wanneer hulle – soos generaals Joubert en Burger – lede van die Uitvoerende Raad is.

Politiek, godsdiens en sake van die dag is die gebruiklike gespreksonderwerpe van die Boere.

21 Desember. Ons het weer eens na Colenso vertrek. Ek het my ordonnans Papenfus ontslaan – die parmantigste nikswerd grootbek wat ek nog ooit geken het. Hy het Indiërs gekry om hom te bedien en vermaak, ek moes my perd self afsaal en roskam. Om sewe-uur, nadat ek drie kopieë van my verslag oor die aanval op Ladysmith aan die generaals gestuur het en nadat die wa moeitevol gelaai is, het die muile begin beweeg, maar die span was treurig en die drywer hopeloos. Ons het talle oponthoude gehad totdat die muile met die afdaal na die Kliprivier teen 'n wal uitgeklim het en die waentjie omgeslaan het. Dit was 'n swaar slag. Ons moes uitspan en begin aflaai. Ons verbouereerde swartes het tevergeefs geprobeer om die wa weer regop te kry. Uiteindelik het ons met die hulp van die Boere daarin geslaag en kon ons weer in die pad val. Galopaud het die leisels gevat. Ons het die Kliprivier oorgesteek en na 'n trek van sewe uur by die telegraafstasie van Colenso aangekom en langs die Tugela kamp opgeslaan. Ek het doktor Engelenburg ontmoet wat saam met ons in die kamp was. Sauer was bly om goeie kos en kookkuns te sien, terwyl ek bly was om weer die Tugela te sien, 'n bad te neem en my onderklere te was, want op hierdie ongelukkige pad het my perd nadat ek dit spore gegee het, my tussen die doringbome afgegooi.

Ons gesels. Ek meen dat die Boere nog die vryheids- en militêre idees van die ou edellui behou het, dat hulle van nature soldate is en gekant teen enige vorm van inperking of belasting is; dat hulle onder mekaar gelyk is, maar aristokrate in die oë van buitestaanders. Verder, dat hulle die gewoontes van feodale leenhere behou het, jaloers is op hulle regte en eerbiedig teenoor gesag, maar deeglik besef wat hulle besondere situasie is.

VII

22 Desember. Kampeer by die Tugela. Uit 'n militêre oogpunt is dit 'n dag sonder aksie. Ek het die tyd benut om 'n lang gesprek met doktor Engelenburg te voer, wat aan my interessante inligting oor die verdeling van sentiment en belang wat hier binne die families bestaan, verstrek het. So skaar Sauer hom byvoorbeeld by die Boere in Pretoria, hoewel hy met 'n Engelse vrou getroud is. Een van sy broers, 'n minister in die Kaap, is 'n opponent van Cecil Rhodes; maar 'n ander broer, wat in Rhodesië gevestig is, is 'n lojale Rhodesvolgeling. Van Rhodesië gepraat – doktor Engelenburg het my vertel dat indien Transvaal die oorwinnaar in hierdie stryd is, hy in Suid-

Afrika die leiding sal neem omdat hy al die aansprake op en opvattings oor onafhanklikheid van die hele Boerenasie beliggaam.

By Colenso het die veldkornette geweier om by Colenso 'n heuwel te beset wat deur die Tugela afgeskei word. Hulle het hul weiering aan president Kruger getelegrafeer en hulself gelukgewens met die besluit wat – so het hulle gedink – aan hulle meerderwaardigheid teenoor hulle manskappe gee. Kruger het uitvoerig geantwoord met 'n brief waarin hy, soos altyd, God aanroep. As die krygsraad 'n besluit neem, word lootjies getrek en almal op wie die lot geval het, voer die bevele dapper uit. Hierdie vergaderings en besprekings strem die leërleiding wanneer dit in die geval van leiers soos Botha neig om te rigied te word; maar hulle bevoordeel die oorversigtigheid, voeteslepery en onverantwoordelikheid van politici wat deur die wispelturigheid van die politiek aan die hoof van die leër geplaas is. As die Boere met ander vyande as die Engelse te doen gehad het, sou die vyand bloot deur die Boere se gesloer al voordeel kon behaal.

23 Desember. Die dag is slegs noemenswaardig as gevolg van onbeduidende grofgeskut, terwyl ons op iets beters gehoop het. Vandag het woorde ongelukkig dade vervang.

Enkele feite oor slange, waarvan die mamba die gevaarlikste spesie is, is aan my oorgedra. Daar is twee soorte mambas: die groen mamba, wat op 'n hoogte van tien tot vyftien voet in bome hou, na die kop pik en onmiddellike dood veroorsaak; en die swart mamba, wat tussen klippe skuil. Daar is ook die pofadder, wat soos die kobra lyk en deur die gras seil, en die grond- en waterluislang.

Ek het ook inligting oor die regeringsvorm in Transvaal bekom. Daar is twee volksrade, die een administratief, die ander polities. Die president wat deur algemene stemreg verkies word, wys die amptenare aan en regeer deur middel van die Uitvoerende Raad bestaande uit vyf lede, insluitende *ex officio* homself en die staatsekretaris. Die Uitvoerende Raad neem die inisiatief met wetsontwerpe, lê dit aan die Eerste Volksraad voor en, as dié liggaam dit goedkeur, word dit 'n tweede keer aan die Tweede Volksraad voorgelê. Daar is nie ministeriële krisisse nie, want teenoor 'n onafhanklike uitvoerende gesag is dit nutteloos.

Drie lede van die Uitvoerende Raad word deur algemene stemreg verkies: die president en die opperbevelhebber vir vyf jaar; die staatsekretaris vir vier jaar. Die ander twee lede word vir drie jaar deur die Eerste Volksraad verkies. Die Volksraad stem oor die begroting wat deur die Uitvoerende Raad aan hom voorgelê word.

24 Desember. Sondag. 'n Rusdag. Ek het twee lede van generaal Joubert se staf gespreek wat aan my gesê het dat hulle besluit het om Ladysmith aan te val. Ek lei daaruit af dat my verslag moontlik sy doel gedien het.

Van gister af het ons twee of drie gaste gehad en gevolglik raak ons voorrade uitgeput. Galopaud het derhalwe na Ladysmith teruggekeer om nog te gaan haal. Hy sal die gans van 'n Boer wat deur die Engelse gevange geneem is, saambring. Ons sal dit môre op die gesondheid van die gevangene geniet. Ek steur my nie aan kampgerugte nie, maar die koerante uit Lourenço Marques verstrek die name van baie Engelse offisiere wat gedood of beseer is. Net onder die Skotse troepe is daar 53. 'n Engelse artilleriekolonel wat by Colenso gevange geneem is, het op pad na Pretoria van sy kop af geraak. Daar is nou 2400 Engelse gevangenes. Gisteraand toe ek alleen die Engelse stellings gaan verken het, is ek agtervolg deur een van hul patrollies wat my gevange wou neem. Ek kon slegs met groot spoed ontvlug.

25 Desember. Kersfees by die Tugela. Soos verwag kan word, heers die grootste kalmte. Die Engelse vier almal Kersfees en die Boere – vurige Hugenote – vergader om psalms te sing. Ons het ook die onbetwisbare reg om te dink aan Kersfees in ons veraf land wat vir ons met sy spesiale sjarme, meer bekendheid en vrolikheid groter bekoring inhou. Ek dink aan ons sneeubedekte landskap en die gelowiges wat kerk toe stap, terwyl die middernagklok blymoedig en triomfantelik om hulle beier. Die Kersbome, met strikkies en blinkertjies, is verlig in die verwonderde kring van gretige kindertjies wat nie kan wag op die verrassings wat Kersvader vir hulle het nie. Die geheimenis gryp selfs die ongelowigstes aan. Ook op die feesvierendes in kroeë – sonder dat hulle dit selfs kan betwyfel –

skyn 'n aardse lig op hierdie groot fees van die ontwaking van die mensdom neer.

Al hierdie dinge wat so vaag, so salwend, van so ver af kom, ontdaan van hulle gebroke menslikheid, strelend selfs soos in 'n droom, is vir ons siele, gevangenes van tyd en ruimte, 'n gerusstellende terugkeer na die mense en dinge wat 'n kalmerende wiegelied van die vaderland gevorm het: nagtelik, ontroerend en oorstelpend. Ons siele vlieg in verrukking na daardie vaderland wanneer hulle – oorgelewer aan die onbekende – vreemd en vereensaam deur die wêreld 'n geleentheid kry om hulle van aksie te onttrek en tot hulle natuurlike mymering terug te keer.

Hier is alles vir my nuut – die land, die mense en die situasie. Tog het ek te veel van die aarde gesien en te veel beleef dat enigiets my heeltemal sal verras wanneer my herinneringe by my opkom. In Indië, in Algerië, selfs in ons Provensaalse Midi, is daar landskappe soortgelyk aan dié wat ek hier aanskou: die rotsagtige hoogtes, ylbegroei met doringbome. Met 'n bietjie inspanning kan ek hulle met die Estrellaberge in Portugal, met die natuurskoon in Suid-Oran en op die oewers van die Indus identifiseer. Die Tugela kronkel deur die landskap met 'n mooi stroom, onderbreek deur stroomversnellings wat oor swart klipbanke stort; oor sy bedding waarop die water teen rotsblokke tussen sagte sanderige systrome opstuif. Daar is volop vis, hoofsaaklik paling. Tortelduiwe jaag mekaar op sy oewers rond; geel voëls met swart borste vleg hulle kunstig gevormde neste in sy riete; die springbokke kom suip by die rivier wanneer dit silwerig in die stralende helderheid van die suidernagte blink. Maar omdat dit twee vyande skei wat in 'n doodstryd gewikkel is, het die lewe verdwyn op hierdie veld wat nie meer vry is nie. Soldate en perde vul dit met beweging en geraas, tente verskyn in elke laagte, al die rotslyste is oortrek met die steunmure van loopgrawe, en die eggo's van kanonvuur is 'n simbool van die poging wat teen hierdie voorheen welwillende rivier onderneem word – voorheen was die rivier weldadig, maar nou is dit 'n oorlogshindernis en moontlik die toekomstige graf van tallose slagoffers.

Ons kegeltent is opgeslaan naby die water in die tuin van die gebou wat as telegraafkantoor dien. Ons perde is aan die perskebome vasgemaak. Ons wa is langs 'n wit heining getrek, waaroor sy dekseile rus. Drie swart mans – nog onnoseler as die klippe waartussen hulle die takkies plaas om die vuur onder ons pot aan die gang te hou – lyk in hulle swart onbeweeglikheid soos drie stukke basalt wat op die rooi grond van die wal gegooi is. Daarbo brand die son, skroei die onontkombare hitte van Afrika op ons koppe neer, kleur die landskap in baksteenrooi helderheid, maak verskroeide vlekke op die hangende blare, verlep in so 'n oorweldigende rykdom lig.

VIII

25 Desember (vervolg). (Kersfees by die Tugela.) Die dae is leeg én vol soos op 'n veldtog, met skimme van verwagtinge, en die gang van sake word net onderbreek deur die al te opsigtelike behoefte aan materiële benodigdhede. Wanneer die dagbreek of die kanon jou wek, kruip jy onder jou kombers uit en gaan na jou perd om hom te roskam en hom sy mielies en water te gee. Dan neem jy jou kommetjie wat deur gewoonte in 'n wasbeker verander is, en was vinnig of stadig na gelang van omstandighede. 'n Beker flou koffie met kondensmelk word met beskuit afgesluit. Die teerhartiges mag hulle verbeel hulle geniet 'n beker sjokolade. Dan vertrek ons te perd vir verkenning, 'n besoek aan die kampe van die Boere of 'n gesprek met die generaal, en wanneer ons terugkom, berei elkeen sy eie ete voor. 'n Stuk vars vleis word gebraai met 'n veeltandvurk wat 'n uitstekende braaivurk is, terwyl jy die roosterbrood op die punt van jou mes dophou dat dit nie brand nie. As jy gelukkig is om 'n paar gekookte aartappels te hê, en 'n bietjie lemmetjiesap gemeng met helder Tugela-water, of tee as jy van 'n warm drankie hou, drink, voel dit asof jy by die Voisin Restaurant in Parys gaan uiteet!

Van twaalfuur tot drie-uur is die son die groot oorwinnaar en verduur die kampe sy blakende gloed stom en hulpeloos.

Daarna deurkruis groepe ruiters die bergpaaie, ry hulle al langs die rivieroewer af en ondersoek hulle die spoorlyn. Troppe perde kom uit die weiding om in die rivier te suip. Die trekosse kom uit hulle dromerige lomerigheid en die heuwels ontwaak met die uitgelatenheid van hierdie dierelewe. Die rivieroewers word vol swemmers. Dit sal so wees tot donker wanneer jy 'n nuwe stukkie braaivleis sal geniet en – as jy dit gelukkig tref – daarmee saam die lekkerny, 'n pot rooi snyboontjies, voor jy weer heeltemal geklee onder die komberse inkruip en nie sukkel om aan die slaap te raak nie.

Op hierdie Kersdag heers daar as gevolg van die wederkerige godsdienstige respek tussen die vyande 'n gewisse kalmte. Ons was oortuig daarvan dat die Engelse eerder aan hul deurlugtige koningin as Kersgeskenk die nuus sou wou stuur dat hulle ons in die wind geslaan en hulself uit die beleg van Ladysmith bevry het. Maar daarvan het niks gekom nie. Die heuwel wat ons aan die linkeroewer van die Tugela beset, en wat die sleutel tot ons stellings op die ander oewer is, is binne hulle bereik sonder dat hulle die voordeel benut.

Gisteraand, nadat ek die rivier oorgesteek en tussen die doringbome wat na hulle linies lei, deur gevleg het, het ek my skielik in sig van een van hulle patrollies bevind wat probeer het om agter my om te beweeg. My verkenningstog is as gevolg daarvan kortgeknip, maar as hulle my toegelaat het om verder vorentoe te beweeg – soos my plan was – kon hulle my terugtog afgesny het. Hierdie geïsoleerde verkenningstogte dien klaarblyklik geen doel nie. Een oggend het kolonel Von Braun van die Duitse afvaardiging 'n Boereverkenningstog vergesel. Hy kon so naby aan die Engelse kamp kom dat 'n kaptein van daardie kamp, wat waarskynlik self met 'n patrollie besig was, hom vir 'n Brit aangesien het en na hom toe gegalop het. Von Braun het na die Boeregeselskap teruggery wat tot sy verbasing voor die Engelsman verskyn het en "Hands up!" aan hom geskree het terwyl hulle op hom aangelê het. Hy het sy hande in die lug gesteek sonder dat hulle dit moes herhaal. Hulle het hom na die kamp geneem saam met 'n onderoffisier wat hom gevolg het. Dit kom voor asof geen wag hulle vergesel het nie, wat ietwat vreemd is, net soos hierdie spontane beweging wat die offisier sonder die geringste agterdog na 'n onbekende kameraad gevoer het.

Niks is vreemder as hierdie oorlog tussen mense wat hulle onderskeie stellings bewaak sonder om mekaar uit te dryf nie. Dit is 'n statiese oorlog; soos die oorloë van tweehonderd jaar gelede, want alles in die opvattings en metodes van die Boere is uitgedien. En tog maak die onbekwaamheid van hulle vyande die Boere die meesters van die situasie!

Gisteraand het die Duitse offisiere ons uitgenooi om sjampanje saam met hulle te drink. Von Braun het gesê op hierdie herdenking van die Christelike era toe God tweeduisend jaar gelede op die aarde neergedaal het, kan Christelike offisiere nie anders nie as om in broederlike herdenking te verenig. Die gesprek was baie hartlik en ek het die uitnodiging beantwoord deur hulle te vra om vanaand by ons Galopaud se gans te kom eet. Die gans was deel van 'n trop met 'n aptytwekkende wit kleur, wat ons lus laat opwel het elke keer as ons oor die verlate plaas van die Natalse Boer wat nou 'n gevangene van die Engelse is, beweeg het. Simpatie met die onbenydenswaardige posisie van die arme boer het die kompromislose behoeftes van ons hoofkok – wat ver te begaan was oor sy reputasie – slegs tydelik in toom gehou. Die naderende Kersfees het hom toenemend vasberade gestem en die lot van die voëls het hom nog meer besorg gemaak. Uiteindelik het die bekommernis oor gebrekkige voorrade vir hom eendag te veel geword en het 'n rewolwerskoot die situasie bygelê. Vanaand eet ons dus ons Kersete sonder om te veel te wonder of die gevange Boer dalk dit anders sou wou gehad het.

Omdat dit ver van ons Franse Kersfees is, het hierdie Kersfees met die Duitse offisiere in die Boere se land en die band van militêre hoflikheid in hierdie omstandighede van hierdie offisiere ons kamerade gemaak. 'n Kersfees sonder klokke, sonder orrelspel en gesange, blomme of kerse, sonder enige ontwaking van die vervloë jare met die ewige jeugdigheid van godsdienstige praal. Tog vloei Franse bloed oorvloedig in hierdie land. Maar tussen ons en die Boere is daar die ondeurbreekbare grens van verskillende godsdienstige denominasies; en tussen die kamerade van dieselfde militêre kultus – wat deur hulle afsondering as vreemdelinge nader aan mekaar gebring is – bly die bittere herinneringe aan 'n geskende vaderland.[22]

26 Desember. Gister het ons gaan eet by 'n veldkornet wat ons met die warmste blyke van hartlikheid ontvang het.

---

22 Vermoedelik verwys hy hier na die bitterheid wat hy steeds teenoor die Duitsers voel na Frankryk se neerlaag teen Pruise in 1870–1871 in die Frans-Pruisie-se Oorlog. Hy verwys ook na die feit dat die Boere Protestants is en hy Katoliek.

Die aand het ons die Duitsers vir ete ontvang. Galopaud het homself oortref. Ons het 'n skermutseling met die vyand gevrees. Sauer het hom so daarin ingeleef dat hy teen die middel van die nag eers soos 'n hoenderhaan gekraai het en geëindig het met die gekekkel van 'n hen wat 'n eier gelê het. Die woede oor hierdie verbasende alarm het verdwyn in 'n algemene lagbui.

Met die eerste kanonvuur het ons opgestaan, die perde geroskam, ons koffie gedrink en vertrek. Die kanon het stil geword, maar ons het ons verkenning voortgesit en wildsbokkies verras. Terwyl ons by plase verbygegaan het wat meestal verlate was, het ons tussen bome deurgevleg en probeer om die Engelse stellings van heel regs af te nader. Sauer was nie juis op sy gemak oor my planne nie, maar 'n gelukkige toeval het hom gerusgestel en my reg bewys. Ons het voor ons 'n sterk Boereverkennergroep gesien waarby ons aangesluit het. Generaal Botha het vyftig verkenners wat hy op die flanke of aan die agterkante van die Engelse uitstuur en wat elke dag uitgaan. Onder hulle is daar drie of vier avonturiers, maar die ander het die kenmerkende versigtigheid van die Boere.

Bykans ses kilometer van die Engelse kamp af het ons 'n paar ongewone patrollies, voorposte en pakperde teëgekom; min lewe, geen beweging van ruiters nie. Op hierdie maklike terrein sou 'n manjifieke anval teen hierdie slapendes geloods kon word. Maar om hier van 'n aanval te praat!

Ons het ons vermaak deur twee perde wat deur 'n kavalleris bewaak is te buit. Galopaud en Sauer het mekaar in die hare gevlieg, met die een wat altyd wil doen wat die ander afraai. Galopaud behandel Sauer soos 'n soetelaar,[23] terwyl Sauer geneig is om Galopaud soos 'n bemoeial te behandel.

Vervolgens het ons die Tugela oorgesteek met die mooi balkbrug wat die Boere gebou het. Net voor dit het twee jong Boere wat graag die hand van 'n Franse offisier wou skud, nader gehardloop om aan my voorgestel te word.

Die hitte is versengend. My sjokolade word 'n vormlose bal saam met my sokkies in my saalsak. Al wat oorbly, is sardiens. Maar basta! Alles gaan verby: ek raak geakklimatiseer!

---

23 Iemand wat in uniform met die leër saamtrek en verversings aan die soldate verkoop.

IX

27 Desember. Ek kon laasnag nie 'n oog toemaak nie omdat die tent oop was. Dit was weens krimping onmoontlik om dit behoorlik toe te kry. My voete het natgereën, maar dit was 'n manjifieke storm! Van alle kante het die weerlig onophoudelik geflits, die nag verlig, in verblindende vuurwerke geblits en het die helder slingerblitse deurmekaargevleg. Toe het die reën swaar, regaf en deurdringend uitgesak. Ek kon vaagweg voel hoe die water opstyg deur my beddegoed wat om my gedraai was. Ek het die nag verwyl deur dit om my uit te sprei in 'n poging om dit te red.

Vanmôre het ek na die generaal gegaan om aan hom my indruk van die situasie te gee. Sowel die verlatenheid van die Engelse kampe en hulle taktiese traagheid, as die moontlikhede wat die terrein vir beweging bied, oortuig my dat dit nodig is dat ons aanvallend moet optree en die niksvermoedende kampe moet aanval, omdat die Engelse oortuig is dat die Boere nooit na hulle toe sal kom nie. Hoe hierdie idees ook al in die brein van 'n militaris mag spook, sal hulle nooit dieselfde aantrekkingskrag hê vir die Boere wat 'n oorlog met die minste moontlike skade verkies nie. Aan die ander kant is hulle baie stiptelik, in watter weer ook al, met hulle nagwake. Dis aandoenlik om hulle so skraps aangetrek met hulle geboë rûe onder die swaar reën, reeds tussen vyfuur en sesuur saans te sien, stoïsyns op pad na die voorposte om die nag daar deur te bring. Party het reënjasse, maar die meeste het slegs hulle dun baadjies. Hulle vertrek in klein groepies op die lang pad, party te voet, ander te perd, en 'n mens kan in hulle waardige erns aanvoel dat hulle 'n gewetenstaak verrig.

Die groot nuus was die vervanging van generaal Buller deur lord Roberts. Buller sal sonder twyfel sy leërkorps behou en Roberts sal met 'n tweede korps aankom. Die onwilligheid om voor die aankoms van Roberts uit Buller se traagheid voordeel te trek, maak my beswaard. Maar die Boere is nie manne wat 'n mens kan beïnvloed nie, jy moet hulle maar met hulle karaktertrekke en hardkoppigheid aanvaar.

28 Desember. Galopaud berei hom voor om na Pretoria te vertrek. Ek het na die generaal gegaan, maar hy was nie daar nie. Ek wil vanaand teruggaan om hom te spreek. Noudat ek gesien het dat niks hier te doen is nie, is ek van plan om na Kimberley te gaan waar 'n aanslag van Buller verwag word. Tot my ergernis sal ek oor Pretoria moet gaan waar ek Sauer nie weer sal wegkry nie. Traagheid en gemaksug is hier aan die orde van die dag. Daar word gedink dat die situasie nie dringend is nie. Kortom, Desember is verlore vir die Engelse weens Buller se traagheid, soos sowel Januarie – met die wag op lord Roberts – as Februarie – met die verandering van taktiek – sal wees. Die ontknoping sal dus eers in Maart, indien nie April nie, plaasvind.

29 Desember. Ek is siek. Galopaud het na Pretoria vertrek. Stortreën sak uit en my tent het inmekaargetuimel. Gister is ek op besoek aan 'n laer getref deur die argeloosheid waarmee die Boere die verandering in die Engelse bevelstruktuur bejeën. Hulle is seker dat hulle lord Roberts en lord Kitchener soos twee gewone korporaaltjies sal afransel. Hulle het die oormoed wat nou slegs voor God sal wyk.

30 Desember. Ons het ons kamp verskuif aangesien dit heeltemal oorstroom is. Oor Roberts se aankoms sê die Boere: "Toe Buller gekom het, het almal net van hom gepraat. Ons het gou gesien wat hy werd is en dit sal dieselfde in die geval van Roberts wees."

Die kommandant het aan ons blikkies konfyt en vars brode uitgedeel. Die kommissariaat funksioneer met 'n merkwaardige eenvoud sonder enige verwarring, probleme of formaliteite. Alles geskied soos in 'n familie. Almal word bedien en is tevrede. Die koste is natuurlik 'n ander saak, maar die uitskakeling van tussengangers het tog, alles in ag genome, werklike besparings moontlik gemaak. Twee amptenare doen alle aankope. Hulle neem miskien 'n bietjie kommissie, maar dit is tot hulle beperk en hulle rekeninge is onderworpe aan kontrole deur die staatsouditeur wat dit weer nagaan en alles afkeur waarvan die prys vir hom te hoog lyk. En dan dink die Engelse nog ons sal ná die uitgerekte swak bestuur van ons kommissariaat uitgeput raak!

31 Desember. Die laaste dag van 'n droewige jaar! Hier glo die Boere nog dat Frankryk hulp sal verleen omdat hulle van hulle illusies van tweehonderd jaar gelede lewe. Ons wat daarvandaan kom, weet nietemin van beter! Wat het vir meer as twee maande daar gebeur? Hier, voor die Drakensberg, wat sy blou skans tussen Natal en die Vrystaat verhef, waar die klowe nog van luiperds wemel en met geen deurgang behalwe Van Reenenspas wat dit skend nie, voel ek my in 'n gans nuwe wêreld. Watter verskil in leefwyse! Om jouself tot met die kleinste takies te bemoei, is vir dié wat nie daaraan gewoond is nie heeltemal 'n nuwe manier van lewe. Die denke vervlak te midde van talle beuselagtige klein besonderhede en bly vir die res van die tyd stagnant. 'n Mens verspil jou tyd met take waarvan 'n beskaafde lewe jou onthef en wat eintlik die lewensbrood van baie mense is. Deur terselfdertyd 'n mens se eie kleremaker, stalkneg, wamaker, kok, drywer, pakker, muildrywer, wasser, slagter, waterdraer en skoorsteenveër te wees, word die broodwinning van 'n groot aantal eerbare professies verrig. Ons kennis van sodanige ambagte is maar baie oppervlakkig; tog help die bereidwilligheid van elkeen om 'n weg in al hierdie nuwe terreine te vind. Galopaud is verreweg die mees ervare, Sauer is te stadig en twissiek. Ek laat hulle begaan, aangesien ek hulle kundigheid erken en ook opmerk hoe erg hulle oor 'n kwessie soos die opslaan van 'n kamp of die voorbereiding van potjiekos kan stry. My mening sou net nog olie op die vuur wees. Bowendien onthef my posisie my gedeeltelik daarvan om handearbeid te verrig.

Om te leef tussen hierdie vet, gaar of rou vleis, oopgemaakte blikkies ingelegde vleis, uitgestorte sop, miere en swerms vlieë is die ergste. Daar is sowel oormaat as gebrek aan alles: 'n oormaat van voortreflike vleis, genoeg vir ses gesinne; 'n oormaat van die reuke en morele gebrekkigheid by die inboorlinge; 'n oormaat van verrotte voorrade; 'n tekort aan groente, vrugte, melk, eiers, suiker en vars brood. Daar is ook 'n oormaat water in ons tente, wat altyd aan windstorms en reënstorms uitgelewer is.

Ons kry nuus dat 'n drywer en 'n Kleurling na ons gestuur is. As hulle môre vir Nuwejaarsdag aankom, kan ons daaraan dink om te beweeg. Ek wil generaal Joubert se toestemming vra om my by die leër by Modderrivier aan te sluit, waar gebeure gaan afspeel waarvan ek die skouspel wil gadeslaan.

Ek het 'n paar dinge oor die inboorlinge geleer. Die lobola of die prys wat aan die familie betaal word om met 'n vrou te trou – gewoonlik tien paar osse – is 'n waarborg dat sy enersyds goed behandel sal word en andersyds by die man sal bly. Die inheemse reg is ingewikkeld en berus geheel en al op tradisie. Dit word óf deur spesiale magistrate – blankes wat vanweë hulle kennis van die gebruike aangewys is – óf deur 'n raad van oudstes van die stam toegepas. Die konings word op geheimsinnige wyse op hoë berge begrawe. Die inboorlinge raadpleeg die geeste oor die slegte dinge wat hulle tref. Hulle het geen begrip van die toekoms nie, maar is aan bygelowe uitgelewer en glo in toordery. Hulle raadpleeg nog steeds die toordokter om vas te stel wie 'n ander persoon doodgemaak het, omdat hulle nie erken dat die dood natuurlik kan wees nie. Uitgerus met horings en amulette, beoefen die toordokter sy vak ernstig en word hy baie duur betaal. Wanneer sy hulp deur 'n hooggeplaaste ingeroep word, wys hy geslepe die persoon van wie hy nie hou nie as die towenaar aan.

X

1 Januarie 1900. Vanoggend het 'n jong meisie my 'n voorspoedige Nuwejaar kom toewens – 'n rare gebeurtenis in 'n kamp waar vroue uitgesluit is. Sy is die dogter van 'n Hollander wat ryk geword het met 'n hotel in hierdie land, en sy praat goed Frans. Hy het gehoor daar word in sy kamp van 'n Franse kolonel gepraat en hy het nuuskierig daaroor geword. Toe ek hulle sien aankom, het ek vir Sauer gesê: "As hierdie jong meisie wil, sal sy aan my die grootste guns bewys deur die gapende gat wat die vuur in die pyp van my enigste broek gebrand het, behoorlik toe te werk."

"Onmoontlik!" het hy geantwoord. Tog, na 'n halfuur se gesprek met die vader, bied hy aan dat sy dogter die herstelwerk doen sonder dat ek nodig gehad het om te maak of ek die skeurplek self raakgesien het. Van watter hulp is Sauer se diplomasie!

Ek wag nou reeds vier uur lank op 'n verkenningstog van tagtig man waarby ek my moes aansluit. Toe hulle opdaag, blyk dit dat die geselskap tot vyftien man verminder is en ek laat hulle verbygaan sonder om te besef dat ek by hulle moes aansluit. Ek het daarop 'n besoek gebring aan generaal Botha, wat nog altyd baie aangenaam en hartlik is. Ek vertel hom ek vermoed dat die Engelse slegs 'n deel van hul troepemag voor Colenso gelaat het terwyl die res na die Kaap verskuif is om by Kimberley te help met Lord Roberts se verwagte offensief teen die Oranje-Vrystaat. Roberts sou nie Buller se groot fout herhaal om sy gevegslinie in die middel saam te trek en sy vleuels te verswak nie. Hierdie fout is teweeggebring deur die aard van die terrein en die posisie van die spoorlyne, maar ook deur die wyse waarop die Boeremagte opgestel is, laasgenoemde eerder om strategiese as politieke redes.

Botha het geantwoord dat die Engelse 'n kamp na sy regterkant verskuif het, waar die heuwels laer word en waar hulle selfs 'n takspoorlyn bou om die beskadigde spoorlyn te herstel. Hy het gehoop om dit nog vannag te verken. Hy het bygevoeg dat hy, gedagtig aan die hardnekkigheid van die Engelse, oortuig was dat hulle sou volhou om Ladysmith te probeer ontset. Enigiets is moontlik met hierdie traagheid van die Engelse soldate wat geen operasies begin voor alles nie reg is, die tafel goed gedek en van voedsel voorsien is nie.

Ek en die generaal het mekaar wedersyds 'n voorspoedige Nuwejaar toegewens, waarna ek die veldkornette wat so gaaf was, gaan groet het. Oral ruil ons hartlike groete en wense uit. Dit sou onmoontlik wees om groter hartlikheid te ervaar. Die weer is mooi, die doringbome is geurig en in bloei. Die lug wat vanmôre nog bewolk en reënerig was, is deur 'n fris bries skoon gewaai. Almal vier Nuwejaar. Halfpad teen die helling, onder die boom wat aan ons tent beskerming bied, het ek die panorama van ons stellings waardeur die Tugela kronkel, waargeneem. Ek kon Colenso swart agter die kruin van die groot heuwel aan die linkerkant sien en verder terug 'n reeks heuwels wat helderder is. Die detail staan besonder skerp uit teen hierdie wonderlike helder lug. In Parys het ons beslis nóg dieselfde vertes, nóg dieselfde helderheid, nóg dieselfde kalmte, nóg – bowenal – dieselfde harmonie tussen die sereniteit van die gees en die omringende dinge.

Vir drie dae het die vol Kliprivier die aanvul van voorrade verhinder. Ons het van geleende goed geleef en nie swaar gekry nie. Ons henne is so mak dat ons hulle nie wou slag nie. Hulle is nog altyd om ons.

2 Januarie. Vanmôre het ek die voorposte op die stellings regs gaan verken. Ek het met reg gedink dat daar niks aangegaan het of van daar af kon kom nie. Met ons magte van Colenso op die flank, sal dit dwaas van die Engelse wees om van hierdie gelyk vlakte af aan te val en gevolglik teen ons stellings suid van Ladysmith te stuit.

Behalwe vir die tente van 'n bataljon, het alles daarop gedui dat die Engelse – soos ek gister aan die generaal gesê het – nie meer hier is nie en dat ons binnekort by Modderrivier van hulle sal hoor. Probeer soontoe gaan! Maar om Sauer en die wa daar te kry, toestemming van die owerhede te kry en gidse te vind, is om van moedeloos te word wanneer jy in die land van die Boere leef. En as ek daarheen gaan, sal ek te laat daar aankom.

Hierdie verkenning het aan my 'n stelling in 'n halfsirkel gewys wat gehou word deur 'n twintigtal Boerelaers met twee heuwels ver vorentoe op regterhand, met dieselfde op die hoogte ver links, hoewel dit in hierdie geval agter die Tugela is. Regs is daar 'n gelyk, of feitlik gelyk opening, wat ons nie sal kan benut solank ons hier is nie. Om die stelling te verdedig sal 50 000 man verg en ons het slegs 4000! Hoe is dit moontlik dat 20 000 Engelse soldate – so onbevoeg as wat hulle is – nie 'n manier kon vind waarop 'n bres in hierdie muur geslaan kon word nie?

Ek het 'n mooi trop perde en osse bewonder by die deurgang, valleie en groen dale van die berge.

Die grofgeskut van die Engelse het uiteindelik 'n Boer gedood – 'n enkele een! Wie sal bereken wat hierdie enkele Boer die Verenigde Koninkryk gekos het?

Hierdie klipperige landskappe, skaars aan gras en bedek met doringboom sambrele, hoewel nou in bloei, bly eerder ru as aantreklik. Wat hulle red, is die wonderlike lug en die helderheid wat uniek is. Ekskursies daarin is uitputtend en daar is min wat jou val versag.

3 Januarie. Gister het ons met die gewone traagheid nie voor halfses na Ladysmith vertrek nie. Die aand het teen sewe-uur aangebreek, pas nadat ons oor die Kliprivier is. Dit was donker toe ons tussen die doringbome voor die gevange Boer se plaas ingegaan het. Sauer het die mars gelei. Hy gee voor dat hy beter in die nag as in die dag sien. Nogtans het hy verdwaal. Sonder dat ons dit geweet het, het ons van ons roete afgedraai. Nadat ons ons weer in die helder doringbos bevind het, het ons ons afgevra waarom ons nie die plaas of die rivier gesien het nie. Ons het klaarblyklik 'n fout begaan, maar waar was ons? Was ons op pad na Ladysmith? Op linkerhand was 'n skynsel van tente en 'n spreilig wat die nag verlig – detail wat kwalik op 'n Boerelaer kon dui – en dan was die pad ook nog baie wyd.

Sauer het my verslaenheid gedeel, ons het dinge goed oorweeg en teruggedraai. Ons het 'n Boer teëgekom wat ons meegedeel het dat ons op pad na Elandslaagte is. Sauer het die koppies uitgestorm om weer die pad na die hooflaer te vind. Die perde het teen rotse gestamp en in gate geval. Ek het geweet dat ons besig was om 'n fout te begaan, maar Sauer het soos altyd by sy idee gehou.

Ons het in die onbekende veld weggeraak. Daar was geploegde lande, rotsagtige grasvlaktes en baie ander struikelblokke wat jou nek kon breek. Uiteindelik het ons 'n stroom water bereik waar die paddagesang oorverdowend was. Sauer het in die nag verdwyn. Ek was verbyster en het besluit om selfstandig op te tree wanneer hy my weer vind.

Hy was deurmekaar en minder hardkoppig. Ek het aan hom gesê as ons sou probeer om die hooflaer te bereik, sal ons ons eie en ons perde se bene sonder enige moontlikheid op sukses breek. Dit was reeds elfuur en ons moes nou maar daarin berus om onder die sterre te slaap, maar ons moes tot elke prys uit die moerasse kom. Toe het ons jammerlik in sirkels begin loop, omring deur die moerasse en ongelyke terrein, verwerp deur die aarde waarin ons wegsink en met modderslote waarin ons getuimel het. Van tyd tot tyd het Sauer – wat voorgegaan het omdat hy beter in die nag sien en omdat dit pikdonker was – in 'n gat verdwyn waaruit 'n yl gil van "O hene!" opgeklink het. Hoe erger die situasie geword het, hoe meer hemelgerig was sy stem.

Teen die derde val het ek, ten spyte van my verskriklik veeleisende fisieke probleme in hierdie aanhoudende voortstrompeling, my oë na bo geslaan en het ek instinktief na die engel gesoek wat hierdie soet klanke gekweel het. Hierdie afleiding het tot 'n harder stamp gelei. Gelukkig het ons die klippe bereik. Vir die eerste keer het hulle sag onder my voete gevoel. Die gekwaak van die paddas het 'n bietjie verder weggesterf. Ons het toenemend teen die rotsblokke van die koppie gebots en die kalksteen het my nog kragteloser gemaak. Uiteindelik – met voete moeg van uitputting en polse wat verstuit is van perde stuur – het ons op 'n stukkie groenigheid afgekom wat nie met rotse besaai was nie. Die kwessie van waar ons sou rus, was opgelos, maar ons het 'n boom benodig om die perde aan vas te maak. Ek het gevolglik 'n vae voorwerp wat soos 'n struik lyk, op die rug van die koppie gaan inspekteer. Hoewel dit rotsagtig was, was die klim maklik, maar toe ek bo kom, het ek gevind dat wat ek vir 'n struik aangesien het, 'n nuttelose stapel klippe was.

Die afkom was iets anders. Sonder leiding het ek verdwaal. Ek het geroep. Daar was geen antwoord nie! En toe het 'n veraf roep van Sauer my bereik. Ek het gedink dat ek na hom toe beweeg, maar ek het my misgis. Verdere omswerwinge deur 'n rotsagtige terrein volg. Ek het weer die hoogtes uitgeklim. Sy stem was duideliker, het verder gedra en my gelei tot ons uiteindelik weer bymekaar uitgekom het. Ons het die perde met die leisels van die tooms gekniehalter en met hulle halters vasgemaak. My saal het as kussing gedien. Ek het my saalkleed oor my gegooi en probeer om onder die weidsheid van die uitspansel te slaap. Ek was gewoond aan 'n bietjie minder luukse as hierdie hoogte en ook aan minder knoppe onder my rug. Die dou het sterk deurgeslaan en voor dagbreek het ek rondgeloop om vas te stel waar ons was. Ons het geslaap tussen die hooflaer en die plaas waarom ons gegaan het sonder om dit oor te steek. Die soeklig was 'n nuwe aanwins van die Boere. Ons was nooit naby die Engelse kamp nie!

Ons is baie goed ontvang by die verblyfplek van Kantoor, deur die leier wat 'n welvoorsiene tafel hou. Ons drywers is weg na Colenso. Ons sal op generaals Joubert en Lucas Meyer wag.

XI

Ewald Esselen! Dis heerlik om op jou pad uitsonderlike mense teë te kom wat van nature so hoogs simpatiek is. Ewald Esselen is so 'n man: groot, 'n mooi intelligente kop met sjarmante oë, 'n gawe glimlag, 'n gedistingeerde gesig bedek met 'n rooibruin baard; 'n dromer wie se blik bo die werklikheid uitstyg en wat die toekoms deurskou. Terwyl hy nog maar student was, het hy 'n groot toekoms vir sy land voorspel – wat hy kragtig met sy hele hart begeer het. Hy was besig met sy studie in geneeskunde toe hy hoor dat sy land in 'n staat van oorlog verkeer. Hy het alles net so gestaak om front toe te kom. Later is hy oorreed om tot die politiek toe te tree. Hy word prokureur-generaal, maar laat die amp vaar toe hy besef dat daar nie genoeg ruimte vir hom is om sy taak in die lig van sy gewete uit te voer nie. Hy het die regering verseker dat hy hul opdragte eerbiedig en hom aan hul vereistes hou, maar steeds geweier om hom aan enige poging om sy vryheid van denke aan bande te lê, te onderwerp. As 'n merkwaardige advokaat verdien hy ses tot sewe duisend pond per jaar, wat hy alles bestee met die vrygewigheid van 'n heer wat deur niks verbaas word nie. Hy is altyd gereed vir liefdesdiens, om 'n skenking te maak of aandag te skenk, eweseer aan ander as aan sy eie familie. Hy het 'n uitsonderlike geaardheid wat sowel sy goedheid as sy goedgemanierdheid betref. Dis nodig dat God soms aan ons manne iemand toon wat is soos ons behoort te wees! Ewald Esselen het my siek gesien en sommer spoedig na my gekom met sodawater en al daardie snoeperye wat in die kamp van onskatbare waarde is. Hy het aangevoel dat ek vreemd voel en my met soveel hartlikheid oorweldig dat ek sommer gou die afwesigheid van my huis, die verskille en hindernisse vergeet het.

Jacob van Wyk! Hy is 'n lid van die Eerste Volksraad. Groot, sterk, die gesig energiek met skerp oë, die soort man wat sy goedheid op ander uitstort. Hy is by Modderspruit, die hoofkwartier vir rantsoene, gestasioneer en reis tussen die kamp van die Krugersdorp-kommando waar sy kiesers woon en sy plaas waarvandaan hy vir hulle vars produkte bring. Hy het sy waens gemobiliseer om tussen Ladysmith en Colenso te pendel. Hy het pas tweehonderd hoenders gestuur en dink reeds aan nog 'n besending. Te midde van alles vergeet hy heeltemal van homself, want toe ons hom in sy tent besoek, het ons hom sonder koffie aangetref. By Colenso het hy aan ons gegee wat hy in die hande kon kry. Natuurlik is hy baie gewild. 'n Mens wens ons eie parlementslede kon sulke gewildheid inspireer. Ek glo dat ek makliker 'n plaas van meneer Van Wyk sal kry as 'n enkele hen van my eie parlementslid.

4 Januarie. Ek het verneem van die val van Kuruman, hoofstad van Betsjoeanaland[24], met sy garnisoen van honderd-en-twintig Engelse, en van 'n groot strooptog.

Ek het generaal Joubert gespreek en hy het dadelik toegestem dat ek na Kimberley vertrek, maar omdat ek daarop aandring om nie sonder sy raad op te tree nie, sê hy dat hy dit Maandag aan my sal gee. Die situasie soos ek dit aan hom geskets het, was so voor die hand liggend dat al die Boere dit ingesien het. Joubert het die Boere by Kuruman beveel om hulle weer by Cronjé aan te sluit. Hy wil met Ladysmith klaarspeel, maar ek wil eers sien of ons sover kom om aan te val voor ek dit glo.

Drie Franse wat met die *Gironde* gekom het, is aan my voorgestel. Hulle het gekom om te veg en hulle het van entoesiasme oorgeloop, maar hulle is bitterlik teleurgesteld om te ervaar dat hulle aan hulleself oorgelaat is. Hulle sal na die Duits-Hollandse legioen – waarin verskeie Franse reeds dien en waar hulle met klein takies besig gehou kan word – oorgeplaas word.

Generaal Joubert was deur sy mense omring. Naby aan hom was sy vrou – 'n ernstige, skraal, bebrilde dame, wat ek die vorige dag te midde van 'n klomp klein swart kindertjies haar melk teen die vlieë sien verdedig het. Joubert is uitgevat in 'n manel en 'n swart broek – hier is dit die stempel van die bekleër van 'n openbare amp. Hy is 'n gawe, onbaatsugtige, skeptiese politikus wat beskou word as die uiteindelike opvolger van Kruger, maar is geen soldaat nie. Sy vyande

---

24 Betsjoeanaland Kroonkolonie (suid van die Moloporivier), wat onderskei moet word van Betsjoeanaland Protektoraat (tans Botswana) (noord van die Moloporivier). Ten tye van die Anglo-Boereoorlog was hierdie gebied deel van die Kaapkolonie. Nadat die finale grense van die Republiek van Suid-Afrika vasgestel is, val Kuruman egter in die provinsie Noord-Kaap.

beweer dat hy alles van die Engelse bewonder. Hy het die telegraafdiens van meneer Paff aan twee jong Engelse gegee wat – gaaf soos hulle mag wees – nietemin steeds twee Engelse is wat nou toegang tot die geheime korrespondensiekode het.

Geheime lê rond en word in die oor gefluister. Tog hou meneer Esselen vol dat die inligtingsburo sonder dokumentasie of registers bestaan, versigtig bewaar in die goedgedokumenteerde hoofde van die hoofleiers. Ek wil hom glo, maar met die eerste oogopslag het ek my bedenkinge en – tot ek beter ingelig is – sal ek glo dat die Boere slegs lukraak ingelig is en nie oor 'n reëlmatige en presiese inligtingsdiens beskik nie. Hoe is dit anders moontlik dat hulle vir weke onseker bly oor die bewegings van die Engelse wat maar ses kilometer van hulle kamp af is? Met natuurlike leiers soos Botha en Cronjé kan dinge nog – sover dit hulle aangaan – militêr gebeur, maar die hoofleërleiding van die Boere is aan die toeval van omstandighede en heersende menings oorgelaat.

5 Januarie. Gister het ons in mooi bewolkte weer van Ladysmith tot by Colenso gevorder. Met my vertrek het twee Franse van Johannesburg hulle by my aangesluit. Net een van die twee, meneer Dupont, wat 'n perd het, het my uitnodiging na Colenso aanvaar, maar omdat hy vir middagete elders genooi was, sal hy ons eers by die Kliprivier kan inhaal.

Net toe ek op die punt was om te vertrek, het die drie Franse vrywilligers wat ek gister gesien het vir my 'n groot geskenk van blikkieskos gebring en my gevra om dit te aanvaar, aangesien hulle nie oor die middele beskik om dit te vervoer nie. Diep geraak deur hulle welwillendheid het ek hulle hartlik bedank en gesê dat hulle hulleself nie tekort moet doen nie en hulle belowe dat ons aan hulle vervoer sal verskaf.

Die personeel van die hoofkwartier bestaan uit die familie van generaal Joubert. Meneer Malan, sy skoonseun, tree as stafhoof op en mevrou Joubert kan met 'n kwartiermeester-generaal vergelyk word. Hulle is almal vriendelik en toeganklik, behalwe mevrou Joubert wat seker in haar hart goed is, maar weet hoe om jou haar goedheid soveel te meer te laat waardeer as gevolg van haar stugheid.

Die geheelbeeld van die hoofkwartier met sy diere, swart vroue en groot tente skep eerder die indruk van 'n kermis as van 'n militêre operasie.

Nadat ons middagete in die tent van meneer Esselen genuttig het – hy is na Pretoria toe – het ons gegroet en na die klagtes van Paff geluister. Hy sou ons vergesel, maar moes aan diens bly. Ons het gereed gemaak deur die perde te bestyg en het betreklik vinnig tot by die Kliprivier gevorder. Daar is die waens uitgespan en niemand kon deurgaan nie omdat die rivier te vol was.

Nadat ons beskuit en biltong geëet het en die perde in die skaduwee gelaat het, het ons verveeld in die geselskap van generaal Botha se sekretaris gewag. Hy het 'n skaapboud, 'n geskenk van Ladysmith, in sy bokkie saamgekarwei. Sauer, wat oral rondhang, het egter vir ons 'n ete-uitnodiging gebring van die Duitsers wat die brug oor die rivier bou. Eersteklas mense. Skaapvleis met uie en swart koffie gehad. Ons is versterk en ek het verneem dat ons gasheer deelgeneem het aan die oorlog van 1870, waarin hy gewond is.

Uiteindelik het meneer Dupont gearriveer, vergesel van drie Italianers wat aan hom toevertrou is. Almal het by die Duitsers geëet tot ons verneem het dat die Kliprivier se watervlak besig was om te daal. Ons het 'n paar perde opgemerk wat deur die stroom meegesleur word. Dit het gelyk of hulle verdrink. Ons het kommunikasie met die oorkantste oewer bewerkstellig deur middel van 'n klein vlotjie waarop jy poedelnakend klim met jou uitrusting en besittings as teenwig. Ek het gehardloop en die perde gevang. Daarna het ons reis begin, gelei deur die sekretaris se bokkie wat deur Zoeloes getrek en gestuur is. Die brose rytuig het ongelukkig omgeslaan en is beskadig. Die sekretaris en die wakis het van ons geskei geraak en dit was slegs met die grootste geluk en die behendigheid van die swart drywers dat daarin geslaag is om die hele spul in die stroom bymekaar te hou. Spoedig het ons perde geswem en ons het halflyf in die stroom gedryf. My perd was egter so knap dat ek nie te ver gedryf het nie. Ek het nat gebly tot dit tyd was om te gaan slaap, ten spyte van 'n vinnige draffie.

Sauer, wat met sy idee volgehou het om met die vlot wat ons agtergelaat het, oor te gaan, het uiteindelik weer by ons aangekom.

Dit het gereën. Ons het betyds gearriveer om ons skaapboud gaar te maak en het aan Dupont 'n uitstekende aandete voorgesit. Intussen het 'n klomp skaflike inboorlinge by ons opgedaag en ons sou nie langer soos swartes hoef te werk nie. Ons het kombuisgerei ontvang wat op die spoorlyn verlore geraak het, asook bottels, groente, vrugte en selfs eiers. Gevolglik kon ons vanmôre vir ontbyt omelet saam met ons opgewarmde skaapboud en konfyt eet en 'n koppie tee drink. 'n Koningsmaal!

Ek het teruggekeer van 'n besoek aan generaal Botha, wat my met sy gebruiklike vriendelikheid ontvang het, geluister het na al die inligting wat ek aan hom kon gee en saam met my na Pretoria wou reis nadat hy sy bevel aan Lucas Meyer oorhandig het. As hy, soos ek, hoop om na die Modderrivier of na die Kaap gaan, sal ek baie tevrede wees om my lot by syne in te werp. Hy sal my binnekort kom spreek om my deel te maak van 'n gebeurtenis wat lyk my vanaand of môre kan plaasvind en wat gewis met Ladysmith verband hou.

6 Januarie. Gisteraand het generaal Botha se sekretaris my kom waarsku dat die generaal my kom haal as hy om twee-uur die môre verbykom. Swaar aandete van gevulde komkommers. Nog swaarder voorbereidings vir die vertrek. Eindelose argumente met die maniese Sauer. Slapeloosheid! Koffie om eenuur, hawer vir die perde en uiteindelik op pad onder die beskutting van die donker.

Daar is nie veel wiskundigheid daarin wanneer die Boere hulle in kolonnes verdeel nie, maar met die groepering in kommando's gaan dit beter. Hierdie mans sien ewe goed in die nag en die dag en ry die hele pad op galop om weer by hulle groepe aan te sluit. Ek moes al my aandag daarop toespits om nie agter te raak nie. Dan is ons in die oop veld. Terwyl ons oor die klippe struikel en in modderige gebiede wegsink, verrig die perde wondere van balans, klim, gly en sigsag om rotse, glip om koppies en verdwyn in dongas. Hierdie kavalkade onder die sterre oor 'n onbekende terrein besaai met hindernisse is soms baie vinnig en hou vir my 'n ernstiger gevaar in as die vuur waaraan ek heeldag blootgestel is. 'n Generaal het die kolonne tot stilstand gebring agter 'n hoogte wat die vlakte van Ladysmith bo die hospitaal oorheers. Met die perde wat in groepe met die hand vasgehou word en die ruiters wat behoedsaam tot stilstand gekom het, is op verkenning besluit. Ons is teruggehou as reserwemag met die bevel om daar te bly. Dit was miskien jammer, want in 'n stadium tussen agtuur en nege-uur het dit gelyk asof alles vir ons voorspoedig verloop, en die deelname van hierdie reserwemag kon dalk beslissend gewees het. Ons het gehuiwer, maar hulle ywer het uiteindelik daartoe gelei dat heelwat van die manne inbeweeg het. Ek het die veldkornet van Boksburg[25] gevolg wat in volle galop afgedaal het tussen die rotsblokke wat deur hoë plantegroei versteek is.

In 'n skeur is halt geroep, afgeklim en die manskappe is hergroepeer. Hervat die mars deur die doringbome. Weer gehalt en die perde agter aan die rand van die eerste bos doringbome gelaat. Vinnig die oop, onbedekte terrein oorgesteek en deur die bosse gevleg. Weer eens agter die koppies halt geroep. Opeenvolgende gevegte met manne agter 'n beboste berg[26] waarvan die Boere die kruin verower het, terwyl die Natal Volunteers nog veg om die laaste beboste hange te behou. Die geweervuur was by tye wild, maar by ander geleenthede metodies, soos by teikenskiet.

Ons het in 'n skeur naby 'n systroom van die Kliprivier beland. Ek het op die modderige grond ingedut terwyl die koeëls om my kop fluit. Die Boere het die een na die ander onder die loodregte oewer van die rivier skuiling gesoek en die oorsteek van die 150 tree van biesies en onbeskutte oop terrein as pret beskou. Die water het tot by hulle knieë gereik. Dis soos om hase te jag.

Wanneer die Boere eers in die koelte naby die water was, het hulle van die geveg vergeet. Party het kaal geswem, ander het hulle onderklere gewas, maar die meeste het in die skadu agtergebly met hulle rûe na die vyand gedraai. Die Engelse het uiteindelik daarin geslaag om hulle van agter af aan te val en vol gate te skiet. Die Boere het die vuur beantwoord, soos 'n swerm spreeus uiteengespat en op twee plekke langs die rivier stelling ingeneem.

Dit het my uit my slaap geruk.

25 Vk. A.J. Dercksen.
26 Platrand (Wagon Hill).

Ek het gewag tot die Engelse naby my genoeg onder die lood gesteek is sodat hulle gedwing was om na hulle stellings terug te val. Daarna het ek deur die doringbome geglip. Daar het ek 'n Boer aangetref met wie ek 'n rukkie gelede gesels het en ons het saam op volle vaart die rivier oorgesteek om ons weer by die Boere en die veldkornet aan te sluit. Op daardie oomblik het ek 'n bebrilde Duitse dokter gewaar wat 'n lyk op sy wit perd vervoer, maar dan die swaar las ter wille van 'n gewonde manskap van wie beide oë deur 'n vreemde, grusame wond vernietig is, agterlaat.

Die geveg het voortgeduur en die grofgeskut het verslap. Ek was nie bekend met die aanvalsplan wat gevolg is nie en kan nie sê of dit in oorstemming met my eie plan was nie. Die optrede het gedurende die nag plaasgevind en het die Engelse verras, soos ons om drie-uur die oggend deur die vinnige vuur van 'n maxim vasgestel het. Ons het die vyandelike stellings op so 'n wyse genader dat hulle onder volgehoue infanterievuur gehou is, soos deur 'n hewige en langdurige fusillade bewys is.

Die Boere se gevegstyl is heeltemal uniek. Hulle sal in hulle skuiling bly sit of lê, hulle rûe op die vyand gekeer, sonder om selfs 'n wag aan diens te hê. Dan, sonder dat 'n mens kan vasstel wat hulle uit hulle ledigheid geruk het, sal hulle omdraai en met 'n hewige gevuur begin. Net om kort daarna weer op te hou. By hierdie besondere geveg het hulle met die Natal Volunteers slaags geraak en hulle sonder enige bitterheid toegeroep: "Broers, julle steur ons! Julle oplettende patrollie het ons weer eens lastig geval! Vat so, broers!" Dan trek hulle met 'n koeëlreën los. Dit het vir my voorgekom asof hulle hul ammunisie vermors het wanneer 'n geveg, soos die onderhawige een, vir hulle so onbelangrik geword het dat dit hulle verveel. Naderhand het die veldkornet hulle beveel om te vuur en het hulle met onbeteuelde entoesiasme gehoorsaam. Van die gevuur waarmee geantwoord is, het ek besef hoe oordrewe ons aanslag was en, omdat dit onmoontlik was om die vyand te sien, watter versinsel dit was!

'n Storm het opgekom, losgebars en ons deurweek gelaat. Ek het skuiling in 'n skeur aan die oorkant van die rivier gevind saam met 'n vriend van die veldkornet, 'n sjarmante man wat Engels praat.

Ons het oor jag gesels. Hy was afkomstig uit die streek wat aan Ipopa – die jagwêreld vir grootwild – grens. Danksy hom was ek nie langer verveeld nie en het ek in my skuilplek slegs tot by my knieë nat geword. In 'n stadium het ek onthou dat my mantel twee en 'n half kilometer daarvandaan by my perd was en het ek byna droogvoets na die veldkornet teruggekeer en hom daarvan verwittig. Soos ek aan die oewer vasgehou het, het my hande met modder besmeer geraak en onder die aansienlik verminderde vuur van die Engelse kon ek rustig my hande was. Die Boere het dit as ondeurdag beskou. Hulle was besig om my te berispe toe ons van mekaar afgesny word deur die rivier wat skielik kolkend begin vloei. Niks is makliker as om vasgevang te word tussen hierdie stortvloed en die heuwel wat deur die vyand beset word nie. Ek het die situasie gevaarlik geag en die Boere verwens wat voortgegaan het om hulle ammunisie te vermors om die vyand die skrik op die lyf te jaag, terwyl hulle dit baie nodig sou hê as die situasie kritiek raak. Ek is styf van die koue. 'n Stuk biltong is my aangebied wat ek sonder beskuit afgesluk het.

Dit het nag geword. Uiteindelik het die malende stroom gesak en stadiger gevloei. Die bevel is deurgegee om te vertrek of te bly, soos ons verkies. Soos gewoonlik niks uitdruklik nie. Al wat oorgebly het, was om te vertrek. Die hoogte is deur die Vrystaatse magte verower en sal môre teen dagbreek deur ons beset word. Ek het na daardie arme deurdrenkte Boere gekyk, hulle broeke met modder besmeer, en tog was hulle almal vrolik. Nie 'n enkele klagte of 'n humeurige opmerking is deur hulle geuiter nie. Een van hulle het my op sy skouers getel en na die ander kant gedra – waarvoor ek hom baie dankbaar was, aangesien ek so nat en koud was dat ek daarvan koue gevat het. Almal het tot by hulle mae deur die stroom gewaad. Uiteindelik het ons weer ons perde bereik. Ek was verheug om my mantel aan te trek en 'n sopie brandewyn te drink. Ons het saam met die manskappe van Boksburg na Colenso teruggekeer in 'n nag wat so swart was dat ek probeer het om agter 'n wit perd te bly sodat ek nie verdwaal nie. Op pad het ek weer vir Sauer en Dupont, mismoedig en verlore, aangetref en met verskeie Boere van Franse afkoms gesels. Hulle is baie trots op hulle afkoms en het my van hulle toegeneë meelewing verseker. Uiteindelik het ons om elfuur gearriveer.

7 Januarie. Ek het tot nege-uur geslaap, sonder enige bekommernis oor Colenso, want die Engelse het vertrek. Generaal Lucas Meyer het opgedaag en is baie omgekrap oor die vorige dag se gebrek aan leiding: "Joubert wou geen verantwoordelikheid aanvaar nie! Joubert luister na niks!" Die generaal wil ook Kaap toe gaan. Almal wil die Natalse mag verlaat. 'n Veldkornet wat saam met ons kom eet het, het beweer dat sy hart gewond is in 'n krygsoperasie wat swak uitgevoer is.

Hy is 'n beroepsjagter wat reeds al die grootwildsoorte behalwe renosters geskiet het. Sy pa het dieselfde nering as hy gehad en het hom van kindsbeen af opgelei. Hy het aangebied om my sonder vergoeding vir drie maande te vergesel en in dié tyd vir my pare lammetjies van al die boksoorte tot by die eland te vang wat ek terug Frankryk toe kan neem. Die eland draf en die kameelperd galop en 'n mens moet hulle op volle vaart met jou perd deur die bosse volg en in die ry skiet. Jy moet so na as moontlik aan die kameelperd bly om munt te slaan uit die takke wat hy met sy kragtige nek oopbeur. Die dier se kop steek bo die bosse uit en dien as gids. Van sy vleis word die beste biltong gemaak. As dit vars geëet word, is dit smaaklik, veral dié van die koei. Wanneer dit onder 'n vetlaag van twee tot drie vingers dik uitgeslag word, is dit inderdaad die lekkerste vleis wat 'n mens kan kry. Die vel is uitstekend om rieme en die boleer van stewels van te maak.

Jag is uiters veeleisend in hierdie droë landstreke, wat dikwels sonder water is. 'n Wa en donkies – die enigste diere wat nie deur die steek van die tsetsevlieg aangetas word nie – word op jagekspedisies gebruik. Water, veral reënwater, vergiftig die steekplek van die vlieg onmiddellik. Diere wat gesteek is, swel gou op, hoofsaaklik by die keel, wat vol van 'n gelerige vloeistof word, en die dier vrek byna dadelik. Hierdie vlieg leef naby die wild – in so 'n mate dat dit soms teen die een hang van 'n berg aangetref word, maar nie teen die ander hang nie. As gevolg van dié vlieg het my jagtervriend verskeie soorte diere verloor. Hy het in plaas van osse voor die wa voorkeur aan koeie, gevolg deur hulle kalwers, gegee sodat hy melk kan hê, maar almal het gevrek. 'n Mens leef van dit wat jy jag. Die geneesmiddel teen die steek van die tsetsevlieg is koolsuur met vars melk, maar dit is moeilik om dit in die wildernis in die hande te kry!

Jagtogte vind binne die grense van die Transvaalse, Engelse en Portugese gebiede plaas sodat die toestemming van die drie regerings dikwels nodig is. Op sy minste moet 'n mens maar iets onder die tafel deur gee daarvoor.

Gate in die terrein is talloos, maar ten spyte van die vreesaanjaende paadjies wat met die grootste spoed gedek word, word nie van ongelukke gepraat nie. Die perde is almal puik. Of hulle nou tussen rotse deur beweeg, oor dongas, of deur ruigtes, hulle bly met 'n wonderlike sekerheid op hulle pote. As die ruiter net 'n tikkie inhou, beweeg die perd nie verder nie en verloor die ruiter sy prooi. Wanneer hy sy prooi ingehaal het, druk hy teen die perd se nek en dié steek onmiddellik in sy spore vas. Die ruiter spring dan af op die grond en skiet. My jagtervriend skat dat hy selfs in die ry vier uit elke vyf diere dood waarop hy skiet.

As jy by hulle ry- en skietvaardighede die Boere se ongelooflike waarnemingsvermoë voeg, besef jy in watter mate hierdie manne van ons verskil. Hulle geheue van plekke en die gemak waarmee hulle hul weg vind, is verstommend. Indien hulle gedurende die nag diep in die bos sou verdwaal, sal hulle as laaste uitweg dit aan hulle perde oorlaat om hulle na hulle kamp terug te lei.

Dit is wat ek gister gedoen het toe ek dit onmoontlik gevind het om my pad te kry, hoewel het ek dit reeds twintig keer tevore gedek het.

Môre sal ons teen dagbreek na die hooflaer vertrek om toestemming te kry om na Modderrivier toe te gaan.

Ek sal bly wees om van generaal Joubert af weg te kom, wat meer as enigiemand anders 'n politikus is, niks van oorlog weet nie en maar om Ladysmith kan aankarring. Ek sal jammer wees oor die Tugela en generaal Botha indien ons, soos ek verwag, mekaar nie weer sal sien nie. Lucas Meyer praat daarvan om die bevel aan hom te oorhandig sodat Meyer Vrystaat toe kan gaan!

XII

8 Januarie. Ons moes om vieruur vertrek, maar dit sal sewe-uur of selfs later wees voor ons gereed is! Ek kyk hoe die swartes werk en kom tot die slotsom dat traer woestelinge as hulle nooit hulle plek onder die mensdom ingeneem het nie! As dit by idees kom, is hulle nie in staat om een te hê nie, wat nog te sê twee by mekaar te voeg! As hulle enigiets intelligents doen, is dit bloot toevallig omdat hulle vingers meganies die regte ding doen, terwyl hulle die teenoorgestelde kon gedoen het. Daar word beweer dat party van hulle wat spesiaal opgelei is, 'n beperkte aantal take goed kan uitvoer. Soos met 'n perd is dit 'n kwessie van gewoonte. Maar as dit kom by die eenvoudigste aksie, of die uitvoering van 'n opdrag wat nie onmiddellik moet geskied nie, is dit heeltemal bo hulle vuurmaakplek. Dit is byvoorbeeld vir 'n swarte onmoontlik om jou soggens wakker te maak, tensy jou opstaantyd toevallig saamval met een of ander persoonlike taak wat veroorsaak dat hy jou in jou slaap sal steur. Die swartes beskik oor slegs een uitsonderlike hoedanigheid – naamlik om enorme hoeveelhede vleis te verorber. Hulle hou van ons kos – groente en vrugte – maar kan hulleself nie daarvan voorsien sonder om te steel nie, aangesien hulle traagheid van verstand alle voorsorg uitsluit.

 Natuurlik was die oorsteek van die Kliprivier vir goeie ou Sauer weer 'n geleentheid vir vertragings. Sy aard laat hom eers al die nadele van 'n besluit oorweeg voor hy dit neem. Die nadele laat hom gewoonlik van optrede wegskram. As hy nogtans sien dat ek en Dupont voortgaan, is hy skrikkerig om nog te wag, kom hy gou aan die gang en sak hy toe op die vyf swartes wat al die afgelope twee uur rondvroetel. Met al die tyd in die wêreld word ons wa teen die oorkantste wal opgesleep sonder enige verdere teenspoed, behalwe dat die disselboom breek. As Sauer weer by ons aansluit, trots op sy onverskrokkenheid, vind hy ons in so 'n mate – moontlik deur ons lafhartige en egoïstiese aard – nog onder die indruk van sy onbeholpenheid, dat ons aan hom nie regmatig erkenning gee vir sy groot dade toe hy so dapper was nie.

 Met ons aankoms het ek Joubert besoek, wat natuurlik my verslag oor die aanval op Ladysmith met my bespreek het, al het hy voorheen nie 'n enkele woord daaroor teenoor my gerep nie. Ek het agtergekom dat hy verantwoordelikheid wil vermy, maar ek het my tevrede gestel met die besef dat 'n verslag – hoe noukeurig dit ook al mag wees – nie 'n bevel aan troepe is om te beweeg nie. Om dit te verander in 'n bevel sou presiese aanduidings van tyd en pligte nodig wees. Daar bestaan geen twyfel nie dat as die afdeling van die Pretorialaer snags in plaas van bedags gemarsjeer het, dit 'n ander gevolg sou gehad het en nie tot die verliese sou gely het wat hy wel gehad het nie. Joubert blameer generaal Botha omdat hy sonder bevel gekom het – wat ek nie kan glo in die lig van die negatiewe rol wat eersgenoemde ingeneem het nie. Ten slotte het hy my op staande voet om nog 'n verslag gevra en 'n afspraak met my gereël vir die volgende dag by die Vrystaatse kamp waar hy die kommando's sou ontmoet. Ek het hom versoek om – indien my verslag in 'n bevel omskep word – my toe te laat om die verkenningstogte saam met die kolonneaanvoerders te doen, die verantwoordelikheid vir die manskappe onder hulle bevel in hulle hande te laat en hulle vry te laat met die organisasie van hulle magte. Dit is in werklikheid onaanvaarbaar dat die opperbevelhebber op so 'n uitgestrekte terrein versterkings aanvra, omdat hy nie 'n juiste begrip van die aksie kan vorm nie en sodanige versterkings in elk geval nie betyds kan opdaag nie. Dit verklaar waarom ons verliese so groot is – 54 dood en 103 gewond. Sekere kolonnes het harder vooruit gestorm, terwyl ander teruggehou het, en gevolglik selfs eersgenoemdes verhinder het om die voordele te behou wat hulle behaal het. Dit is seker dat die Boere in hierdie swak geleide situasie 'n meesterlike posisie verower het, wat by 'n gebrek aan bevele en weens die reënweer weer ontruim moes word.

Hoe dit ook al sy, ek bly en môre sal ek vergesel van Léon 'n tog van vyf uur na die Harrismithlaer onderneem. Dit is die naaste plek aan die Engelse. Nadat ek dit geïnspekteer het, sal ek 'n aanvalsplan opstel waarvan die noukeurigheid met my sin vir verantwoordelikheid sal klop. Maar sal ons weer met iets begin? Ek twyfel. Hierdie taak dien hoofsaaklik om 'n aftog te verbloem.

Môre verlaat Sauer ons. Hy brand van opgewondenheid om weer die vreugdes van die gesin te ervaar en ek kon hom nie adviseer om anders op te tree nie aangesien hy ons wa vir herstelwerk saamneem. Dupont vertrek ook. Ek sal teen Woensdag gereed wees om dieselfde saam met Léon te doen. Ons sal saam na Modderrivier en daarna na die Kaapkolonie reis.

Ek het kaptein Ricchiardi gespreek, wat 'n Italiaanse legioen wil organiseer. Ek het hom sukses toegewens. Die drie jong Franse vrywilligers sal aan hom oorhandig word, maar ek sal werklik verbaas wees as dié legioen voor die einde van die oorlog gereed is om te veg.

9 Januarie. 'n Reëndag by die hooflaer wat ek in my tent, wat die nattigheid deurlaat, deurgebring het. O! Die frustrasie om niks te kan doen onder die treiterende geswiep van stortreën nie. Die alewige teenspoed by die hooflaer!

Ek het die strak silhoeët gesien van generaal Burger wat na my tentopening aangeskuif het. Hierdie man straal somberheid uit en het 'n bose oog. Dit was hy wat my in die hooflaer ontvang het. Ek het dadelik siek geword en het sedertdien 'n intense wrewel in die plek. So min goeds verwag ek daarvan dat ek bly sal wees om dit te verlaat.

Nog 'n dag is verlore! Die afsending van die verslag wat generaal Joubert aangevra het, is uitgestel en die treurige gesig van generaal Burger bevestig my vrese dat die oorlog nie gou sal eindig nie.

Burger, 'n lid van die Uitvoerende Raad, wie se generaalskap – soos dié van Joubert en Kock (die ongelukkige slagoffer van Elandslaagte) – uit die eise van die dag voortgevloei het, is 'n goeie voorbeeld van wat Dupuy[27] en Ribots[28] by ons in Frankryk sou aangevang het as ons aan hulle wit vere op hulle helms gegee het om ons eskaders aan te voer.

Hoewel hulle krygspraktyk dieselfde is, verskil hulle in voorkoms. Generaal Burger is groot, skraal, asketies met 'n diep swart hoefysterbaard wat – gegewe die uitdrukkingloosheid in sy oë en onderskeibare gelaatstrekke wat kenmerkend van die gesig is – ons mense aan 'n skrynwerker sou herinner. Instinktief kyk 'n mens of die poot van 'n passer nie dalk by sy broeksak uitsteek nie. Hy is 'n baie verstandige man, streng met homself, net so gerespekteer as

---

27 Dupuy, Charles Alexander (1851–1923), senator vir Haute-Loire (1906–1923) en Franse eerste minister (1893, 1894–1895 en 1898–1899).
28 Alexandre Ribots, Franse staatsman (1842–1923), gebore by St. Omer, was eerste minister in 1892, 1895 en 1917, minister van buitelandse sake (1890–1893) en minister van finansies (1914–1917).

wat hy ontdaan is van enige charisma. Hy was in die laaste verkiesing 'n presidentskandidaat, gesteun deur die mense wat van president Kruger ontslae wou raak. 'n Persoonlikheid soos Kruger s'n vra om reaksie en Burger was die man.

Joubert het sonder twyfel nie meer vasbelsotenheid vertoon nie, maar hy het sy besluiteloosheid – wat die oorwinning aan ander sal besorg – behendig verdoesel. Burger, so word beweer, weet hoe om 'n onverantwoordelike openheid ontdaan van enige aansitterigheid te verkry. Wanneer hy in die openbaar praat, is dit met 'n kille vlotheid, maar met al die gesag van 'n man met streng geloofsoortuiginge.

Generaal Joubert lyk weer heeltemal anders. Klein, sterk, 'n groot baard wat byna wit is, die oë ontwykend op skrefies, innemend en vriendelik, sit hy by 'n klein tafeltjie wat heeltemal buite verhouding is tot die groot raadstent wat hom huisves. Langs hom is sy sekretaris besig om te skryf. Voor hom strek sy skoonseun hom uit en dink dat sy belangrikheid toeneem met die vertoon van sy ongeërgdheid. Dié skoonseun behartig die pligte van stafhoof en gryp die dokumente met die gretigheid van vader Josef,[29] aangesien hy daarvan oortuig is hy dra Transvaal deur die bemiddeling van sy skoonvader op sy skouers.

Dis duidelik dat generaal Joubert 'n gesinsman is, dat sy familie hom afsonder en dat hulle, by gebrek aan amptelike vergoeding, sy invloed soveel moontlik vir eie gewin wil benut. As welgestelde man ontsien hy geen moeite om sy familie in die geriewe van die beste Boerefamilies te laat deel nie, hoewel hy dit as 'n saak van eer beskou om lede van sy familie uit regeringsbetrekkings te hou.

Mevrou Joubert, van wie ek slegs 'n vlugtige blik tussen bottels melk en koeie en met die heen en weer loop van 'n spul piekaniens gehad het, het vir my as 'n huislike, streng Protestantse dame

---

29 Moontlik 'n verwysing na die Kapusynermonnik, vader Josef (François le Clercq du Tremblay), wat 'n soldaat was voordat hy 'n priester geword het en later in die hele Europa as die Grys Eminensie bekend gestaan het. As mistikus en priester het hy Richelieu (1585–1642) vroeg in sy loopbaan ontmoet en het Richelieu tot hom aangetrokke gevoel. Josef was ru en hard en aan 'n eenvoudige lewe en die hoogste denke toegewy, terwyl Richelieu broos, fyn en slu was met 'n voorliefde vir weelde en 'n hoë rang. Richelieu het hom by die hof van Lodewyk XIII aangesluit en Josef se invloed aan die Franse koninklike hof was aansienlik. Hy was instrumenteel in Richelieu se aanstelling as eerste minister.

voorgekom. Ek het aangevoel – sonder dat ek daaraan getwyfel het – dat die indruk wat ek op haar gemaak het op die minste ietwat ongunstig was en sy het geensins haar toevlug tot enige geveinsde houding geneem om my tot ander insigte te bring nie. My siening van haar – waarmee ek daar weg is – was dat ons wedersyds liefs uit mekaar se pad moes bly. Sy het by my die indruk gewek van 'n vrou wat oud geword het in die uitoefening van haar huislike gesag; in so 'n mate dat haar vroulike bekoorlikhede onder skerp bevele versmoor is – iets wat 'n vrou se stralende glimlag reeds vroeg vernietig. Almal sê dat sy in wese goed en saggeaard is. Ek haas my dus om te sê dat dit onregverdig is om op voorkoms te oordeel, waarmee ek tevrede moes wees.

Sauer het vanmôre na Pretoria vertrek, waarvandaan hy sal terugkeer sodra sy gesinslewe nie meer sy aandag verg nie. Omdat ek nie oor dieselfde taalkennis as hy beskik om met die swartes te gesels nie, vrees ek dat hulle alles sal verwoes om die tyd te verwyl. Verder reën dit nog een stryk deur en by gebrek aan 'n bokseil sedert die vertrek van die stukkende wa was ek genoodsaak om hulle in die tent toe te laat waarin ons voorrade bewaar word. Léon, wat natuurlik as gevolg van die reën binne moes bly, het my in my afsondering gelaat, en behalwe vir enkele vriendskaplike besoeke kon ek vandag op my gemak nadink.

Hier word die toestand deeglik begryp en bespreek, maar niemand gee leiding nie. Generaals Joubert en Burger se optrede by Ladysmith is 'n anomalie. Hulle behoort in Pretoria te wees waarvandaan hulle strategiese leiding kan gee, aangesien dit erken word dat elkeen van die Boere strategie kan beoefen, of liewer dat strategie in die militêre sin van die woord nie bestaan nie. Botha en Lucas Meyer sou in so 'n geval in beheer van die hele Natalse situasie bly en onder 'n militêre leier wat sy bevele presies gee, sal met Ladysmith klaargespeel word.

De la Rey is vir die Kaap aangestel. Dit skyn 'n goeie keuse te wees. Dit wil my voorkom asof die tydperk van militêre swakheid sy einde nader, andersins sal geen hoop meer bestaan om die Engelse te verslaan nie. Omdat die Boere weier om die inisiatief te neem, sal lord Roberts sy kans waarneem en dit doen.

XIII

10 Januarie. 'n Kaart van die Ladysmith-omgewing is deur 'n Amerikaanse ingenieur geteken. Ek het dit by die hoof van die telegraafdiens onder oë gehad, 'n Europeër wat uiters metodies met sy dokumente is – selfs te goed, want sedert hy die kamp verlaat het, is dit onmoontlik om selfs by die opperbevelvoerder 'n afskrif te kry.

Die Boere verstaan nie aardrykskundige kaarte nie en is gevolglik ook onverskillig daaroor. Dis 'n verdere probleem by die skryf van verslae waarvolgens hulle die benutting van die terrein duidelik moet verstaan.

Vandag sou 'n krygsraad in generaal Erasmus se kamp gehou word. Gister is geen besluite in die hooflaer geneem nie, aangesien die afstand as te groot beskou is met die reën wat steeds val. Dit lyk of Joubert ten gunste daarvan is dat weer aangeval word. Dié saak sou bespreek word, asook 'n voorstel van Léon om een van die Long Toms te vervang en 'n gepantserde beskutting daarvoor bokant die Harrismithlaer te bou. Die Engelse geskut het dit onmoontlik gemaak om die een wat aanvanklik daar geplaas is in stand te hou. As die leiers hulle ten gunste van hierdie twee maatreëls uitgespreek het, sou ek dadelik my verkenning van die fort uitgevoer het deur te vertrek van die Harrismithlaer af, wat die naaste punt is.

Die krygsraad is egter nie gehou nie, omdat die Kliprivier afgekom het. Dit het die bevelvoerder van die Vrystaatse magte verhinder om dit oor te steek en vir my om na die Harrismithlaer te gaan. Ek het saam met Léon 'n uitputtende en oninteressante uitstappie na Bulwana onderneem. Met ons terugkeer om sesuur het ons na die generaal gegaan om afskeid te neem. Alles was gereed vir die vertrek en ek is weer voorgestel aan mevrou Joubert wat hierdie keer gaaf, selfs baie gaaf, was. Daarna het ek teruggekeer om die kar te laai. Léon, wat agtergebly het, het my egter met sy terugkeer ingelig dat al ons planne verander het as gevolg van slegte nuus wat uit Lourenço Marques ontvang is. Dit het voorgekom asof lord Roberts met groot gekombineerde magte opruk om Ladysmith te herower. Hy het regs om Colenso beweeg en kon reeds sy troepe by die Klein-Tugela gehad het.

By gebrek aan verkenningstogte en sonder 'n georganiseerde inligtingsdiens is ons oorgelaat aan die genade van wat ook al gebeur. Die Boere wou 'n Long Tom regs van die Colenso-stelling, tussen die Groot- en die Klein-Tugela, opstel, maar geen besluit is geneem nie, nie eens om die plek te inspekteer nie. Die vyand moet wragtig die Boere aan die skouers ruk voor hulle besluit om enigiets te doen. Die vrees vir moeilikheid en die tref van nuttelose voorsorgmaatreëls maak dat hulle stelselmatig voorligting weier en elke situasie wat vermoeiend of gevaarlik kan wees, ontvlug.

Verbeelding stel ons beroepsoldate in staat om voortydige maatreëls te tref, omdat ons ons verbeelding in samehang met beskikbare militêre inligting gebruik. Die Boere het nóg verbeelding nóg militêre inligting, maar slegs gesonde verstand. Hulle is tevrede met maatreëls wat oeroud in hulle eenvoud is en slegs deur die dringendheid van die situasie geregverdig word. So word geen foute gemaak nie, maar word ook geen suksesse behaal nie. Die oomblik wanneer 'n situasie ontstaan, word 'n krygsraad byeengeroep of word minstens die betrokke aanvoerder geraadpleeg. Dit gebeur nooit – soos in 'n georganiseerde leër – dat daar 'n onmiddellike bevel van die opperbevelhebber kom om die probleem die hoof te bied nie. Die gevolg is 'n gesprek waarna die leier, wat die besluit moet neem, se gedagtes nog troebeler as voor die tyd is. Manskappe handel ooreenkomstig hulle temperament wanneer geen definitiewe verpligting hulle beperk nie. Daar bestaan 'n gewoonte om deur algemene stemming konsensus te verkry. Die wil van die bevelhebbers word egter ondermyn deur die vereiste dat almal moet saamstem. Dit maak die Boerebevel huiwerig om enigiets af te dwing.

As dit waar is dat generaal Roberts begin het deur Buller se foute te erken, maar om dringender redes (omdat die situasie by Ladysmith vererger het) van plan is om sy eerste operasie in Natal uit te voer sodat belangrike versterkings daar sal saamtrek, sal generaal Joubert:

1. 'n sterk groep verkenners onder generaal Botha na Estcourt en Weenen moet stuur om die vyand se sterkte en strategie vas te stel;
2. die posisies wes van die stellings by Colenso moet verken en om – as dit nodig is – daar uit te sprei, 'n afgesonderde afdeling daar

moet stasioneer, aangesien generaal Botha se posisie te uitgebreid in verhouding met sy troepemag is; en
3. na die verkenningstog moet vasstel of tyd beskikbaar is om 'n nuwe aanval op Ladysmith te loods, die herstelde Long Tom so vinnig moontlik moet laat kom, dit onder die beskermde skans naby die Harrismithlaer moet plaas en 'n nuwe aanval met soveel noukeurigheid moet beplan dat dit hierdie keer enige moontlikheid van mislukking uitsluit. As dit nie gebeur nie, sal ons – is ek bevrees – daartoe beperk wees om aan die vyand 'n linie te bied wat van Ladysmith tot Colenso strek en ondeurdringbaar is.

11 Januarie. Ek het met 'n verruklike kronkelpad deur die veld en bosse doringbome in bloei en met vergesigte van die vlakte van Ladysmith na die Harrismithlaer gery. Met die oorsteek van die rivier moes ek my bene bo die saalsakke lig. Nadat ek die berge binnegery het, het ek die vlakte vermy totdat ek die Long Tom bereik het wat op die Engelse kamp gerig was.

Daarvandaan het ek die Kliprivier bereik, waar ek 'n kommando op pad na Colenso aangetref het. Ek het 'n ent saam met hulle gereis. Ek het daarna weer op my eie in die rigting van die Harrismithlaer voortgegaan, min of meer waar ek vermoed het dit moes wees. Ek was gelukkig om die laer van ver af te gewaar. Ek het my op 'n galop deur die grasvlakte vol perde en kuddes vee daarheen gehaas en na 'n paar ompaaie wat deur dongas genoodsaak is, het ek teen die heuwel uitgeklim waarteen die kamp gelê het.

Ek is baie hoflik deur kommandant De Villiers ontvang, wat sy verskoning aangebied het dat hy my nie op my verkenningstog kon vergesel nie, maar hy het sy sekretaris en 'n Boeresoldaat aan my gegee om my te vergesel. Ons het na die beste posisie wat 'n mens kon wens om die vlakte vanuit te beheer, geklim.

Die wind het so sterk gewaai dat ek gesukkel het om te skryf en my knypbril in posisie te hou. Ons het na ses uur teruggekeer. Dit was buite die kwessie om daardie nag na ons kamp terug te keer, gevolglik het De Villiers my vriendelik sy gasvryheid aangebied en het ek vir aandete by hom aangesluit.

Beesvleis met uitstekende vars groente is opgedien: wortels, aartappels, ertjies en stamboontjies. Ons het koffie en vars melk gedrink. Ek het geëet soos iemand wat van vyfuur die oggend af die dag op 'n beker koffie moes oorleef. Ek is gerieflik vir die nag ingerig en het nieteenstaande die wind, reën en enkele skote wat op die voorposte gevuur is, soos 'n klip geslaap.

12 Januarie. Met die terugkeer neem ek 'n ander pad, weg van die berge, en elke moontlike ompad. Die roete was lank, deels baie mooi, ver van laers, kronkelend deur verboude inboorlinggebiede. Hier en daar was troppe bokke, wollerig en wit soos skape. Ek was meer as een keer verplig om die pad te vra omdat ek nie seker van my rigting was nie. My perd was uitgeput en het baie geproes.

Léon het my meegedeel dat ons vanaand na Elandslaagte vertrek en môreoggend na Pretoria. Dit is hoog tyd. Die sool van my linkerstewel het losgeraak en my trekgoed het reeds geruime tyd herstelwerk nodig. Ek is in 'n jammerlike, vertoiingde toestand. Ons het om vieruur vertrek, maar nie sonder besorgdheid oor ons span nie. Na talle oponthoude en herhaalde vrese dat ons gaan omkantel, het ons die reis begin en teen 'n stewige pas voortgegaan. Hoewel my perd baie proes, sal hy wel sy 60 myl aflê.

By Elandslaagte het ons ons in Léon se kompartement ingerig. Hy het begin om 'n voortreflike aandete voor te berei en het 'n weelderige spyskaart aan my voorgelê, bestaande uit omelet met uie, gebraaide hoender, groenboontjies (Franse snit), vars melk, perskes en fynkonfyt. Ons het ons op 'n bottel Bordeauxwyn vergas waarmee ek my doktersvoorskrifte oortree het. Perdry en die ope lug is meer werd as al die medisyne in die wêreld en om maaltye mis te loop, laat 'n mens die spyskaart van 'n heer eer aandoen wanneer die geleentheid hom voordoen. Ons perde is in 'n stal geplaas, waar dit lyk asof hulle baie tevrede is met dié gelukkie, al is dit oorvol. Ons het in die kompartement geslaap en ek het met ons afskeid aan Ladysmith gedink dat ek Natal waarskynlik nooit weer sal sien nie.

Feit is dat dit uit nuus blyk dat die Engelse in groot getalle die stellings beset tussen die twee Tugelas wat ons regterkant by Colenso oorheers. Niks verhinder hulle dus om die vlakte binne te gaan wat tussen twee bergreekse tot by Ladysmith strek nie.

Deur op hulle regterflank te maneuvreer, sou ons troepe van Colenso die mars vir hulle gevaarlik kon maak, maar die Boere weet nie hoe om hulle stellings te verlaat om 'n taktiese beweging uit te voer nie. Die gevolg is dus dat die Engelse sal bots met die Vrystaatse laers suid van Ladysmith, wat getalsgewys te swak is om weerstand teen hulle te bied – 'n feit wat die Boere eers later en gevolglik heeltemal te laat, sal insien. Dit is hierdie geestesgesteldheid van die Boere wat hulle daarvan weerhou om voorbereidende stappe te doen of inligting te versamel en wat alle stafwerk met hulle sinsbedrog maak.

Met die uitsondering van generaal Botha wat sy stellings voortdurend besoek en die belangrikheid begryp van waarnemings wat aan hom verstrek word, was dit vir my tot nou toe onmoontlik om enigiets anders as instemming kry – nooit 'n besluit nie!

Hoe kan generaal Joubert – ten spyte van sy intelligensie – oortuig word van die noodsaak van 'n bepaalde stap, aangesien hy nie op 'n perd klim nie en hy niemand by hom het op wie hy kan vertrou om 'n militêre situasie korrek te beoordeel nie? Hy maak op oombliklike besluite staat en niemand probeer sonder sy medewete optree nie. Kort en klaar kom dit daarop neer dat hy op die Engelse wag om 'n besluit na die een of ander kant te neem.

Dit maak die Engelse aanvalstaktiek maklik – selfs tot op die punt van aanval – en stel hulle in staat om ten spyte van hulle stadigheid – so strydig met die gees van oorlogvoering – geen slegte resultate te hê nie. Ek sal werklik verbaas wees – as die Engelse inderdaad in groot getalle tussen die twee Tugelas is – indien hulle hierdie keer nie daarin slaag om Ladysmith te ontset nie. Maar ek laat die gebeure toe om my te lei en aangesien die uittog na die Vrystaat onderweg is, gaan ek in daardie rigting, seker daarvan dat die bevryding van generaal White slegs 'n insident sal wees.

Daar is vier dae lank met sukses aan ons kant by Colesberg geveg, wat minstens bewys dat die Engelse daar saamtrek. Nogtans gaan ek voort om oor niks anders verslag te doen as dit wat ek sien nie, want verslae in die koerante bied die feite in so 'n hoogdrawende styl aan dat dit onmoontlik is om die geringste waarde aan hulle berigte te heg.

XIV

13 Januarie. Ons het om sewe-uur na 'n langdurige laaiery van ons kompartement vertrek. By Glencoe het ek Degeorges ontmoet en 'n besoek gebring aan die bakkery van meneer De Sainte-Croix, wat dag en nag werk en uitstekende brood bak.

Ek het die stelling by Dundee geïnspekteer. Die dorp is geleë op 'n vlakte omsoom deur berge. Generaal Lucas Meyer het op 19 Oktober met twee kanonne en twee maxims aangekom op die hoogte wat die naaste aan Dundee is en die Engelse kamp bestook. Die kamp was onbewaak, aangesien die troepe met middagete besig was. Hoe kon die Engelse hulle infanterie op 'n hoogte laat waar daar artillerie was, in plaas daarvan om dit af te bring na 'n klipmuur wat die helling dwars gekruis het? Hulle het 'n aanval teen Lucas Meyer geloods, maar die Boere het hulle tot by hierdie klipmuur gedryf. Erasmus het met sy troepe en al sy artillerie 'n ander hoogte nader aan die spoorlyn beset, wat dit vir hom moontlik gemaak het om die Engelse te omvleuel, maar onder die voorwendsel dat die mis hom verhinder het, het hy nie beweeg nie. Nogtans het hy die geleentheid gehad om, ondanks sy eie onvermoë, 'n Engelse afdeling gevange te neem wat verdwaal het toe dié afdeling regs om Lucas Meyer wou trek. Verder het 'n kommando die vlakte aan die suidekant versper en nie verroer voor alles verby was en die Engelse ontsnap het nie. Die Engelse het in die rigting van Ladysmith ontsnap deur 'n groot ompad oos van Dundee te volg, terwyl hulle alles op die slagveld gelaat het, insluitende blikkieskos en hulle middagete.

14 Januarie. In Pretoria gearriveer. Ek gaan by menere Léon en Grunberg tuis.

15 Januarie. Die eerste briewe uit Frankryk ontvang!

16 Januarie. Ek skryf 'n artikel vir *La Liberté* en tref daarna voorbereidings om te vertrek.

17 Januarie. 'n Dolle wedloop om perde en muile, hoefysters en tuie, ensovoorts. 'n Skaarste aan sjokolade. Ek waardeer die geskenk van 'n groot kruidenier – 'n familielid van generaal De la Rey – baie. Hy weier volstrek dat ek betaal vir 'n pond wat hy iewers onder 'n klomp hout opgediep het. Ek het meneer Arthur Lynch ontmoet. Hy is 'n joernalis wat deur kolonel Monteil na my gestuur is. Dit was te laat om die trein te haal en ons het gevolglik ons vertrek tot môre uitgestel.

18 Januarie. Ons vertrek na Bloemfontein het in uitstekende omstandighede geskied. Ons muile het nuwe tuie. Ons saals en stewels is kundig herstel. Ons het vyf swart bediendes by ons en ons kompartement is gerieflik ingerig. 'n Mens moet 'n middag gebruik om bevredigend te laai en om soveel verskillende voorwerpe na gelang van noodsaaklikheid en gewig te orden. Gister kon ek tot by die sendingvaders vorder en 'n suster het die kerk vir 'n oomblik vir my oopgesluit. Soos gewoonlik was sy gaaf en het my welkom laat voel.

By Elandsfontein het Dupont vergesel van Sauvier vir my vier dose smulgoed gebring: getruffelde kalkoen, wyne, likeurs, verskillende soorte vrugte en keurgraad ingelegde voedselsoorte. Daarmee is ons sommer vir die reis voorsien. Die weer lyk ook belowend; 'n finale stortbui en die son begin met sy groot opruimwerk.

Die temperatuur is heerlik. Na middagete kuier ons, onbesorg oor ons perde en ons voorbereidings, tevrede om te voel hoe ons na hierdie nuwe oorlogsteater gevoer word met die belofte van ernstige gebeure; ons harte verbly, want alles lyk goed en ons voel reg om ver te vorder.

'n Afdeling fietsryers is tussen die generaals versprei. Kaptein Theron, wat hulle op die been gebring het, het my kom groet. Hy was in 'n groen tuniek met geel omboorsels geklee. Soos ons, is hy op pad na die Vrystaat. By Ladysmith waar die telegraaf oral in 'n werkende toestand was, het ek nie hierdie fietsryers opgemerk nie, maar met die inval in Natal het hulle hulself op briljante wyse van hulle rapportryerstaak gekwyt.

19 Januarie. Die Vaalrivier vloei gelyk met die grond deur 'n vlakte met sy loop veraf deur enkele groepies bome weggesteek. Feitlik net nadat ons dit oorgesteek het, loop dit ewewydig met die spoorlyn. Die trein het vir die nag by Viljoensdrif, die doeanepos van die Vrystaat, stilgehou. Ons het om vyfuur die rit voortgesit. Die reis het eentonig voortgegaan deur 'n groen vlakte wat deur geen berg op die horison begrens word nie en soms deur groot kuddes verlewendig is. Aan alle kante is mielielande. Beskawing is hier in die algemeen baie sigbaarder as in Transvaal.

Kroonstad is 'n klein dorpie tussen jong boompies, met water. Die kalkagtige terrein vorm klein koppies en op hierdie plat landskap is dit 'n militêre stelling.

Dan merk ons 'n paar bosse doringbome, 'n pragtige plaas verskuil tussen wilgers naby die spoorlyn, en bewerkte grond wat gelukkig die eentonigheid van die grasvlaktes onderbreek. Die trein maak nie die kuddes vee skrik nie. 'n Sekretarisvoël stap deftig rond terwyl hy met aandag slange jag sonder om hom aan ons swart konvooi te steur. Van tyd tot tyd het geïsoleerde en ylbeboste koppies uit die vlakte opgedoem, gewoonlik in die ooste. Hierdie grasvlakte is die teelgebied van die beste Boereperde.

Ek het vader Guillet van Meslay, Mayenne, by Brandfort ontmoet. Hy het aan my gesê dat hy reeds veertien jaar hier is en het my van sy geesdrif vir die Boere vertel.

Aankoms in Bloemfontein om halfsewe. Die nag het gedaal. In die halfdonker afgelaai. Teen nege-uur was ons by die hotel, maar kon geen aandete kry nie. Gevolglik het ons Dupont se getruffelde kalkoen, 'n bottel wyn van 1881, perskes en pere uitgehaal en in ons kamer geëet soos mense wat 'n Kersmaal nuttig.

XV

20 Januarie. Bloemfontein is in die oggend 'n mooi plek met sy lewendige onderdakmark op die sentrale plein; die ossewaens is in lang rye uitgespan, hulle spanne lê en rus; sy oop winkels, met laaggetrekte sonskerms oor die blink glas van vertoonvensters; sy bome wat oral die lug in toring en met die rooi dakke versmelt. Die kleur van die geboue is oor die algemeen helder, in strelende skakerings. Die baksteenkleure van die geboue in Pretoria word hier afgewissel deur klein huisies met wit verandas, helderkleurige dakke en veral deur groen raamwerk. Voorstede met tuine, hoofsaaklik bloekombome en verfomfaaide, slaphangende sipressoorte en silwerdenne kom voor. Die geboue se vooraansigte wissel ook in vorm en kleur, maar hulle is altyd sober en lig in hulle elegansie, oneindig welgevalliger as die swaar strakheid van dié in Pretoria. Die kerk nestel teen 'n beboste heuwel: twee wit torings omraam deur 'n somber bergmassa, 'n eenvoudige en harmonieuse kerkgebou. 'n Groot opening dien as laan en eindig by 'n monument vir die gestorwenes vir vryheid; dit buig in 'n mooi boog boontoe, wat die perspektief verleng en die gewydheid van hierdie baie eenvoudige gedenkteken onderstreep.

Ons het die bedrywige mark binnegegaan. Eetware is vinnig van die hand gesit. In die tyd wat dit ons geneem het om deur te beweeg, was die skaapboude wat ons in die oog gehad het, reeds opgeraap. In uiters sindelike stalletjies is handel gedryf in wortels, rape, stambone, aartappels, tamaties, groenmielies, uie, perskes, pere, dikmelk en aanloklike klonte botter wat in moeseliendoek toegedraai is – alles in netjiese hope of bondels gerangskik. Ons het groente, eiers, botter en by 'n slagter 'n skaapboud en vleis vir ons swart werkers gekoop.

Nadat dit afgehandel was, het ons na die regeringskantore gegaan met die versoek dat 'n karretjie aan ons beskikbaar gestel word om ons voer tot by Modderrivier te neem. Iemand is gestuur om vir ons een te gaan soek en spoedig het ons dit gesien arriveer, reeds gelaai sodat ons sonder vertraging weer kon vertrek. In werklikheid moet ons môreaand by die kamp van generaal Cronjé wees.

Bloemfontein kom so kalm voor asof oorlog nooit verklaar is nie. Die bronne daar is minder uitgeput as in Pretoria en gevolglik was ons in staat om sjokolade te vind.

Ek was jammer om te hoor dat president Steyn by Ladysmith is. Ek het 'n Duitser gespreek wat as kaptein in die Vrystaatse artillerie dien. Hy is reeds 24 jaar in Suid-Afrika, het tydens die Zoeloe-oorlog saam met die Engelse diens gedoen en was 'n vertroueling van generaal Buller.

Hier kan die bloedverwantskap met die Engelse aangevoel word;

daar is nog heelwat Engelse, selfs in die spoorweg-maatskappy wat aan die staat behoort. Die wyse waarop hierdie mense die eise van hulle diens met dié van hul patriotisme versoen, kan die onderwerp vorm van 'n insiggewende studie oor hoe eiebelang die oorhand in 'n Engelse hart kan kry.

Die pad is sanderig, die onvrugbare grond bring nie veel meer voort as die gras van vleilande nie. Spoedig word die vlakte deur klein eenvormige koppies onderbreek. Die skemer het gedaal en ons het die pad in die donker gevolg. Die swart arbeider by die voerkarretjie het twee van sy muile uitgespan en hulle ingespan voor 'n wa wat hy dryf. Hy was van plan om ons na 'n plaasherberg te neem waar 'n stal vir perde was. Die nag het so donker en die pad so sanderig geword dat ons teen looppas voortbeweeg het. Ons het verby ossewaens gegaan wat ons eerder geraai as gesien het. Uiteindelik het ons 'n lig sien skyn en deur dit as 'n gids te gebruik, is ons na 'n huis gelei waar ons stilgehou het. Ek was van mening dat ons daar moes kampeer, maar die swart arbeider van Bloemfontein was besorg oor sy stal en het reeds weer vertrek.

My bekommernis het gegroei. Léon het erken dat hy niks kan sien nie, maar op die swart man vertrou. Soms het ons die illusie gehad dat ons ligte sien wat onmiddellik weer soos dwaalligte verdwyn het. Uiteindelik het 'n regte lig in sig gekom. Om halftien het die swartes die wa na 'n huis gestoot. Skielik het die voorste een hom misgis, die wa het oor 'n lysie gesteier, gekantel en met 'n groot gekraak van breekgoed en bottels omgeslaan. Ons was vir 'n oomblik verbyster; Léon het van sy perd afgespring en die stommerik wat die ongeluk veroorsaak het met sy renostervelkarwats bygedam. Die muile is uitgespan. Ek was bekend met die tipe situasie en kon derhalwe die mees praktiese advies gee. Ons het geen ander uitweg gehad nie as om af te laai. Soos die geskeurde dose in die lig van 'n lantern herwin is, het die omvang van die ramp duidelik geword. Die kalkoen het die perskes verpulp, die gemaalde koffie het uit die doos gelek en het in intieme kameraadskap met die beskuit gelê, die skaapboud het onder my kantien beland, die wortels was met stalgereedskap deurmekaar, die eiers het te vroeg 'n omelet geword en was teen 'n rol komberse vergruis en oor hierdie aaklige gemors het water uit gebreekte bottels gelê. Met elke nuwe ontdekking het 'n stem iets by die hartverskeurende lys van ons verliese gevoeg. Die belangrikste was egter die wa: met die eerste oogopslag het dit gelyk of die hoofonderdele ongeskonde was, maar dit moes weer opgelig word. Ons het ons almal ingespan en het daarin geslaag. Slegs 'n wiel het in die ysterwerk van 'n swingel vasgesit. Met 'n hamer het ons die swingel losgemaak. Daarna het ons weer opgelaai en na ons kamer teruggekeer. Dit was naby elfuur. Die kalkoen het so sleg geword dat dit oneetbaar was. Ons aandete het uit 'n stuk botter bestaan.

Ons was in 'n droewige stemming en kon nie anders as om klaagliedere oor die deurmekaarspul van ons dose, die oorryp vrugte en ons stukkende eiendom aan te hef nie. Ons het sleg geslaap. Ek het my tyd verwyl deur te luister hoe die groot ossewaens op die pad verbykom met die spanne wat met luide krete of die drywer se klappende sweep aangevuur word.

21 Januarie. Ons was by die plaas Leeuvlei. Ons het met 'n oop deur geslaap, maar die lug was betrokke en dit het eers laat lig geword, gevolglik het ons nie voor vyfuur opgestaan nie. Daar is ooreengekom dat ons om agtuur sou vertrek, om twaalfuur op 'n plaas sou stilhou en weer om twee-uur daarvandaan sou vertrek. Ons sou die pad na Petrusburg verlaat en een volg wat nie so sleg is nie. Ons sou in elk geval nie voor tienuur môreoggend by die laer aankom nie.

Vertrek om halftien op 'n swaar sanderige pad. Ons het teen looppas voortbeweeg. 'n Storm wat vinniger as ons was, het om twaalfuur oor ons uitgesak en omdat ek nie 'n jas het nie, was ek deurnat. Die reën met haelkorrels gemeng was so hewig dat dit 'n beproewing vir die gesig geword het. Ons het ons konvooi verbygesteek en in volle vaart weggegaloppeer en 'n plaas bereik waar die boer ons met die gebruiklike hartlikheid ontvang het en skuiling vir ons perde aangebied het. Intussen het die waens aangekom en in die pad gekampeer. Ons het middagete bestaande uit ingelegde fisant en melk, te danke aan die welwillendheid van die boer, geniet. Ons het moeite gehad om weer te vertrek. Die swart arbeider van Bloemfontein hou steeds by sy idee van 'n stal. Ons moes hom deeglik laat verstaan dat ons enige plek sou kampeer, maar nie waar hy wou nie.

Voor ons vertrek het ons die swartes toegelaat om hulle pype te rook, wat vir my 'n gans nuwe ervaring was. In 'n klein gaatjie in die grond kom die tabak wat onder 'n klein klippie geplaas word. Met behulp van 'n stokkie word 'n gat vier duim lank in die sand of die klei tot by die tabak gemaak om deur te suig. Nadat dit gedoen is, word die tabak aan die brand gesteek. Die swart man wat vir die ander opoffer – want die pyp kan deur meer as een gebruik word – begin. Hy neem 'n mondvol water en, terwyl hy met 'n groot geraas gorrel, suig hy en maak sy mond vol rook. Daarna spoeg hy die water uit en hoes verstikkend, waarna hy lang en hewige trekke aan die pyp gee wat tot 'n gehoes en 'n ietwat wrang genot vir die roker lei.

Om halfsewe het ons naby 'n laer gekampeer nadat ons ten spyte van die swarte verby Abrahamskraal – 'n mooi maar ongesonde omgewing omring deur water, naby die Modderrivier – gegaan het. Oral om ons was bome, selfs vrugtebome, en watervoëls het van alle kante af opgevlieg.

Terwyl ons ons muile gevolg het, wat ons uitgespan het om hulle te laat suip aangesien daar geen water by die kampeerplek was nie, het ons ons by die mees poëtiese drif bevind wat ek nog hier aanskou het. Van regs af, onder digte skaduwees, vloei die stroom oor 'n klein rif swart rotse; links verbreed die rivier tussen manjifieke wilgers en, ten spyte van die gemaal van mense en diere op die oewers, behou die rivier die atmosfeer van 'n geheimsinnige privaatheid vol voëls. Aan die oorkant het 'n trop rooi en swart osse stadig die water verlaat en die oewer uitgeklim nadat hulle hul dors geles het. Kaal Boere het saam met die perde geswem. Een van hulle het met Léon kom gesels en as gevolg van sy diskrete ongemak het ek gedink – so sterk is vooroordeel – hoe oneindig meerderwaardig die beskaafde mens is wanneer hy geklee is, bo 'n ander wat toevallig van sy klere ontdaan is.

Terwyl die muile by ons kwartiere uitgespan is, het ek die rivier gaan verken. 'n Haas en verskeie kiewiete het voor my weggevlug.

Met my terugkeer het ek met 'n Boer gesels wat 'n Franse naam het en met wie ek bevriend geraak het. Ek het Léon vinnig gehelp om die kampeerplek in te rig en het vir die kokery gesorg. En siedaar! Binne 'n uur en 'n kwart het ek 'n gebraaide skaapboud met merkwaardige *pommes château* asook botterappels met 'n bietjie te veel kondensmelk, hoewel nog steeds baie aptytwekkend, gereed gehad. Hierdie ete, afgerond met vrugte, 'n bakkie dikmelk en 'n koppie tee, het ons van ons moegheid laat herstel en ons het vas in ons klein tentjie met die flap halfoop op 'n strokie sterlig geslaap.

XVI

22 Januarie. Die dagbreek was pragtig. Van die rivieroewer af het die doringbome vir ons hulle soet geure gestuur. Hier is die enorme blomme van hierdie plante selde, soos in Natal, in trosse saam, maar volg mekaar een-een al langs die doringtakke.

Eensklaps het die drywer hom soos 'n besetene oor die grasvlakte gehaas. Ons het ook 'n groot swerm korhane gesien wat so vinnig as wat hulle kon in die ruigte verdwyn het. Verder was daar hase. Ek het daarheen gegalop om hulle van naby te besigtig. Die korhaan se grootte is tussen dié van die fisant en die tarentaal en deurdat hy soos die kwartelkoning op sy bene staatmaak, vlieg hy nie op voor 'n mens werklik reg op hom is nie.

Die vlakte was sanderig, nie van daardie rooi, kleierige grond wat aan die wiele vaskleef nie, maar van 'n ligte, wit sand wat ons waens toelaat om teen 'n goeie pas te trek. Die bome by die rivier het van voëls gewemel en het voortdurend vir ons haastige kiewiete gestuur wat soos groot swaels met wilde krete verbygeswiep het. 'n Trop volstruise het strydvaardig na ons toe gekom, in kolonnes opgebreek, geswenk en weer weggegaan terwyl hulle die hele tyd rondgemaal het. Die vlakte, oortrek met 'n growwe plant soortgelyk aan die *drin* van die Sahara, was vol kuddes vee. Die bosse was groen, en die terrein gunstig vir 'n stywe galop. Ons het na die drif gery wat ons in staat sou stel om die Modderrivier oor te steek en daarna die kamp te bereik. Ons het naby 'n plaas geëet, die diere vasgemaak en toe ons reis voortgesit in 'n poging om vanaand nog by die kamp te arriveer. Daarvan was ons egter nie seker nie.

Die pad het deur een van daardie Algerynse landskappe gegaan wat ek die heeltyd voor my sien – die Suid-Algerynse landskappe waarvan 'n mens hou ten spyte van hulle sand, dorheid, en soms verwoesting – om hulle grenslose ruimtes en die gevoel van oneindigheid wat daaruit ontspring. Hier was dieselfde grond met 'n ietwat houtagtige plantegroei, dieselfde *drin*-bosse en dieselfde swerms sprinkane wat soms die gesig striem. In die verte was enkele swart koppies wat plek-plek die horison begrens en dieselfde treffende effekte van lugspieëlings.

23 Januarie. Die ooreenkomste met die landskap van Suid-Algerië het toegeneem soos ons gevorder het. Op die grond was die woestynrotse, die *guetaf*, kameelgras, struike met doringrige blare soos net die woestyn kan voortbring om hulle te beskerm teen gulsige bekke wat hulle uitermate irriteer; dan het die grond witter geword en plase het plek-plek verskyn tussen klein boompies wat soos oases in die woestyn geplant is. Water kon daar uit 'n put verkry word en vloei met leivore na tuine en mielielande; maar die mooi tafereel wat 'n mens in die Msab sien van die put en 'n donkie met die outomatiese sneller wat die trekemmer leegmaak, ontbreek. Soms het die water wat in poele op die aarde versamel het, allerlei soorte vrugtebome laat opkom. Op die plaas waar ons middagete geniet het nadat ons ons met die pad misgis het, was byvoorbeeld 'n tuin waarin, soos in 'n paradys, 'n wingerd, perskebome, turksvybome, ensovoorts, gegroei het, en allerlei plante wat die swartes rook.

Ons was op pad na Jacobsdal. Nadat ons middagete van eiers en melk geniet het, het ons weer vertrek, ons perde met drie of vier gerwe koring versterk. Die wa en die kar het so goed as moontlik gevolg, wat nie veel vir hulle sê nie. Ons het ontdek dat ons weer verdwaal het en dat ons as gevolg daarvan nog twee uur van Cronjé se kamp af was. Maar ons het geweet wat tyd en afstande in hierdie land beteken. Gister het ons, uitgeput maar met die wil om tot so na as moontlik aan die kamp te vorder, by 'n plaas navraag gedoen of daar in die omgewing nog 'n plaas was wat dit vir ons moontlik sou maak om nog 'n uur voort te gaan. 'n Koppie in die vorm van 'n suikerbrood is aan ons getoon en met 'n afwaartse beweging van die hand wat aandui dat jou bestemming agter die waargenome voorwerp is, is ons meegedeel: "Daar!" Maar na dié koppie het ander koppies gevolg – altyd 'n nuwe hindernis – en geen plaas nie. Ek kon die "Daar!" na die duiwel stuur. Dit was by gebrek aan water en uit vrees dat die muile kon vrek onmoontlik om halt te roep. Uiteindelik, na twee en 'n half uur se kwellende hoop, het ons die plaas bereik waarvan aan ons gesê is dat dié sommer naby was. Hierdie keer was die toeligting duideliker. Nogtans is dit met meer geluk as wysheid dat ons 'n laer waens bereik het waar ek sonder genot swart koffie sonder suiker gedrink het en waar ons oor die presiese posisie van Cronjé se kamp ingelig is. Uiteindelik het ons daar aangekom en is ons hartlik deur die generaal ontvang.

Nie groot nie, maar stewig gebou, die hoof energiek en minsaam, die blik reguit, die gelaat oop, die gelukkige uitdrukking van iemand wat hom in sy element voel – so is generaal Cronjé. In vredestyd word hy met 'n kierie gesien, effe geboë, oud en moeg van houding. Maar sedert die oorlog staan hy regop. Sy aktiwiteit is buitengewoon. Hy besoek sy stellings daagliks, berispe vir foute, herstel gebreke; baie streng, of eerder, baie presies.

Op sy bevel is die loopgrawe met takke en gras bedek om hulle te kamoefleer en is tente verbied. Die manskappe kampeer in hutte; die manne, altyd by hulle stellings, hou om die beurt snags wag en om drie-uur die oggend is almal op.

Die reëls is uiters streng – om nege-uur is ons aangesê om ons lig uit te doof, terwyl ons nog by ons skaapboud gesit en gesels het.

Ek het 'n gesprek met die generaal gehad. Soos sy kamerade, skryf hy alles wat hy doen of dink aan die wil van God toe. Dit het hom nie verhinder nie om aan my sy manier te verduidelik om stellings wat so uitgestrek is met vier- tot vyfduisend Boere te behou. Hy plaas vyfhonderd van sy beste manskappe onder uitgesoekte aanvoerders op die flanke omdat dit die gevaarpunte is. Hy gebruik sy flanke so goed hy kan en plaas homself in die middelpunt met 'n groter reserwe om teen onvoorsiene gebeurlikhede te waak. Bygestaan deur sy adjudante wat hy al langs die gevegslinie laat ry, sorg hy vir alles. 'n Oogopslag is voldoende om hom op so 'n uitgebreide slagveld te lei; adjudante, wat op hoogte van sy oogmerke is, staan sy plek vol.

Dit is 'n beginsel van generaal Cronjé om dood te skiet en nie in sarsies te vuur nie, dat elke skoot 'n soldaat moet neervel, wat 'n skielike en morele skok veroorsaak.

Met die inrigting van ons kwartiere teen die skemer afgehandel en in 'n ruim mate deur almal se behulpsaamheid aangehelp, het ons ons voorberei om die volgende oggend die stelling by die Modderrivier saam met die generaal te besoek.

24 Januarie. Generaal Cronjé se hoofkwartier by die Modderrivierkamp.

Ons het gister omstreeks vieruur in sig van generaal Cronjé se kamp gekom, maar van watter kant af jy dit ook al binnedring, jy moet by die laer arriveer om dit te kan sien. Dit vorm 'n groot reghoek van waens en tente met slegs 'n paar dienste aan die binnekant en die generaal naby die hoek wat deur die voor- en regterkant gevorm word. Ons het na sy tent gery en ons aan hom voorgestel. Hy was saam met mevrou Cronjé, nog 'n vrou en 'n paar Boere. Sy verwelkoming kon beswaarlik hartliker gewees het. Hy was heeltemal anders as die streng en stilswyende leier wat aan my geskets is. Hy herinner my aan generaal Lucas Meyer ten opsigte van sy gelaatstrekke, maar is nie so groot nie, veral as hy sit, soos ons hom gesien het.

Hy het ons meegedeel dat die Engelse aan die slaap is, dat hulle slegs opstaan om 'n paar sarsies granate af te stuur, wat nog nooit enigiemand skade berokken het nie. Hy het 'n 155 mm-kanon aangevra om hulle wakker te skud. Hy het vir die volgende oggend om dagbreek 'n afspraak met ons gemaak om die stellings te gaan besoek. Hy het ons terselfdertyd ingelig dat daar reeds vir drie dae by Colenso geveg word, maar dat dit wil voorkom asof die Engelse alle hoop verloor het om deur te breek.

Nadat ons koffie gedrink het, het ons die generaal verlaat wat, hoewel hy nie sy planne openbaar gemaak het nie, vriendelik, in beheer van sy onderwerp en welwillend was en 'n militêre rondborstigheid met 'n indrukwekkende houding van gesaghebbendheid getoon het. Hy het aan ons alles gegee wat ons nodig gehad het, die beste plek vir ons kwartiere in sy onmiddellike omgewing, en ons het ons gehaas om met die inrig daarvan voort te gaan. Terwyl ons hiermee besig was, het die korrespondent van *The Standard* van Johannesburg met my en graaf Sternberg kom gesels, 'n Oostenrykse edelman, 'n uiters meelewende persoon wat soos Galopaud met die *Koenig* gearriveer het. Hy het direk van Pretoria af hiernatoe gekom. Hy kla oor die onaktiwiteit hier en beny die manskappe by Colenso.

Helaas! Toe ek daar was, het ek die manne aan die Modderrivier beny. Dit is vir die Engelse om met 'n heilsame aksie vir ons vorendag te kom, want die Boere gee voorkeur aan onbeweeglike stellings soos in die tyd van Montecucculi[30], met die verskil dat daardie generaal hulle soms verander het, terwyl dit vir ons voorgekom het of ons vir altyd hier sou bly. Daar is wel sprake van 'n mars na Jacobsdal wat die Engelse agter ons sal plaas. Maar hoe kan hulle die spoorlyn verlaat waarvandaan al hulle benodigdhede kom? Die Boere ken hierdie swak plek van hulle opponente en spot daarmee.

'n Mens sal hierdie oorlog nooit behoorlik verstaan nie, sy duur en die buitengewone suksesse van hierdie passiewe verdediging, as 'n mens dink aan die Engelse leër wat as 'n Europese leër beskryf word. Dis 'n leër sonder energie, idees, taktiek en moreel – ek praat van die gewone troepe – 'n leër wat bewegingloos voor die Boere staan omdat dit nie genoeg selfrespek het om iets te doen nie en nie genoeg uithouvermoë het om vir drie dae sy gerief prys te gee nie. Dit is 'n mooi ding om 'n volk te demilitariseer deur die militêre roeping tot die laagste vlak te verlaag! Maar aangesien ryke in hierdie wêreld met mag beskerm word, laat hulle wat van die een afstand doen, ophou om op die ander aanspraak te maak. Laat hulle 'n ondergeskikte posisie inneem. Bluf is nie meer voldoende nie en 'n mens kan met stelligheid aanvaar – as die eksperiment enduit gevoer sou word – dat 'n swak plek in die beroemde Britse vloot ontdek sal word; want wanneer die militêre gees by 'n volk tot so 'n graad van dekadensie gedaal het, sal dit merkwaardig wees as die afgesonderde

---

30 Montecucculi, graaf Raimond (1608–1681), Italiaans-Oostenrykse generaal. Gebore naby Modena, sluit in 1625 by die Oostenrykse leër aan en onderskei hom in die Dertigjarige Oorlog teen die Turke (1664) en teen die Franse aan die Ryn (1672–1675). Hy word later prins en hertog van Melfi.

lewe aan boord die gees van die Britse matroos van alle kontak met die Britse gees weerhou.

XVII

Vanmôre het ek uiteindelik daarin geslaag om in te sluimer na uitputtende en vrugtelose pogings as gevolg van die koorstoestand waarin die hitte my die afgelope twee dae gedompel het, toe ons meegedeel is dat die generaal oor vyf minute sou opsaal. Mielies vir die perde, haastige kakao en tee, vinnig gewas, en toe is ons in die saal. Ons het die generaal aangetref, gereed om dieselfde te doen, maar aangesien iets sy aandag vereis het, en hy nie die tyd sou hê om ons na al die stellings te vergesel wat wyd versprei is nie, het hy ons aan sy adjudant toevertrou wat reeds twintig jaar onder sy bevel staan en die terrein so deeglik soos hy ken. Hy is 'n klein grys Boer op 'n klein vosmerrie wat hy soos 'n ou kameraad stuur deur haar sag te hanteer – sy ken slegs 'n ritmiese galop en 'n soort pasgang. Sy metgesel was 'n groot Boer, 'n agtermekaar kêrel wat goed Engels praat, een van die generaal se adjudante op 'n pragtige groot, grys perd wat 'n bietjie dommerig is. Ons het na die Engelse vertrek.

Nadat ons die Modderrivier by 'n drif oorgesteek het, het ons ons op 'n grasvlakte bevind en gou heelwat daarin gevind wat ons geamuseer het. Baie mense wat ek ken, vurige aanhangers van sint Hubertus,[31] sou nie daar verveeld gewees het nie en ek twyfel of hulle die versoeking sou kon weerstaan om 'n paar skote af te vuur, nieteenstaande generaal Cronjé se bevele en die strawwe wat daaraan gekoppel is. Elke geweerskoot wat van diens af afgevuur word, is strafbaar met óf drie uur op 'n kanon, óf ses uur se werk in die loopgrawe, óf 'n boete van vyf pond. Patryse in pare of klein swermpies, hase en konyne het in alle rigtings laat spaander, wat dit des te meer opwindend gemaak het omdat hulle manjifieke teikens

---

31 Hubertus (oorlede 727 n.C.) was biskop van Maastricht en Luik. Die beroemde episode van sy bekering terwyl hy op Goeie Vrydag besig was om te jag toe hy die gekruisigde Christus tussen die horings van 'n takbok gesien het, is ontleen aan die *Handelinge van Eustachius*, 'n martelaar van 'n onbekende datum en beskermheilige van jagters.

was. Die versoeking het egter tergend geword by die aanskoue van 'n trop van omtrent sestig steenbokke – wit soos gaselle – wat omgedraai en omtrent 300 tree voor ons saamgebondel het. Boer of nie, dit sou vir enige man moeilik wees om nie hierdie teiken te tref nie. Aangesien ons ons daarvan weerhou het om te skiet, het die pragtige diere hulle gedartel voortgesit, uitmekaar gegaan of weer saamgekom; sommige het uit hul springende ry weggebreek en ander het weer in 'n groep gaan staan met hulle koppe in die lug.

Intussen het ons die voortaan historiese vlakte van Magersfontein oorgesteek en kon ons die Engelse stellings rustig bespied van 'n koppie af tot waar ons linkerkantse artillerie gevorder het. Hulle was tussen die Modder- en die Rietrivier opgestel; in oop brigades, so na as moontlik aan die water, met die spoorwegstasie regs agter hulle en binne maklike bereik. 'n Paar tente onder die bome was klaarblyklik vir diensafdelings en die hoofkwartier opgeslaan. In die verte, teen 'n reeks koppies naby Jacobsdal, was die tente van 'n bataljon wat so ver van die hooftroepemag verwyder was dat hulle 'n groot versoeking sou wees vir leiers wat minder as die Boeregeneraals vir hulle manskappe sou omgee. Ons het nog verder beweeg, 'n koppie bereik wat nader was, 'n goeie blik op die Engelse tente en hulle infantiele gruisklipverskansings gekry en daarna na die Modderrivier teruggekeer.

Met die rivier oorgesteek – nie sonder om die omgewing te bespied nie – het ons die linkerkant van Cronjé se stellings bereik. Die slim gekose linie – deels natuurlik, deels kunsmatig – het die roete na Kimberley heeltemal versper, maar was by sy vleuels blootgestel en was in verhouding tot die mag selfs vir hierdie land te uitgesprei. Een gedeelte het tot teen die Modderrivier geloop en die ander een tot by die laaste koppies wat die vlakte van Kimberley aan die westekant van die spoorlyn afsluit. Generaal Andries Cronjé, die broer van generaal Piet Cronjé, het die eer om in bevel van hierdie laaste en moeilikste stelling te wees. Die gevaar dat die Engelse van Jacobsdal af met 'n mars tot by die Modderrivier en om sy agterkant sal kom, laat die generaal glimlag. Die twintig jaar wat hy reeds teen die Engelse veg, het hom geleer dat hulle nie eers in staat is om vir 'n enkele uur weg te beweeg van die spoorlyn wat voortdurend vir hulle voorrade bring nie en gevolglik vrees hy nie vir sy linkerkant nie. As hulle 'n afdeling ruiters na hom sou stuur, sal dit volgens hom daarop neerkom dat dié afdeling aan hom uitgelewer word, want hulle sal gewis gevang word; as hulle daarenteen met 'n groot mag sou opruk, sal hulle met sulke proviandprobleme te kampe hê dat hulle nie verder as een mars sal vorder nie.

Van die Modderrivier af, na die uitloper wat as die sleutel tot die stelling beskou kan word en die hoek van die twee loodregte reekse koppies vorm wat uit die vlakte styg, loop 'n lang reeks loopgrawe wat kundig onder takke versteek is en 'n belangrike gevegsterrein is. Snags waak die manne om die beurt. Tente is verbode, want dit sou die loopgrawe verraai. Die soldate kampeer onder blaarskuilings wat van ver af met die terrein saamsmelt.

Naby die koppies is 'n groot gaping in hierdie verskansings gelaat. Dis slegs 'n skyngaping waarvan die sukses by Magersfontein oorweldigend was. Voor dagbreek op die dag van dié geveg – 11 Desember – het generaal Cronjé hom op die koppie bevind naby die skyngaping wat deur die reeks koppies loop. Hy het sewe man by hom gehad. Voor het die Boere die eerste hoogtes gehou.

Met die voorneme om hulle daar te omsingel, het die Engelse die nag so opgeruk dat hulle gehoop het om die gaping voor dagbreek te bereik en óm die koppies te gaan. Hulle is nie deur die Boere opgemerk nie en het amper die generaal se geleide ontglip wat hulle in die donker vir hulle eie manskappe aangesien het. Nogtans het die helms hulle verraai. Cronjé het sy geleide onmiddellik opdrag gegee om te vuur en met elke skoot 'n man neer te vel. Hulle noukeurigheid het inderdaad vreesaanjaend geword. Die vuur van hierdie sewe manskappe het dit laat lyk asof hulle baie meer was. Die Engelse het oor mekaar geval voor hulle hulle kon regruk; met die verrassing het hulle besef dat hulle ontdek is en teruggedraai. Spoedig is hulle ontvang deur die Boere wat hulle aanvanklik laat verbygaan het. Dit het hulle hul terugval laat verhaas en hulle het ten spyte van die oop ruimte voor hulle wat nie deur enige loopgraaf gedek was nie, nie gewaag om dit daardie dag oor te steek nie.

Agter die loopgrawe wat ons besoek het, het die terrein hoër geword en 'n artilleriestelling gevorm wat 'n baie goeie teenwig was vir die een wat die Engelse beset het. Tussen hierdie twee hoogtes is 'n hele begraafplaas vars verskuifde rooigrond met haastig gestapelde grafte wat in alle rigtings wys. Die oorblyfsels van perde, wiele van die kanonwaens wat die letsels van bomme toon en die verminkte doringbome vertel die volle verhaal van gister se groot konflik. Ons het die grofgeskut by die uitloper besoek asook die baie gawe Duitse offisier, meneer Von Heitz, wat dit met soveel toewyding hanteer. Hy wou ons nie laat vertrek sonder om 'n gat in sy skrapse voorrade te maak nie deur aan ons heerlike tee te gee.

By die kamp wat vir die kanonne verantwoordelik is, het ons die ou bevelvoerder van Potchefstroom en ses van sy seuns aangetref. Die sewende een is nog in die hospitaal. Die bevelvoerder se dy is by Mafeking deurboor. Sodra hy kon, het hy weer by sy manskappe aangesluit. Hoewel hy nog nie in staat is om perd te ry nie, voer hy die bevel en het hy sy manskappe te voet na die naaste koppie gevolg. Hy is 'n outydse en streng Boer, sy spiere so hard soos sy beginsels, weergaloos in geloof en uithouvermoë. Soos die sterkes is hy goed. Hy het baie aandag aan ons bestee en is baie trots op sy 3000 manskappe – die keur van Cronjé se magte – wat so geplaas is dat hulle die ander wat minder ervaring het, beskerm en omring.

Na 'n besoek aan generaal Andries Cronjé, wat net so 'n fyn militêre houding as sy broer het, het ons op 'n galop teruggekeer. Dit het ons byna twee uur geneem om die lengte van die stellings by die Modderrivier af te lê.

XVIII

Op pad na Kimberley

25 Januarie 1900. Ons het vroeg na Kimberley vertrek nadat ons die generaal gaan groet het. Ons taak was om 'n reis om die besette stad te maak en 'n posisie te vind wat naby genoeg is om die Long Tom so op te stel dat ons sy skrikwekkende vermoëns kon aanwend teen 'n stad wat ons weet tot die uiterste gedryf is. Die swartes word deur die Engelse verjaag met die dreigement dat hulle doodgeskiet sal word. Hulle sê dat met die verspreiding van rantsoene

1. Georges de Villebois-Mareuil in 1894 as bevelvoerder van die 67e Regiment.

2. Georges de Villebois-Mareuil.

3. Leon Grunberg (*Roy Macnab*, The French Colonel, *Kaapstad: Oxford University Press, 1975*).

4. Ewald Esselen.

5. Genl. Louis Botha.

6. Genl. Schalk Burger.

7. Genl. Piet Cronjé.

8. Genl. Willem Kolbe.

9. President Paul Kruger.

10. President M.T. Steyn.

11. Genl. Koos de la Rey.

12. Genl. Chrisjan de Wet.

13. Genl. Naas Ferreira.

14. Genl. S.P. du Toit.

15. Genl. lord Methuen.

16. Die kanonkoeël wat De Villebois-Mareuil se dood veroorsaak het (*Roy Macnab,* The French Colonel, *Kaapstad: Oxford University Press, 1975*).

17. Genl. Piet Joubert soos De Villebois-Mareuil hom in sy tent aangetref het, Desember 1899.

18. Op kommando by die Elandsfonteinstasie op pad na Ladysmith. De Villebois-Mareuil is links met Sam Léon sittende oorkant hom (*Roy Macnab,* The French Colonel, *Kaapstad: Oxford University Press, 1975*).

19. Franse vrywilligers op die Natalse front. V.l.n.r. 'n onbekende vrywilliger, Reginald Kann (korrespondent van *Le Figaro* onder die skuilnaam J. Carné), C.A. de Charette, H. de Charette, René de Charette (staande).

20. Die mark op Bloemontein soos dit ten tye van De Villebois-Mareuil se besoek daar uitgesien het.

21. Die Long Tom by Kimberley met genl. Piet Cronjé (met die sweep in die hand).

22. De Villebois-Mareuil by die winkel op Wonderfontein, met baron Van Dedam aan sy linkerkant (*Roy Macnab,* The French Colonel, *Kaapstad: Oxford University Press, 1975*).

23. Buitelandse militêre attachés by die Boeremagte. Staande v.l.n.r. Kapt. Reichman (V.S.A.), lt. Thomson (Nederland), kapt. Allum (Noorweë). Sittende v.l.n.r. Kol. Gurko (Rusland), kapt. Demange (Frankryk), lt. Roger Raoul-Duval (Frankryk). Sittende heel voor Mnr. Fischer (OVS).

24. Die oorlewendes van De Villebois-Mareuil se mag as krygsgevangenes by Boshof. Aan die hoof is De Villebois-Mareuil se aide-de-camp, graaf Pierre de Bréda, met die wit tropiese uniform en képi van die Franse leër (*Roy Macnab,* The French Colonel, *Kaapstad: Oxford University Press, 1975*).

25. Die oorblywende lede van De Villebois-Mareuil se mag na sy dood. Luitenant Gallopaud is in die middel met die wit hoed (*Oorlogsmuseum van die Boererepublieke, Bloemfontein*).

26. De Villebois-Mareuil se oorspronklike grafsteen by Boshof (*Roy Macnab,* The French Colonel, *Kaapstad: Oxford University Press, 1975*).

27. Prins Bagration en graaf Pierre de Bréda (beide sittende) as gevangenes op St. Helena (*Oorlogsmuseum van die Boererepublieke, Bloemfontein*).

28. Die monument ter ere van De Villebois-Mareuil in Nantes (*Roy Macnab*, Journey into yesterday, *Kaapstad: Howard Timmins, 1962*).

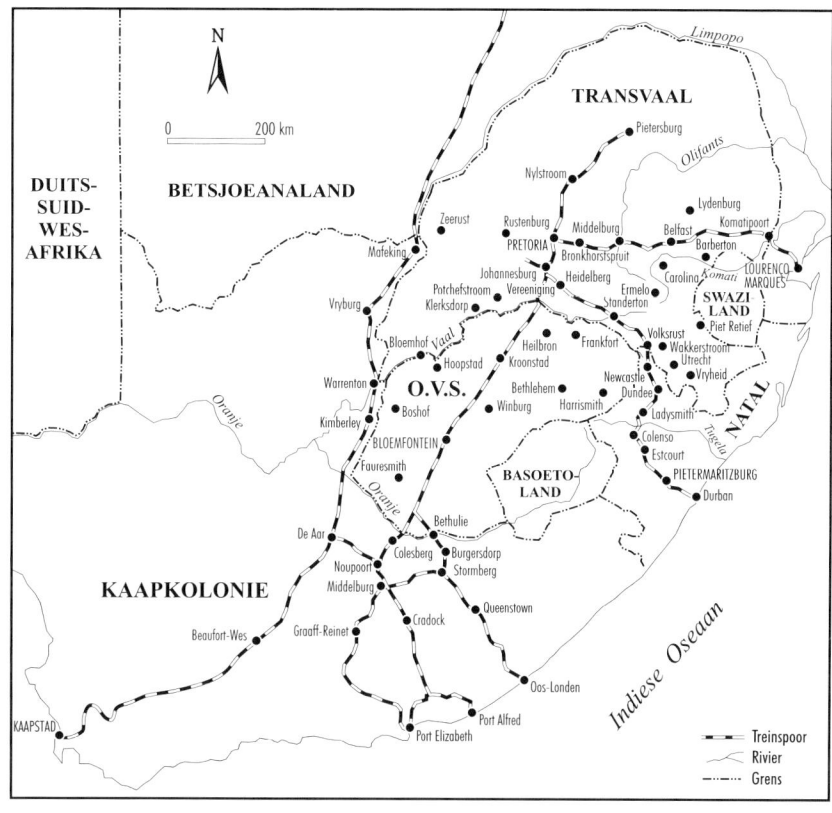

29. Kaart van die oorlogsterrein, Oktober 1899 (*G.D. Scholtz,* Die Tweede Vryheidsoorlog 1899–1902, *Pretoria: Protea Boekhuis, 1998*).

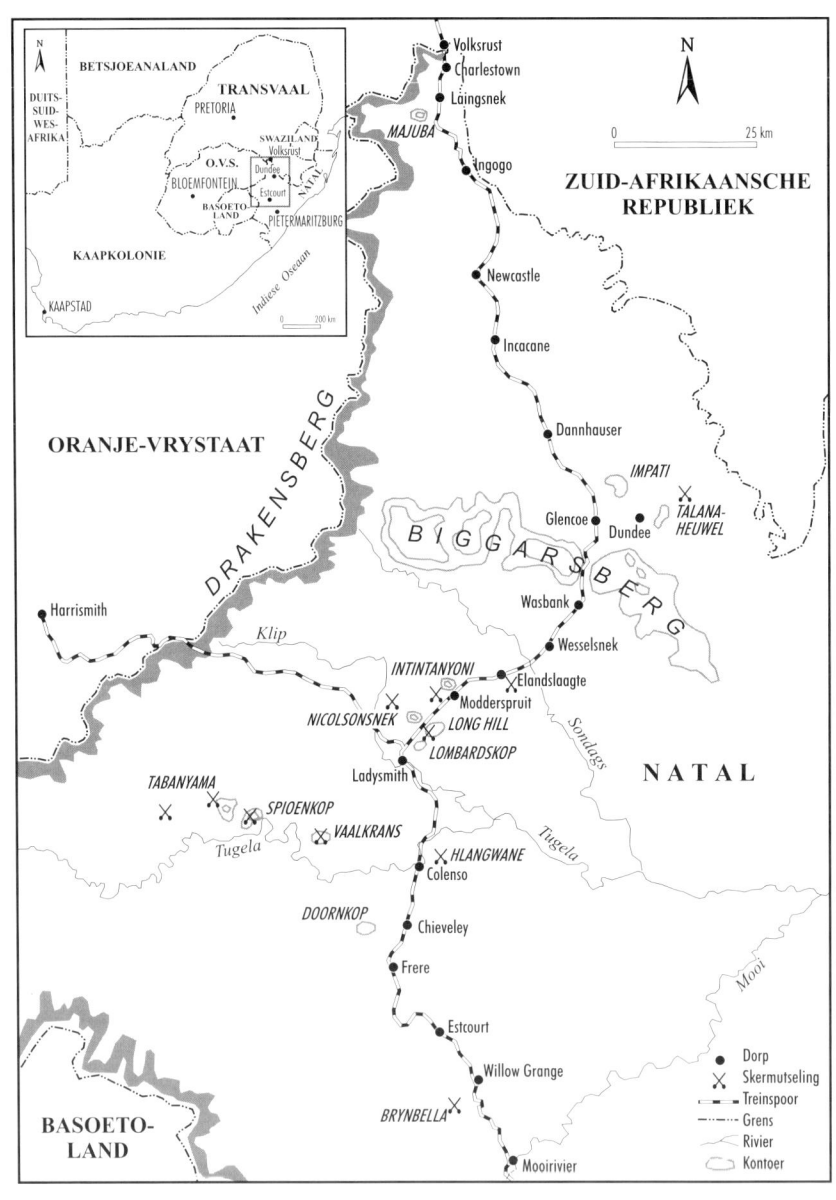

30. Die Natalse front, 1899–1900 (*G.D. Scholtz,* Die Tweede Vryheidsoorlog 1899–1902, *Pretoria: Protea Boekhuis, 1998*).

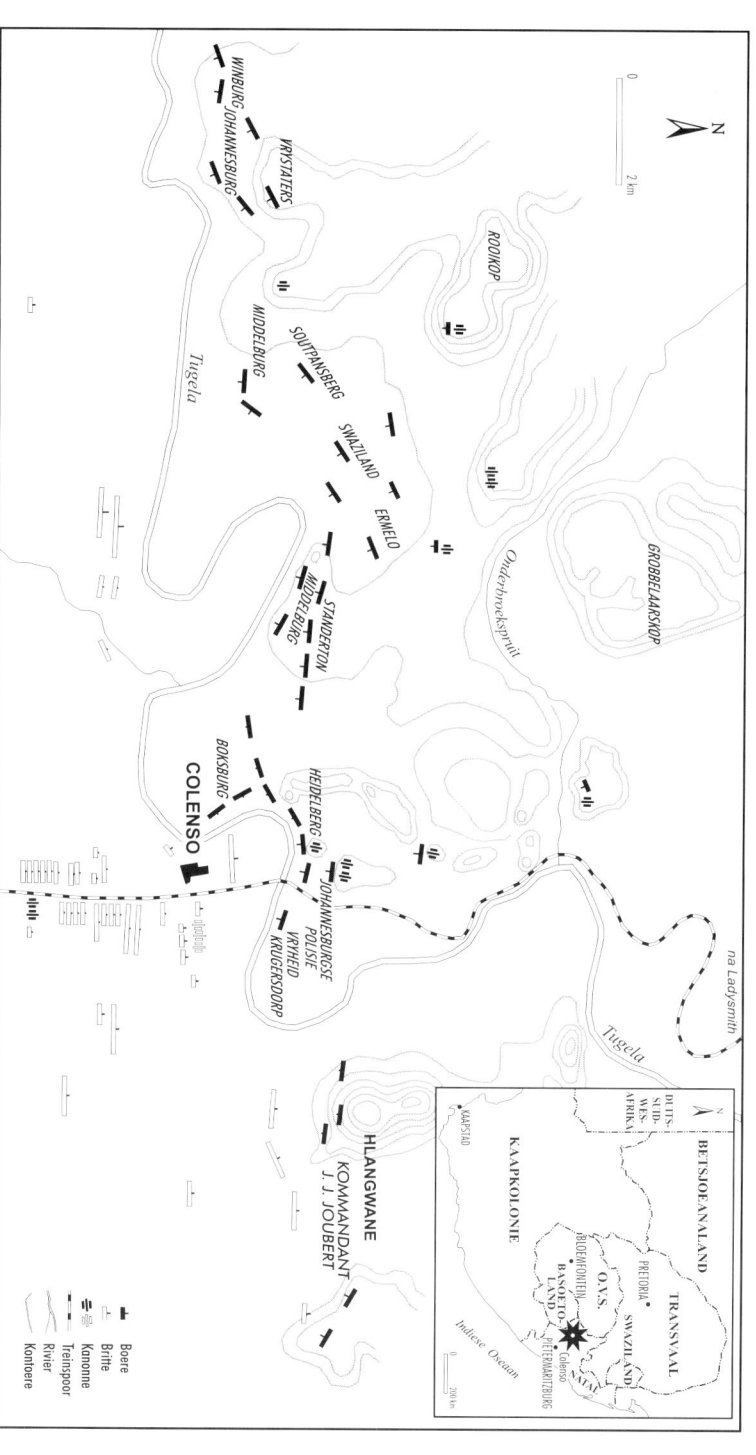

31. Die Slag van Colenso, 15 Desember 1899 (G.D. Scholtz: Die Tweede Vryheidsoorlog 1899–1902. Pretoria: Protea Boekhuis, 1998).

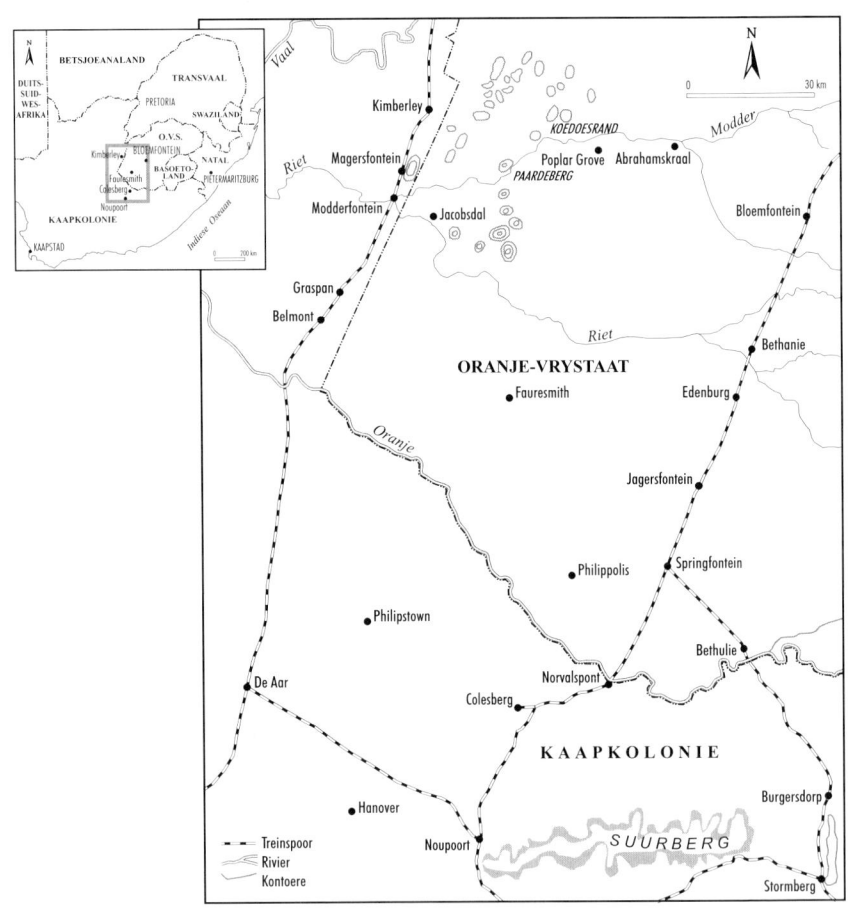

32. Die Suid- en die Wesfront, 1899–1900 (*G.D. Scholtz,* Die Tweede Vryheidsoorlog 1899–1902, *Pretoria: Protea Boekhuis, 1998*).

soms op vrouens en kinders getrap word. Daar is nog meel en mielies, maar ander voedsel is uitgeput of haas uitgeput.

'n Boer het ons vergesel en ons het teen 'n vinnige pas weggery. Léon se swart bediende het sy waterbottel met ons enigste watervoorraad verloor. Gister se reën het die grond modderig gemaak; my perd het op die kleierige terrein gegly en die son het, met die vooruitsigte van 'n donderstorm, neergeblaker. Uiteindelik het ons nietemin op 'n mooi pad beland wat deur die Engelse gebou is en al langs die spoorlyn na Kimberley loop.

Ons het naby 'n waterleiding gehalt waarin skoon water gevloei het wat 'n klein poeletjie gevorm het waaruit ons perde kon suip. Ek het plat op my maag gelê en uit 'n pyp gedrink. Ons het 'n bietjie sjokolade en beskuit geëet en was weer op pad. Hierdie keer het ons by 'n plaas omring deur bome aangekom, na die pad verneem en vertrek. Ons het deur 'n mooi omgewing van swart koppies gegaan, wat dit weer eens vir Cronjé moontlik sou maak om die Engelse ontsettingsmag voor Kimberley te stuit. Uiteindelik het ons 'n lang gebou met oop deure bereik waarin 'n aantal Boere in 'n soort wynkelder ingerig was.

Ons het 'n kanonnier saam met ons geneem wat aan ons sy klein berg-Krupp wou toon en het die sagte helling na Kimberley bestyg. Bokant die loopgrawe wat die Boerestellings aangedui het, het ons die stad, die myne, die sirkelfort op 'n koppie wat die stad beheers en 'n reeks onbesette koppies aan die linkerkant gesien wat moontlik in 'n aanval gebruik kon word. By ons terugkoms het die bevelvoerende offisier hom by ons aangesluit, ons na 'n huis geneem en vir ons waatlemoen aangebied. Ek het water uit 'n emmer gedrink, 'n gewoonte wat ek van die perde oorgeneem het.

Daarna het ons na die laer van generaal Ferreira gegaan, wat veertien dae gelede as opperbevelhebber van die Vrystaatse troepe aangestel is – soos Joubert oor die Transvaalse magte bevel voer. Dit was 'n lang rit. Nog steeds die woord "daar" en 'n afwaartse beweging van die hand oor die koppies wat lyk asof hulle byna aangeraak kan word, aangevul deur 'n skimpende gebaar na daardie vreesaanjaende koppies, so asof 'n lepel onder die rugdop van 'n varswaterkreef ingesteek word. Hierdie gebare met die hand ná die woord "daar" is 'n verskrikking vir my, want dan moet jy soveel struikelblokke van so 'n wisselende aard oorkom dat jy wanhoop of jy ooit jou bestemming sal bereik. Verder moet jy altyd twee keer so vinnig na die "daar" beweeg, want jy kan seker wees dat hierdie liewe gebaar jou oneindig ver van die paaie af sal laat beland. Ons het sonder hoop, maar teen 'n lewendige pas voortgedraf. My arme perd Colenso het ontsettend moeg geword. Uiteindelik, nadat ons lank langs Kimberley gery het sonder om 'n Boer of 'n laer teë te kom, het ons in 'n doolhof swart koppies op enkele waens afgekom en was spoedig in die huis waar generaal Ferreira tuisgegaan het. Hy het ons aanvanklik kil ontvang en, ten spyte van die brief van generaal Joubert wat Léon aan hom oorhandig het, het hy ons in die voorvertrek laat wag. Dit was te erg vir ons waardigheid en gevolglik het ons ons perde opgesaal om onmiddellik te vertrek. Terwyl ons hiermee besig was, het 'n storm bo ons koppe losgebars wat ons gedwing het om met die bietjie waardigheid wat ons bymekaar kon skraap, skuiling in die generaal se stal te gaan soek. Terwyl ek besig was om soos 'n dier uit 'n geut drink, het Ferreira gekom en ons genooi om ons by hom aan te sluit en gesê dat dit ons ten minste ses uur sal neem om by die laer van generaal Du Toit – die enigste plek waar ons kon slaap – uit te kom. Toe ons volhou met ons aandrang om te vertrek, het hy om verskoning gevra dat hy nie generaal Joubert se brief gelees het nie, maar bloot 'n nota van generaal Cronjé, wat terselfdertyd aan hom gegee is en wat van die toesending van vier gevangenes melding gemaak het. Dit het hom onverskillig teenoor ons gelaat en tot 'n misverstand gelei.

Ons het gevolglik sy gasvryheid aanvaar, en ek moet sê dat die generaal en sy staf uit hulle pad gegaan het om ons die onaangename herinnering van ons aanvanklike ontvangs te laat vergeet.

26 Januarie. Gisteraand het ons bevestiging ontvang van die groot sukses by Colenso[32]. Die Engelse is beslissend teruggedryf, 1200 het gesneuwel of is gewond en 170 is krygsgevange geneem. Daar is vir drie dae by die Tugela geveg en 'n bres is regs van die Colenso-stellings geslaan. Die Boereverliese was slegs 100 gesneuweldes of

---

32 Die slag van Spioenkop.

gewondes.

Ons het almal in dieselfde kamer geslaap. Die generaal het soos 'n orrel gesnork. Nadat ek aanvanklik gedink het dit is die gerommel van 'n kanon, het ek my vermaak deur te luister hoe dit die sinkdak laat ratel. Met die aandoenlike gasvryheid waarvan net die Boere die geheim ken, is ons uitstekend gehuisves.

Met die opstaan teen dagbreek het ek ontdek dat Sternberg onder komberse begrawe was. Hy het om eenuur die oggend gearriveer.

Hy het saam met ons onder Boerebegeleiding vertrek. Die generaal se adjudant het ons vergesel en ons op besoek aan al die laers geneem. Terwyl ons met die rit om Kimberley besig was, het steenbokke gevlug en korhane het met lang, klaende krete voor ons uitgevlieg. In 'n stadium het die adjudant aan die veldkornet wat die begeleiding aangevoer het, gesê om 'n bok te skiet. Die veldkornet het van sy perd afgeklim, aangelê en die dier platgetrek. Die bok is op die perd van 'n swart bediende gelaai.

Ons het aandete by generaal Du Toit genuttig. Sy kwartiere is ingerig in die stoomaangedrewe pompwerke wat Kimberley van water voorsien.

Na die beslissende welslae by Colenso het ons van nog 'n oorwinning by Colesberg verneem. Hierdie Engelse is onverbeterlike voorwerpe van bespotting. Hulle is kapot!

Na 'n betreklike lang versuim by generaal Du Toit het ons die stellings besoek. By die Kamfersdammyn[33] was 'n onbenullige kanon – dit sou 'n uitstekende stelling vir die Long Tom wees. Aan die oorkant is 'n klein rif wat hulle met genoegdoening 'n Engelse fort noem. Aan die ander kant is waarskynlik nog 'n glooiing en dan Kimberley, wat 'n mens in die lengte met sy myne, fort, geboue en sinkdakke sien. Die plan was om hierdie rif te beset en was daarop gemik om beheer te verkry oor die rug waar die Engelse 'n veldskans gebou het wat maklik verower kan word, deur eers die Boere agter loopgrawe te plaas en daarna die Long Tom soontoe te neem om die dorp te bestook. Die tyd wat daarvoor nodig is, is hoogstens agt dae.

---

33 Kamfersdam is 'n stasie digby Kimberley op die spoortrajek Kimberley-Windsortonweg in die Noord-Kaap.

Generaal du Toit – elegant, slank, jonk, met 'n swart baard, welgesteld en 'n lid van die Volksraad – is van ons terugkeer ingelig, waarna ons by 'n ander laer onder bevel van generaal Kolbe van die Vrystaat aangekom het deur langs verskeie loopgrawe af te beweeg, wat uit 'n suidwestelike hoek nogal lyk soos hierdie fantasiebeleg van Kimberley. Die generaal is daar met sy vyf broers – uitstekende manne. Hy is klein maar lenig en seningrig; spring met 'n boog van sy perd af en lê aan; spring bo-oor sy perd sonder om aan hom te raak; hy is goedhartig, inskiklik en gewild. Dit verhinder hom nietemin nie om 'n streng soldaat te wees wat geesdriftig oor sy nering is nie. Hy het uit vrees dat hy afgesny sal word, of eerder weens 'n gebrek aan water, heeltemal te ver terugbeweeg. 'n Gevolg van die keuse wat hy vir so 'n verafgeleë stelling gemaak het, is dat sy veldkanon nutteloos bly, al vuur dit oor die volle boog. Hy het dit uitstekend met takskerms verskans en verplaas dit na willekeur om die vyand te mislei. Die loopgrawe van die infanterie wat noukeurig gerangskik en versprei is en baie goed bewaak word, is bewys van sy deurdagte voorsorg. Maar my verbasing was groot om te sien met watter nougesette sorg hy vir terugval voorberei het – as dit nodig sou wees – en hoe weloorwoë sy studie van die terrein was.

Te oordeel aan die genoeë waarmee die generaal my sy verdedigingstellings getoon en my oor in sy planne ingelig het, was dit duidelik dat hy een van dié was wat 'n leër deur hulle groot pligsbesef as soldate eer aandoen.

Die aandete wat die generaal in sy sinkgeboutjie – ingerig by 'n uitkykpunt tussen die rotse van 'n koppie – vir ons aangebied het, het my veral met 'n herinnering aan sy welmenendheid gelaat.

Daarna het die drie van ons saam met hom in sy tent gaan rus tussen 'n harwar komberse waarvan elkeen geneem het wat hy kon sonder om die ander in ag te neem. Die generaal het in sy goedheid telkens aan ons vrugte – veral perskes – aangebied, wat hy gedink het ons verkies. Party van die pitte moes gewis onder my skouerblaaie en ander kurwes beland het, want omrol was vir my net so pynlik as wat dit ongemaklik was om in een posisie te bly lê!

XIX

Verkenning van Kimberley

27 Januarie 1900. Gister en eergister het ons die omgewing van Kimberley en die onvoorstelbaar uitgestrekte stellings van die Boere besoek. Nadat ons oor Alexanderfontein gearriveer het, waar 'n gedeelte van 'n berg op 'n bedrieglike afstand is, het ons buite die sirkel van beleg op die plaas Olifantsfontein van die De Beersmaatskappy aangekom waar generaal Ferreira sy hoofkwartier gehad het. Die volgende dag het ons die vlakte van Kimberley met 'n volle aansig van die dorp oorgesteek en het ons met belangstelling slegs een hoogte suidoos van Dronfieldstasie opgemerk, waarvandaan 'n uitstekende uitsig verkry kon word, maar wat te ver – 9800 tree – van die dorp geleë was.

Dit was eers nadat ons die Kamfersdammyn bereik het – waar een van ons kanonne in die lig van sy grootte nutteloos was – dat ons die ideale stelling ontdek het. Dit was bloot 'n geval dat 'n platform daar gebou moes word waarvan die versterking soveel makliker sou wees, aangesien die terrein kunsmatig opgebou is. Aan die oorkant op 1900 tree is 'n middelwal wat 'n Engelse skans stut wat met enkele skote ingeneem kon word. Van daar af sou ons die dorp – en in die besonder die welgestelde woonbuurt – van 'n kant af kon bestook. Die Boere sal die voorwaartse beweging daadwerklik moet ondersteun deur die stellings te beset soos hulle verower word. Hulle taak sal egter aansienlik vergemaklik word deur die 155 manskappe by Kamfersdam wat sal begin deur die naaste Engelse vesting, dié by die Ottoskoppiemyn, stil te maak.

Die Kamfersdammyn is oorkant die werke waarvandaan Kimberley van water voorsien word. Die waterwerke, waar generaal Du Toit kamp opgeslaan het, is 'n baie mooi bouwerk van Engelse ingenieurs.

Die oggend het ons ons stilhouplek vir generaal Kolbe se laer verlaat. Die generaal het ons van die ander kant van die spoorlyn af gelei na 'n mooi huis genaamd Scotch Farm wat deur groot lemoenbome omring is. 'n Bekoorlike kind van vyf jaar met blonde hare wat op haar rug hang en pragtige, laggende oë – 'n klein skoonheid – geklee in pienk en wit het aangehardloop gekom en die generaal om die nek geval. Dit was sy dogter. Kort daarna is ons aan mevrou Kolbe voorgestel en, terwyl ons middagete in 'n ruim eetkamer genuttig het, het ons mevrou Kolbe se moeder – mevrou Pretorius – en daarna haar suster ontmoet. Die jong dogtertjie trek nie in die minste op die jong vrou nie. Sy is 'n groot brunet, ietwat geil in haar bekoring, maar 'n mooi en aangename dame. Sy het met die taktvolle bedagsaamheid van 'n gasvrou na ons behoeftes omgesien. Die suster – haar oë donker en deurdringend onder haar groot Boerekappie – met valletjies versier en tog so prakties – was ietwat verras deur ons inbreuk. Sy het haar kappie afgehaal en met haar syerige, welige blonde haardos met die bleek en fyn gelaatstrekke van 'n figuur in 'n gebrandskilderde venster baie jonk voorgekom; lig en grasieus in haar bewegings en afgerond in haar eenvoud. Hulle moeder het in haar houding en kleredrag die vroomheid van hierdie land se weduwees beliggaam. Nog jonk en van nature belangrik in aansien, het haar normale gesig met die plat bande om die kop herinner aan bepaalde portrette van Catharina de Medici waarin intellek die oorhand oor skoonheid gekry het. 'n Hele epog skei haar en haar dogters. Wat sal die tydruimtelike skeiding tussen die generaal se skoonma en haar kleindogter in ligroos en wit wees in 'n Suid-Afrika wat volstoom na ons ontwikkelde Europese beskawing beweeg?

Ek het teenoor die generaal erken dat hy in hierdie koel en gemaklike milieu vir my minder in sy element voorkom as tussen die swart klippe van sy koppie. Maar was ons – bruin gebrand, halfgewas in ons twyfelagtige flanelonderklere en -broeke – nie in dieselfde kategorie nie? Hoe dit ook al sy, ek kan myself nie vergewe dat ons hom deur ons koms van 'n nag onder die gesinsdak onteem het nie, waar sy mense vir hom gewag het nadat hulle vir slegs 'n paar dae van Bloemfontein af gekom het. Sy welwillendheid het my nie vir 'n oomblik toegelaat om dit te vermoed nie. Van Scotch Farm af is ons terug na Cronjé se kamp, waar ons nóg muile nóg swart arbeiders aangetref het. Alles wat ek in hierdie swartes opmerk, is ewe smartlik. Die aand het ons saam met Sternberg – wat 'n goeie kêrel en aangename geselser is – van Dupont se beroemde boergonjewyn gedrink en 'n boud verorber van die bok wat die veldkornet geskiet het. Die vleis het nie verbeter deur vir twee dae in die saal saamgekarwei te word nie.

28 Januarie. Sondag, 'n rusdag. Ek het 'n telegram ontvang van menere De Bréda en De Charette, wat met die *Gironde* gearriveer het. Daarin het hulle navraag gedoen oor waarheen hulle by voorkeur moes gaan.

Sternberg sê dat alle Franse gebore kokke is.

Sewe of agt Franse, offisiere en onderoffisiere, het gearriveer. Hulle het saam met die Long Tom gekom. Ek hoop om hulle by Kimberley te benut.

29 Januarie. Ek het met generaal Cronjé na die plek gestap waar hy die Long Tom opgestel wil hê, ingeval die gepantserde trein wat in Londen gebou is, kom om die spoorlyn regoor hom te herstel. Alles is vaag; die plek is nutteloos ten spyte daarvan dat dit goed gekies is. 'n Stukstelling gaan nietemin daar gebou word.

Generaal Cronjé – geklee in 'n wye broek en kastaiingbruin oorjas wat met ouderdom groen geword het, 'n groot grys hoed op sy kop en sy rug effens geboë – lyk glad nie na wat in Frankryk 'n generaal genoem word nie. Hy galopdraf met sy perd en die Boere haal eerbiedig hulle hoede af. Sy kop – om vir die res te vergoed – spreek van gesag. Hy is 'n soldaat wat sake duidelik snap en selfversekerd voorkom. Dit is 'n afwisseling van die aantal leiers wat as gevolg van hulle verantwoordelikheid by groot troepebewegings beef.

Op 'n koppie het ons mevrou Kolbe en haar suster, mejuffrou Pretorius, aangetref wat saam met hulle moeder gekom het om die Engelse tente te betrag. Hulle was so gaaf om hulle kos met ons te deel. Mejuffrou Pretorius was in vleiende drag geklee, met 'n wit matrooshoed, romp met fyn wit en blou strepies, 'n bloes van sagte, wit gekeperde sy met 'n baadjie van dieselfde materiaal as die romp.

Wat eienaardig in ons lewens is, is die vermenging van fragmente van ons beskawing met die ruhede van ons nuwe bestaan. Sternberg rook byvoorbeeld sigare teen vyf sjielings stuk en loop vir drie dae sonder om te was of sy stewels uit te trek om te slaap. Gewoonlik drink hy ekstradroë sjampanje, maar nou is hy met whisky en 'n stuk gaar beesvleis tevrede. Ons maak vir ons gaste 'n bottel ou Franse wyn, sjampanje en eersteklas konjak oop, met dieselfde hande waarmee pas wortels gekrap of uie afgeskil is. Ek moet sê dat ons spyskaarte – saamgestel uit 'n vleis en 'n groente – deur gewoonte relatief gebalanseerd is. So geniet ons beesbraad met tamatiesous, braaiboud met stamboontjies, biefstuk met aartappelskyfies, en geniet eiers (as daar is) voor die vleis. Ek en Léon deel die werk. In die algemeen berei elkeen sy ete voor en in die geheel leef ons goed. 'n Mens slaag slegs daarin om die swartes sover te kry om 'n vuur aan te slaan en 'n bietjie water te kook as jy hulle afransel. Die dag daarna, heeltemal uitgeput, doen jy alles self. Hierdie ras is beslis benede kritiek; een maand saam met die swartes, en jy sal vir altyd teen ongeduld bestand wees!

Dié aand handel die gesprek oor Magersfontein. Dit lyk asof die linies op haas enige oomblik bymekaar gaan aansluit. Die Black Watch[34] het met sy gebruiklike heldhaftigheid opgeruk en tot twintig tree van die Boere af gevorder. Die Boeremanskappe was verplig om eerder in hulle stellings te sterf as om dit prys te gee, aangesien generaal Cronjé die voorsorg getref het om die perde na 'n plek 'n uur se reis van die slagveld af te verskuif. Hy het hierdie plan vir die verdediging van die loopgrawe gehandhaaf. Die manne is te ver van hulle perde af om hulle toevlug tot hulle te neem.

Die vasberadenheid van die Boere word deur die uiterste omsigtigheid getemper. Die beweeglikheid van die berede infanterie en die reeks koppies lyk of dit so 'n skrille teenstelling met die behoud van die stellings vorm, dat die voorsorg wat Cronjé aan die hand van sy ervaring getref het, glad nie vreemd is nie.

In hierdie buitengewone oorlog is een groot faktor die mag om te beweeg – iets waaroor die Boere vanweë hulle perde in 'n opmerklike mate beskik – terwyl die Engelse slegs kan vlug deur middel van die spoorlyn wat hulle proviand aanvul omdat hulle nie oor genoeg ossewaens beskik nie en hulle infanterie nie in staat is

---

34 'n Regiment van die Royal Highlanders. Die naam Black Watch verwys na hulle donker tartanuitrustings.

om gewone marse te onderneem in 'n land waar marsjeer uitputtend is nie. Dit verduidelik die ondergeskiktheid van die beroepsoldate wat in hulle berekenings uitoorlê word deur die spoed waarmee die Boere optree. Nietemin is dit verbasend dat hulle taktiek die Boere tot gewone oorlogvoering dwing, in die sin dat die Boeremagte stellings gebruik soos 'n Europese leër dit sou doen en byna glad nie guerrillametodes van oorlogvoering toepas, soos 'n mens sou verwag, nie. Onder ander omstandighede is alles in hulle handelswyse onbeperk en keer geen afstand wat afgelê moet word of die feit dat hulle 'n klein mag is hulle nie. Gesterk deur die gedwonge onbeweeglikheid van hulle opponente, waak die Boere, van nature maar traag, oor hulle loopgrawe en verwaarloos verkenning feitlik heeltemal. Dit is waar dat hulle 'n paar manne het wat op hulle eie verantwoordelikheid strooptogte op die veestapels uitvoer wanneer die troepe naby die Engelse linies kom, maar hulle is meer oor die buit as oor die vyand se bewegings begaan. Die Engelse is egter so dooierig dat ons byna wanhoop om hulle iewers te sien ontwaak. Januarie is verby. Lord Roberts is al reeds drie weke hier en het nog geen sigbare teken van sy bevelsoorname gegee nie. Inderdaad het hy gevind dat sy troepe gedemoraliseer en lede van die staf in onguns is. Uit die sametrekking van sy troepe moes teen hierdie tyd 'n aanduiding van sy plan geblyk het en tog is niks baie duidelik nie. Die roete Colesberg-Bloemfontein is nietemin so onontbeerlik dat hy die een of ander tyd 'n beweging sal waag wat moontlik reeds deur die Engelse uitgevoer sou gewees het, indien hulle vroeër daarmee 'n aanvang geneem het.

XX

30 Januarie. Verandering van kamp. Ons het afskeid van generaal Cronjé geneem om na generaal du Toit se kamp by die Kimberleyse waterwerke te gaan. Die rit was vir sowel ons as ons perde vermoeiend. Met ons aankoms is ons uitgenooi na 'n verruklike kampplek tussen bome wat kwyn omdat hulle nie meer natgelei word nie, maar nog genoeg skaduwee gooi en wat oorkant 'n groot dam vol helder water is. Ons is hartlik verwelkom.

31 Januarie. Besoek Kamfersdam te voet. Dit is die enigste wyse om ons perde te laat rus. My perd sleep een van sy agterbene op 'n sorgwekkende manier en het so maer geword dat hy haas onherkenbaar is.

Die opstel van die Long Tom behoort 'n beduidende uitwerking te hê. En dit sal goed wees, want dit kom my voor asof die Boere doodbang is vir alles wat ontplof. Gister het hulle gesê dat die paaie wat na Kimberley lei met dinamiet gemyn is. Met gister se aankondiging dat die Engelse besig was om te skiet, is ek byna omgestamp in hulle stormloop om skuiling te soek, hoewel hulle reeds agter die skagtoring van die myn en in 'n gebou was. Om van hulle te vra om 'n aanval te loods of om hulle selfs aan die matige risiko's van 'n nagtelike aksie bloot te stel, lyk vir my toenemend onmoontlik. Die waarheid is dat daar onder die Boerekrygers dapper manskappe is en dat dit altyd hierdie manskappe is wat sneuwel, maar die meerderheid sal in die teenwoordigheid van gewisse doodsgevaar sonder borswerings, koppies en ander vorme van beskerming tussen hulle en die vyand papbroekig optree. Neem hulle perde en die koppies weg en die Boere sal doodgewone soldate wees. Die klimaat hier beperk aktiwiteit. Dit vereis 'n groter poging as in Europa om dieselfde resultaat te behaal. Loop is moeilik, 'n mens se bene word swak. Fisieke arbeid kan nie sonder baie wilskrag verrig word nie. Daar is 'n fisieke laagtepunt wat 'n mens nie kan ontken nie. Die gevolg daarvan is dat die Boer rus nadat hy 'n poging aangewend het en sy hele lewe weifel tussen ietwat uitputtende reise en rus, sit of lê, met 'n gees so kalm soos die liggaam self. Fisieke arbeid word dus outomaties om hulle uitgevoer. Die swartes neem die beeste veld toe en bring hulle terug, plant en oes die mielies. Slegs 'n paar nonchalante bevele gee uitdrukking aan die wil van die heer en meester.

Die voedsel is gesond en eenvormig. Dit bestaan uit 'n stuk beesvleis wat gekook of in botter in 'n kastrol gebraai is, maar altyd vir lank verhit word om gaar te word, 'n skottel rys en nog 'n skottel met aartappels en wortels, alles baie smaaklik voorberei. Die Boer sal nooit aartappelskyfies eet nie, want dit sal beteken dat hy die pan moet vashou en die skyfies moet omdraai, wat vermoeienis sal veroorsaak en 'n besluit of hulle behoorlik gaar is of nie, sou verg.

Hy klee hom sonder enige poging tot elegansie in 'n klaargemaakte pak met kruisbande om die sakkerige broek bo te hou. Enige soort stewels en 'n gekleurde hemp rond die uitrusting af, waarvan 'n kenmerk is – of dit nou nuut of oud is – dat dit altyd vuil lyk. Hy slaap met sy broek en kruisbande, want so kan hy vinniger en met minder moeite aantrek.

Die Boer maak van natuurlike dinge gebruik sonder om dit in die geringste mate voor te berei of te verwerk. Hy eet rou vrugte, of as hy dit wil bewaar, maak hy dit in die son droog. Die ingelegde vrugte en die konfyt wat in die Kaap of Natal gemaak word, is so 'n mengelmoes vrugte, klam suiker en heuning dat dit my aan aptekersmolasse herinner. Alles groei in die tuine, maar omdat die Boer nie aandag daaraan skenk nie, is alles maar so-so. Die artisjokke is draderig, ertjies is grof, spinasie geel en rape houterig.

Natuurlik kan alles met aandag in orde wees, maar die Europese tuinier kan hier nie soos in Europa werk nie en moet hom op die swartes verlaat. Ek het reeds in 'n mate 'n aanduiding van my siening van die nut van swart mense gegee.

Die Boer kweek enigiets wat hy vir sy eie verbruik nodig het. Hy drink sy dik- of vars melk, eet sy vleis vars of gedroog, bak sy eie brood, koekies en pannekoeke en oes die produkte van sy tuin, ryp of groen.

Die Boer is gelukkig in sy kommerlose ledigheid, mits hy sy koffie, pyp en tabak het wat op sy eie grond verbou word. Hy bly tuis, sit of hurk neer met sy oog op die pad, op die uitkyk vir 'n reisiger met wie hy 'n geselsie kan aanknoop, laat alles aan sy vrou oor, wie se skerper verstand dikwels vir hom dink. Tyd bestaan egter nie in hierdie vrye lewe wat slegs aan gemak ondergeskik is nie, net so min as die prikkel om 'n geleentheid aan te gryp wat op die punt is om verby te gaan. Die Boer stel 'n besluit onbepaald uit. Gestel hy gaan jag, dan doen hy dit sonder haas. Die helfte van die dag is verby met 'n geklets voor hy vertrek. Wanneer hy vertrek, is dit slegs uit dringende noodsaak. Jag is vir hom eerder soos die oorstap na die Liewe Vader se slaghuis as 'n sport. Die Boere is lief vir hulle diere. Hulle bekyk hulle met 'n liefderyke blik. Wanneer hulle teen die aand van die weiveld af terugkom, tel die Boere hulle met een oogopslag. Hy herken hulle sonder om ooit 'n fout te maak. Dit is hulle rykdom wat gedy en groei sonder dat iets haper, of wat soms tot die groot migrasies lei waarvan die Boere hou, wanneer die wa – in die lig van hulle traagheid en om 'n verandering teweeg te bring in die eentonigheid van hulle bestaan – 'n reisende huis word.

Ek weet nie of die Boereseuns 'n smaak vir skryf en wetenskaplike aangeleenthede sal aanleer nie, maar as dit die geval is, sal hulle nie meer Boere wees nie. Die kenmerk van die nadenkende wese – in homself gekeer, eenvoudig en eerlik teenoor dit wat hy begryp – is om die ingewikkelde en lastige oorbodighede waaruit ons lewens bestaan, opsy te skuif. Vreedsame en vertroude tradisies en gebruike – die onbetwiste heerskappy van die moeder van die huis – wyk voor die sorge en kwellinge waarmee ons graag ons lewens vul. Familiebande word dan verbreek weens verskille in geaardhede en gewoontes. Sou beskawing op hierdie uitgestrekte land neerdaal, sal dit sy taak soos elders verrig. Dit sal die land se geloof en praktyke verwoes. Dit sal alles neem wat die land bied en dit – in ruil daarvoor – met die ontnugtering van suksesvolle volkere laat.

Wat die burger die allermeeste troetel, is die feit dat hy absoluut vry is en dat nóg sy buurman, nóg die regering hom aan bande lê. Hy is sonder twyfel vry, maar slegs op voorwaarde dat hy hom, soos sy buurman, soos 'n burger gedra soos sy godsdienstige en politieke verordeninge voorskryf. Hy is vry op voorwaarde dat hy eerlik leef, vroom is, voortdurend in kontak met sy predikant is, sonder om ooit met begerige oë na sy buurman se vrou te kyk. Hy is vry op voorwaarde dat hy hom onthou van sterk drank en drinkplekke, argumente en bakleiery vermy. Vra baie beskaafde mans of hulle hul vryheid vir dié van die Boere sal ruil. Die ergste sedelike beperking vir 'n man wat verbode vrugte geniet het, sal wees om hom huigelagtig in die lewe van die Boer te berus.

Die ontstellendste onderdrukking kan voortspruit uit eenvoudige hartstog in hierdie land wat van liefdesverhoudings ontdaan is of wat sulke verhoudings minstens slegs onder geoorloofde voorwaardes toelaat. Die Boer is derhalwe vry om te maak soos hy wil, maar uit 'n ander oogpunt is hy ook nie. Wanneer hy so vry word, sal hy ophou om dit op 'n oorspronklike wyse te wees. Dit kom daarop neer dat menslike gebondenheid die mens hier inhaal in watter rigting hy hom ook al draai.

XXI

1 Februarie 1900. Ek het vanmôre gaan stap, my oë op Kimberley gerig, terwyl ek die mynhope getel het wat – in kunsmatige koppies herskep – 'n grys fyngetande grondrif vorm wat die dorp rugsteun. Ek was veral in twee myne aan die noorde- en suidekant geïnteresseerd, waarvan die besit ons in staat behoort te stel om die noodlydende dorp nog digterby te omsingel. Sodanige gesigte waarmee die verbeelding hom met die oog op 'n aanval besig hou, word met groeiende geesdrif interessanter. Ek is seker dat indien die Boere my raad volg, die lot van Kimberley in die Boere se hande sal wees. Léon, wat my sienings aan die krygsraad sal oordra en tolk, stem volkome met my saam oor die wyse waarop die aanval uitgevoer moet word, wat as gevolg van die aankoms van die Franse offisiere met die Long Tom 'n bykomende kans op sukses het. Ek reken daarop om as voorbeeld saam met hulle te marsjeer. Op dié wyse sal 'n vars blom by die roem van Frankryk gevoeg word. Om Kimberley te verower en die gesig van die Napoléon van die Kaap[35] te sien, dronkgeslaan deur hierdie Boere wat hy gedink het met een slag volledig uitgewis kan word, sal 'n buitengewone genoeë wees. Ek wag derhalwe met ongeduld op Saterdag en hierdie gesig van Kimberley wat so stil is, het 'n onweerstaanbare aantrekkingskrag vir my.

Ek het saam met generaal Du Toit 'n verkenningstog onderneem. Hy het my gedagtes oor 'n dubbele aanval met sy troepe aanvaar – een vanaf Kamfersdam en die ander een vanaf 'n punt by sy oorkantste loopgrawe – terwyl generaal Kolbe sy manskappe na oorkant die Engelse fort sal laat opruk en sy kanon daar sal opstel. Hierdie beweging sal ná die bombardement met die Long Tom uitgevoer word. Ek en die offisiere sal die kolonne na Kamfersdam lei. Ons sal in die verowerde stellings oornag. Teen dagbreek die volgende dag

---

35 'n Verwysing na Cecil John Rhodes wat ten tyde van die beleg in Kimberley was.

sal ons verder opruk, terwyl die Long Tom die dorp bombardeer. Hierdie aanval sal die vorige dag of die oggend voorafgegaan word deur 'n skynaanval by die noordelikste myn wat die Engelse regterkant na die westekant aandui.

Ons wag tevergeefs op Sternberg wat deur Cronjé opgehou is, wat beweer dat hy vóór Kimberley 'n aanspraak op die kanon het omdat lord Roberts by die Modderrivier aangekom het. Deksels!

2 Februarie. Ek en Léon het die myn verken wat vir die skynaanval gekies is. Ons het onverskillig nader aan die Engelse voorhoede gegaan en is gevolg deur hulle berede troepe, op wie die Boere geskiet het. Alles het goed afgeloop. Ons het die namiddag saam met mevrou Kolbe, mejuffrou Pretorius en die vrou van 'n Protestantse predikant deurgebring. Laasgenoemde dame is in haar hart terdeë Boer en baie interessant. Ons het vir hulle en die generaals tee aangebied. Ligte uitrustings en aantreklike gesigte was ligpunte wat strelend met ons toiingrige uniforms gekontrasteer het.

3 Februarie. Iets oor 'n kanon. Generaal Cronjé het die afgelope drie dae boodskap na boodskap gestuur om die Long Tom aan sy regterkant by die Modderrivier te hê en het pas die beslissende stap gedoen. 'n Rapportryer is na die kanon gestuur met die bevel dat dit van rigting moes verander.

Ons het vanmôre krygsraad gehou en dit wil voorkom asof die krygsraad positief teenoor my aanvalsplan is.

Léon het 'n rapport aan generaal Joubert gestuur waarin alle verantwoordelikheid vir die oprigting van Cronjé se stellings ontken word, want met die hoofbevel soos dit hier gevoer word, sal die kanon nutteloos daar staan of gebuit word as dit werklik daarheen geneem word. Dit is 'n kwessie van slegs een kanon; maar as daar net vier van die model is en as die bewapening van Pretoria se forte van hulle afhang, en as hulle deur die vegtendes met bygeloof gerespekteer word, moet 'n mens minstens besef dat hulle nie willens en wetens blootgestel behoort te word nie.

Generaal Cronjé se idee is om so sterk moontlik te wees wanneer hy aangeval word. Sy aannames oor wanneer die komende aanval sal geskied, is egter uiters vaag. As die aanvalsplan op Kimberley Maandag uitgevoer is, sou die dorp reeds Dinsdag in ons hande gewees het en 4000 Boere sou vir 'n ander militêre onderneming beskikbaar gewees het. Hulle sou vir Cronjé se bevele beskikbaar wees indien aangedui word dat manskappe nodig is.

Dit was net 'n vals gerug. Die Long Tom kom oor Boshof en kan nie van sy roete weggedraai word nie. Dit is slegs vertraag en sal Maandag hier wees. Vanoggend het Léon ons plan aan die krygsraad verduidelik en gelukkig is dit eenparig aanvaar. Al die burgers se stellings sal nader gebring word en as ons saam met generaal Du Toit marsjeer, sal hulle verplig wees om ons te volg. Ek is bly dat ek hier hulle eerste optrede kan bied aan die Franse offisiere wat onlangs aangekom het. As ons met die operasie slaag – waarvan ek seker is – sal die Franse kanonne en dapperheid hier die slag geslaan het. Die reël moet hier wees om nie sake te verhaas of natuurlike omsigtigheid in die wind te slaan voor enigiets aangepak word nie.

As ons slaag, sal die Engelse magte weer die Modderrivier aanval en in geval van 'n mislukking definitief terugtrek. As hulle terselfdertyd as ons hier aanval en die gebruiklike lot hulle tref, sal ons soveel gouer die oorwinning behaal. Die plan van die Boere – en 'n aanvang is reeds gemaak om dit tot uitvoer te bring – is om by hulle volksgenote in die Kaap aan te sluit deur om die Engelse magte te trek. Tweehonderd burgers het reeds met twee kanonne en ammunisie na die weste vertrek om by die Boere van Prieska aan te sluit, wat gewapen maar sonder patrone is en om hulp gevra het. Hierdie beweging kan in die algemeen tot 'n opstand in die Kaap lei, wat die einde van die Engelse sal beteken. Maar wat hulle ook al in die toekoms doen, daar is nou vrede in Kaapstad en soos president Steyn dit so goed by Ladysmith gestel het: Dit is alles of niks nie – 'n kwessie om die hele Suid-Afrikaanse ryk terug te vat en met Albion se hooghartigheid en geveinsdheid klaar te speel.

Vandag was dit 119 grade[36] in die skaduwee.

---

36 119 °F, ongeveer 45 °C.

4 Februarie. Sondag, 'n rusdag. Bloedig warm.

5 Februarie. Wag met koorsagtige afwagting op die kanon. Sternberg het teen twaalfuur met 'n privaatsekretaris van generaal Cronjé gearriveer. Teen vieruur het ons ons perde bestyg om die Long Tom tegemoet te ry. Tien myl verder was daar geen teken van die kanon te bespeur nie! Inligting oor watter verskillende moontlike roetes dit kon gevolg het, was ontmoedigend. Ons aandete vir die Franse offisiere was 'n vermorsing. Niks het in die loop van die nag gearriveer nie. Hierdie kanon word 'n mite, tensy dit met sy ammunisie en geleide by Kimberley aangekom het.

6 Februarie. Die Franse offisiere wat die Long Tom vergesel het, het uiteindelik gearriveer. Hulle het vir my aanbevelingsbriewe gebring, en by gebrek aan enige iets anders, nuus uit Frankryk. Léon gaan die kwessie van die kanon afhandel. Ons het 'n gesprek met die landdroste, generaals Du Toit en Kolbe gehad. Ons het reëlings vir aandete en verblyf vir ons gaste getref. Met Sternberg se voorrade en dié van Cronjé se privaatsekretaris is ons so goed soos in 'n hotel gehuisves.

Ons het saam met Sternberg na die oprigting van die Long Tom by Kamfersdam gaan kyk. Onder 'n romantiese hemel waaruit van tyd tot tyd groot reëndruppels neergeplof het, was daardie massa manskappe, beeste en perde wat staan, slaap of agter die myn rondmaal uiters interessant. Hulle was besig om aan die platform te werk. Die Boere het stil-stil met ruwe klip verbygekom. Die oprit en die platform is sorgvuldig versteek en beskerm. Ten spyte van die Engelse soekligte is die taak ongemerk uitgevoer. Terwyl ons op die sakke grond van die borswering gesit het, het ons ons bedenkinge gehad oor die helder ligstrale wat gesoek het na die voorwerpe wat hulle moes aanwys.

Groepe Boeremanskappe het hulle stellings by verskillende punte nader aan mekaar gebring. Nietemin was alles stil en het dit voorgekom asof die vyand soos gewoonlik aan die slaap is. Slegs hulle twee groot helder oë het aanhoudend oor die vlakte gespeel. Met ons terugkeer het hulle skitterende strale ons belig en ons byna rasend gemaak deur hulle volharding.

7 Februarie. Om elfuur het die Long Tom vuur geopen. Ek het daarvandaan weggegaan om toesig te hou oor die voorbereiding van die maal vir ons gaste wat nog by die myn was. Vanoggend was daar oorkant die stelling 'n lang ry swartes wat nader gekom en gehalt het met 'n wit vlag bokant hulle koppe. Hierdie uitgehongerdes, mans en vroue, was 'n vreemde gesig met hulle sambrele en klere versier met klatergoud aan hulle groteske lywe.

Teen die namiddag het die bombardement opgehou en het die platform effens opgebreek.

8 Februarie. Die platform is die oggend herstel. Die namiddag het die Long Tom 'n uitstekende vuur gehandhaaf; in die besonder deur 'n ammunisiemagasyn te vernietig.

Sternberg het na die Modderrivier teruggekeer. Die laers moes ruiters stuur om 'n heuwel by Koedoesberg te herower wat deur vyfhonderd Engelse beset is. Dit behels 'n rit van drie uur van hier af en dreig om Cronjé se regterkant af te sny.

XXII

9 Februarie. Kimberley. Tussen besluit en aksie. Die volgende kan die verhaal van 'n mislukking wees:

'n Uitstekende plan is met die oog op die koms van die Long Tom-kanon beraam. Hierdie kanon het – ná sy herstel van die gevolge van die Engelse skietkatoen – soos 'n wonder op die toneel verskyn. Ons het baie, baie hoop op hom gevestig. Hy moes, soos 'n lewende mens, op die vasgestelde uur die trein met sy bygaande ammunisie haal, omring deur 'n uitgesoekte groep manskappe en benewens 'n geleide van Franse offisiere wat onlangs gearriveer het, is aflosspanne osse, danksy die bedrywigheid van landdroste, met tussenafstande langs sy roete geplaas.

Sy teëspoed het ongelukkig van meet af aan begin, soos in die geval van daardie mense wat geen voorspoed ken nie. Eerstens was sy kanonniers nie by die stasie nie. Hulle het in die arms van hulle vrouens gebly en van die vroeë oggend se vertrek vergeet. Toe is op pad – die omhelsings uiteindelik agter die rug – agtergekom dat bepaalde items van sy toerusting ontbreek. Uiteindelik kon hy by Brandfort met sy reis begin met daardie Boerewysheid waarvoor hy nie gemaak is nie, maar wat die klimaat en die omstandighede aan toevallige aankomelinge oordra.

Aangesien hy in die loop van die dag nie ver beweeg het nie en snags onaktief was, het dit aan ons al die geleentheid gebied om sy werkverrigting op die sanderige grasvlakte uit te toets en te vergelyk met sy vertoning op die rotsagtige koppies waar die Natalse luggie sy loop gestreel het. Vir die osse wat in die weiveld gelaat is, was dit nie vermoeiend nie. Die Boere het hierdie stadige trekkery tot hulle voordeel gebruik deur plase waarby hulle hier en daar verbygegaan het, asook waterbronne, te besoek. Alles het dus voorspoedig gegaan met die karavaan wat – wanneer hy toevallig beweeg het – pronkerig en tevrede voortbeweeg het, sy vooruitgang deur die kwartiermeester gereël.

Hierdie man was besete deur musiek. Hy het óf verskriklike klanke met 'n trompet óf vreeslike kreune met 'n flageolet voortgebring. Wanneer hy dit gestaak het, het hy die onvernietigbare miershope met rewolwerkoeëls vol gate geskiet. Maar waarmee hy hom ook al besig gehou het, hy het die konvooi vermaak, waarvan die trae pas geen opwinding ingehou het nie. Daar is beplan om op Vrydag te arriveer, maar dit het nie voor Dinsdagnag gebeur nie, nadat ons reeds opgegee het om dit te verwag.

Léon se aktiwiteit het geval soos 'n vonk tussen hierdie swak Boerewilskragte – golwend en buigend soos die lang groen stingels wat in hierdie land daardie inherente traagheid het as gevolg van die onbeperkte lig en nimmereindigende son.

Hulle gesigte het eers verhelder, maar Boere-apatie het dit gou gesmoor. Na 'n nag van koorsagtige bedrywigheid by die Kamfersdammyn het die knielende werkers op die arduinklippe aan die slaap geraak; het die grond onder die platform weggesak; het mense mekaar in die donker misverstaan en moes daar met daglig met die werk oorbegin word.

Die Long Tom was eers teen ongeveer twaalfuur in plaas van vroeg die oggend, soos almal verwag het, gereed en sy eerste paar skote was nie eintlik kolskote nie. Bowendien het etenstyd en die middagslapie gou ingemeng.

Dié aand met die voortslepende stilte is ons meegedeel dat die platform effens gesak het en dat die werkers dit as verskoning gebruik het om op te hou werk. Die generaal het dieselfde gedoen deur die gevegshandeling af te gelas. In die laers was groot tevredenheid by die aankondiging van hierdie opskorting van militêre optrede. Die predikante het daaruit voordeel getrek en spoedig het die psalms tussen die koppies weerklink. 'n Predikant het die Heilige Woord tot Kamfersdam gebring en die vegtendes het ingenome met die teenwoordigheid van hierdie man van vrede agter die Long Tom bymekaargekom.

Die Engelse, wie se oomblik dit was en wat as 't ware deur die proefskote van die Long Tom – hoe beskeie hulle ook was – uitgenooi is om hom te beantwoord, het dadelik 'n hewige en baie akkurate vuur geopen. Die predikant het met die eerste granaat die heuwel af die hasepad gekies en sy toehoorders het hom boonop sonder meer in die steek gelaat en skuiling gesoek. Hulle het 'n aantal kleiner skokke beleef – wat opgewek die hoof gebied is – toe die eerste granate agter Kamfersdam verbygetrek het. Die granate het egter nader en nader aan die koppie geval en uiteindelik het een van hulle met 'n onheilspellende gekraak deur die steierwerk gebars en die hele struktuur tot in sy basis geskud. Daarna het sand en klip op die nou verlate platform gereën tot die Boere-artilleriste van hulle besware teen die platform vergeet en ewe lewendig op die vuur wat om hul koppe gevlieg het, begin antwoord het. Aan beide kante was dit 'n nuttelose vermorsing van ammunisie. Aangesien hierdie uitslaglose gevuur op geïsoleerde grofgeskut egter vir albei kante nie sonder waarde gelyk het nie, het die twee kante beide met 'n tevrede hart gaan eet.

Die volgende oggend, 8 Februarie, is die platform, skerm en basis stelselmatig versterk. Die steierwerk is onder vasgemaak, 'n skuiling vir die projektiele is gebou en in die middag het die Long Tom – stewig opgestel – sy geleerde betoog voortgesit. Nadat hy die stad toegespreek het, was hy so welsprekend dat hy 'n wapenopslagplek aan die brand gesteek het, wat te midde van donker rookwolke ontplof het. Dit was die aangewese tyd om die plan van die krygsraad om Ottoskoppie aan te val ten uitvoer te bring. Die kanon het sy werk gedoen, die ligte geweer kon met syne begin. Die Boeregeneraals wat nie vir oorlog in die wieg gelê is nie, het egter die geleentheid deur hulle vingers laat glip. Hulle versigtigheid het allerlei vertragings veroorsaak. Hulle het niks bespreek nie en sake tot die volgende dag uitgestel. Nietemin het generaal Ferreira die kampe besoek. Hy was waarskynlik ingelig oor die goeie diens wat die Long Tom verrig het en dat dit in die lig van die goeie begin, raadsaam is om daarmee voort te gaan.

Op die negende is die Long Tom sonder onderbreking, behalwe om hom te beklim, gedwing om voluit op lang afstand te skiet. Die granate het oor die amfiteater van die stad gevlieg, op grootse wyse in die regte plekke ontplof en selfs tussen die troppe vee geval wat van die weiveld af teruggekeer het. Kortom, dit het uitstekende werk verrig. Maar die bevelstruktuur het daardie dag ongewone aktiwiteit getoon! Honderd ruiters is uit die laers onttrek om as langafstandtaakmag 'n spesiale diens te gaan verrig. Die generaals het met groot nadruk hieroor gepraat, asof die kampe skielik leeg was, terwyl dieselfde kerklike liedere weerklink het, dieselfde kombuisvure gerook het en hulle met dieselfde vreedsame lewendigheid gegons het. Toe is geheimsinnig gefluister dat hierdie ruiters sou terugkeer en dat miskien môre … Ag ja, hier is dit altyd 'n kwessie van môre, die onverbiddelike reël van wag, wag wat Europeërs wrewelrig maak. Môre breek egter nooit aan nie. Dit verg 'n bepaalde Transvaalse ervaring om onverskillig teenoor hierdie geleenthede te staan.

In hierdie besondere geval het môre deur die toedoen van die Engelse egter met die gebeurtenis ooreengestem. Die bevelstruktuur het allesbehalwe die Engelse onthou. Hulle het ons laer met hulle grofgeskut bestook om die bombardement van die Long Tom wat die stad te veel verontrief het, weg te keer. Knap skuts wat in loopgrawe wat in die nag gemaak is, opgestel is, het ons kanonniers onder 'n laaste koeëlreën laat deurloop. Die arme Long Tom – staatmaker van Creusot – het alles wat van hom verwag is, gedoen en het hard geblaf en diep gebyt, maar om op te tree sonder die meewerking van leiers wat nie sy intelligensie het nie, sal sy verskyning hier van korte duur maak.

Die kanon het aanhoudend op die stad gevuur en indrukwekkende resultate behaal. Steeds het die Boeregeneraals verseg om te marsjeer. Weens hulle onverskilligheid was dit ongetwyfeld 'n geleentheid wat verlore gegaan het. Die Engelse het ons laer gebombardeer en dit het 'n predikant se vlug veroorsaak.

XXIII

10 Februarie. Die Engelse kanon het voortgegaan om ons kamp te bombardeer. Hulle het probeer om die vuur van die Long Tom wat hulle in die stad gepla het, af te weer deur middel van infanterie-loopgrawe op die vlakte tussen Ottoskoppie en die Cecil-kanon wat op 1600 tree 'n uiters irriterende vuur op ons kanonniers laat neerreën het. Hulle wou klaarblyklik met ons kanon klaarspeel. Generaal du Toit was nêrens te vinde nie. Hierdie Boeregeneraals is regtig baie eienaardig wanneer hulle nie oor militêre instink beskik nie; hulle deins voor gebeure terug soos wat hulle begeerte tot selfbehoud hulle 'n kanonkoeël laat ontduik. Toe ek hom die gister na sy planne van aksie gevra het, het hy geantwoord dat hy vandag by Kamfersdam 'n afspraak met die bevelvoerder het om met hom daaroor te beraadslaag. Hulle moet altyd met 'n buurman beraadslaag en dit is altyd die buurman wat weier om te marsjeer. Ek beskou dus my plan as bederf, ten spyte van 'n telegram van Bilse, generaal Ferreira se adjudant, waarin ek versoek word om my vertrek uit te stel en wat my, namens generaal Kolbe, vir Maandagaand manskappe belowe. Ek sal Dinsdag vertrek, want die manne sal nie beskikbaar wees nie.

Ek het die dag by die Long Tom deurgebring. 'n Paar koeëls het verbygefluit. Die dag se vuur op die stad was goed. Dit is om nege-uur hervat en om middernag gestaak omdat dit Sondag was – met 'n skoot wat elke ses minute afgevuur is. Generaal du Toit was op die toneel en het gedoen wat hy kon. Volgens die nuus uit Kimberley veroorsaak die vuur op die stad groot konsternasie onder die bevolking, wat ernstige verliese gely het. Hulle voorspel dat die weerstand nie meer lank volgehou sal kan word nie. Die Boere behoort daarom die voltrekking te verhaas, maar ek vrees dat dit te laat sal wees.

11 Februarie. Sondag, 'n rusdag.

12 Februarie. Die Engelse het vandag op ons laer geskiet, die granate het loodreg geval. Min Boere het oorgebly, want hulle was in die loopgrawe wat hulle ondanks hulle eerbied vir Sondag gemaak het.

Nadat ons perde gestuur is om te gaan wei – want ook hulle was aan die Engelse vuur blootgestel – het ek na die Kamfersdam gestap.

Ons jong Franse het die vuur in die loopgrawe gaan besigtig en heeltemal van hulle perde vergeet. Léon het te perd voor my na die Long Tom gegaan. Ek het hom daar vol geesdrif aangetref. Die Engelse geweervuur was so hewig dat ek by die aanvang van die staptog my landgenote aangeraai het om hulle gewere saam te neem. Behalwe vir die kanonniers was die enigste persone wat teenwoordig was ek, Léon en generaal Du Toit. Heelwat van die koeëls het rakelings by ons verbygetrek. 'n Kwartpintbeker wat ek op die sandsakke neergesit nadat ek daaruit gedrink het, is byvoorbeeld versplinter. Waag dit om jou kop net effens bo die wal uit te steek en jy word onmiddellik met 'n sarsie koeëls begroet wat regs op die hout en yster van die tuimelende steierwerk vasslaan en links 'n eenvormige fluit voortbring voordat dit die koppie se agterkant bestryk. Die kanon het onophoudelik die voorstede van Kimberley bestook tot nut van die inwoners wat hulle toevlug daarheen geneem het.

In 'n stadium het hy 'n hewige vuur veroorsaak. Léon het aan my gesê: "Oor drie dae, as ek brandbomme ontvang het, sal daar met elke suksesvolle skoot 'n brand uitbreek."

Hy het weer van regs af teruggekeer waar hy oor die borswering gekyk het wat die gevolge van die skoot was, terwyl ek van links af teruggekeer het. Ons was besig om na mekaar toe te stap en was feitlik bymekaar toe ek hom skielik sien steier, omdraai en met sy rug teen die Long Tom val. Ek het nader gehardloop en sy rug ondersteun. Hy het 'n dik stroom bloed opgebring. Alles het sonder 'n woord gebeur. Niemand het dit gesien nie en ek was verplig om die kanonniers te roep om my te help. Ons het hom na die wapenopslagplek gedra. Daarna het ek die hospitaaldokter twee uur van ons laer af getelegrafeer en die swart seun wat Léon se perd vasgehou het, beveel om na ons kamp te jaag om die mediese offisier in bevel van die veldhospitaal te gaan haal. Intussen het ek die ongelukkige kameraad – vol bloed – ondersteun, sy hande gedruk en is tot trane beweeg by aanhoor van al die afskeidsboodskappe wat hy tot ons almal gerig het. Die bloed het my verhinder om die toestand van die wond te beoordeel. Al wat ek kon sien, was 'n gat. Die koeël het blykbaar af beweeg en aan die onderkant van sy keel bly sit, want hy het gekla dat hy daar baie pyn verduur.

Sy stem was nog dieselfde, sy verstand helder en sy polsslag wisselend maar betreklik reëlmatig.

Nogtans het die frekwensie waarmee hy herhaal het dat hy besig was om te sterwe, die geelheid van sy gelaat en sekere senutrekkings my in die grootste angs gedompel.

Ek is diep getref deur die lot van hierdie merkwaardige skrander en energieke jong man wat sy vindingrykheid sonder sukses in Lourenço Marques en Johannesburg aangewend het en hier deur die noodlot toegelag is. Hy was nie hier as vegtende manskap nie en tog het hy as die aktiefste en bruikbaarste van al die vegtende manskappe opgetree.

Hy het dit van sy moeder weerhou dat hy aan die front was, sodat sy nie bang sou word nie, en het sy briewe aan haar na Pretoria gestuur vanwaar hulle herversend is. Hy was oormatig toegeneë en bedagsaam teenoor my; knap, maklik om mee saam te leef, 'n waarderende gespreksgenoot, taktvol, regverdig en met edel gedagtes.

Hy was bo alles hartstogtelik Frans en wat hy hier gedoen het om die handel en nywerheid van ons land hierheen te trek – al was hy nie in staat om die roetine van die Boere te bowe te kom nie – verdien slegs die erkentlikheid van almal wat Frankryk steeds groter en stralender wil sien. Léon se bydrae tot die verdediging van Transvaal sou aansienlik gewees het. Die Engelse koeël wat hom getref het, het nie die verkeerde man neergevel nie.

Die dokter het gou opgedaag, maar dit het vir my gevoel of ek vir ewig wag. Léon is op 'n draagbaar na agter die myn gedra. Daar is na die beste van die dokter se mening bevind dat die koeël deur die voorkop bokant die slaap is, sonder dat dit die brein geraak het. Die gewonde is daarop na generaal Du Toit se laer gedra waar dokter

Dunlop van die hospitaal was. Uit sy ondersoek het dit geblyk dat die wond baie ernstig is, dat die koeël die brein beskadig het en been van die voorkop versplinter het. 'n Operasie was noodsaaklik, maar dit kon slegs in 'n hospitaal uitgevoer en ek wag nou op sy vertrek. Ek het die droewige nuus aan presidente Kruger en Steyn asook aan generaal Joubert en Grunberg getelegrafeer. Ek het generaal Du Toit versoek om aan generaal Kolbe te telegrafeer dat as hy steeds staan by die aanbod van 50 Boere om 'n aanslag op Ottoskoppie te loods, hy hulle teen sesuur na Kamfersdam kan stuur. Hoewel die aanval ses dae te laat en onder minder gunstige omstandighede is, is ek vasbeslote om dit te probeer.

13 Februarie. Granate het aangehou om op ons kamp te val en het die aandete van twee gaste versteur. Die platform van die Long Tom is so onherbergsaam soos voorheen. Vanmiddag het 'n telegram van Léon my na sy bed by Riverton ontbied. Ek het teen sonder gearriveer en hom steeds onder verdowing aangetref. Die operasie het tot na elfuur die aand geduur.

14 Februarie. Ek het vanmiddag 'n gesprek met Léon gehad wat heeltemal helder is en geen tekens van koors toon nie. Die dokter sê dat hy gered is en selfs nie sy oog sal verloor nie. Met dat ek De Courtenay, D'Etchegoyen en Michel by Riverton gelaat het waar hulle oornag het, en omdat gerugte die ronde gedoen het dat De Kertanguy en twee ander kamerade met 'n wa weg is, het ek teruggekeer. Terwyl ek my wa saam met Coste – wat ek benewens De Bréda agtergehou het – gestuur het, het meneer Bosher en nog een van ons landgenote opgedaag, net betyds vir my om van hulle afskeid te neem.

Die reis tot by die laer van Kolbe was in 'n hewige storm. Ons was tot op die vel deurweek. Die nag was baie stormagtig.

XXIV

Cronjé se terugtrekking

15 Februarie. Ek het as gevolg van 'n verlore perd alleen vertrek. Gevolglik sal die wa met 'n tekort aan twee swart bediendes – een wat agtergebly het om die perd te soek wat weer gevind is, en 'n ander een om die perd te bring – my eers by Scotch Farm inhaal.

By Scotch Farm is ek op bewonderenswaardige wyse deur die werklike eienaars ontvang, en by die Nederlandse veldhospitaal deur die dokters en verpleegsters by wie ek De Bréda aanbeveel het. Ek het hom met die wa agtergelaat en weer saam met Coste vertrek. By my aankoms by die telegraafdiens het ek verneem dat die hooflaer sy posisie verander het, dat die Engelse die afgelope drie dae aangeval het, die Modderrivier oorgesteek en Kimberley bedreig het. Ek het my vorentoe gehaas en nadat ek die kamp bereik het, bevestiging van hierdie slegte nuus ontvang deurdat 'n selfs donkerder prentjie geskilder is. Ek het my oor my wa bekommer en het gevolglik saam met die generaal se twee sekretarisse, Coste en meneer Lefranc, 'n uitgetrede offisier, vertrek om die ware toedrag van sake te gaan vasstel. Die twee sekretarisse het my met hulle voorsorgmaatreëls baie tyd laat verloor, want die Boere weet hoe om uitvlugte te soek. Ek vermoed die Engelse het 'n voorhoede op die twee oewers van die Modderrivier. Dit het vir my nie ernstig genoeg gelyk om my te verhinder om die wa te ontbied nie. Aangesien die Engelse klaarblyklik van voorneme is om by Kimberley te kom, reken ek dat die troepe van die hooflaer echelonsgewys na agter die Kimberley-roete moet terugtrek na 'n goeie stelling wat die terrein beheers. Bowenal moet die hele linkerkant van die verdedigingslinie ontruim word ooreenkomstig 'n plan wat ek besig is om op te stel, aangesien dit op so 'n wyse oorvleuel dat sy stellings 'n echelon sal toon.

Tydens my eerste gesprek met generaal Cronjé het ek hom gewys op die gevaar waaraan sy linkerkant blootgestel is. Hy wou dit egter nie erken nie en het volgehou dat 'n aanval deur 'n klein Engelse korps sal meebring dat dit gevang sal word en dat 'n groot Engelse mag nooit die spoorlyn sou verlaat nie. Hy was egter van mening dat sy regterkant in gevaar verkeer en wou die Long Tom daar plaas om op 'n gepantserde trein te vuur waarvan sy verbeelding die gevaar oordryf het. So wou hy terselfdertyd die kanon benut wat vir hom bedoel was.

Die opstelling van sy linie teen 'n skerp hoek met die rigting van die Engelse kamp by Jacobsdal, was egter veelseggend. Toe die Engelse magte met hulle onttrekkende beweging by Colesberg aan ons regterkant begin het, is hulle gestuit. Maar die oomblik toe hulle die regte ding gedoen het deur na ons linkerkant terug te kom, was hulle operasie 'n algehele sukses. Nogtans kan ek nie glo dat die Kimberley-roete sonder 'n geveg laat vaar sal word nie en het gevolglik vir Coste na Scotch Farm gestuur met die bevel dat hy die wa die volgende dag moes terugbring.

Toe ek die nuwe hooflaer bereik, het ek almal daar baie ontsteld aangetref. Hul opinie was dat die stelling swak is – veral die posisie van die laer twee myl van die ou terrein af was van nul en gener waarde.

Sternberg het baie opgewonde van Joubert se plaas af teruggekom en vertel dat die Boere almal met die eerste granaat die hasepad gekies het en dat die Engelse reeds by Alexanderfontein, met Kimberley in sig, was. Hy was met sy wa na Jacobsdal op pad, in die hoop om tussen die afdelings van die Engelse leër deur te beweeg, toe die verbytrekkende beweging reeds in die nabyheid van Koffiefontein, suid van Jacobsdal, op die Colesbergpad was. Hy was persoonlik daar, het te midde van die granate twee bottels bier gedrink en het selfs met 'n Engelse kolonel gesels wat aan hom bevestig het dat Bloemfontein binne 'n week verower sou word. Hy het die plek op 'n galop verlaat – eers die oomblik toe 'n bataljon die markplein binnegetrek en 'n koeëlreën op hom gevuur het.

Ek het hom die aand by die laer weer gesien, briesend vir die Boere vandat hy verneem het dat hulle sonder om te veg die aftog geblaas het. Op die oog af was hierdie besluit sinneloos en het dit daarop gedui dat generaal Cronjé die kluts kwyt geraak het. Dit was egter die gevolg van 'n reeks foute wat voortgespruit het uit 'n gebrek aan versiendheid – kenmerkend van die Boereleierskap. Was die generaal in 'n posisie om te veg toe hy die bevel oorgeneem het?

Ek twyfel. Soos hy inligting oor die Engelse bewegings ontvang het, moes hy sy manskappe in sulke klein groepies verdeel dat al wat vir hom oorgebly het 'n gedisorganiseerde mag was waarin die kommando's verward was, die leiers van hulle manskappe geskei, met die verstrooiing van sy leër as resultaat. Afgesien van die groot afdeling van generaal De Wet wat tussen Jacobsdal en Koffiefontein krygsverrigtinge onderneem het, was daar oral klein versterkinkies – onder andere langs die Modderrivier – waar die manskappe in die koelte gesit en rook het en heeltemal nutteloos was omdat die linie verbreek was.

Ek het Sternberg, wie se kwartiere nog aan die Modderrivier oorkant die ou kamp was, se uitnodiging vir aandete aanvaar. Hy was tevrede om die laaste een te wees wat daar agtergebly het toe die Boerekamp gevlug het. Nie ver van hom af nie was daar oorlogskorrespondente wat van voorneme was om daar te slaap, sodat Sternberg besef het dat ons slegs dié nag gehad om te vertrek uit dié gebied wat die volgende oggend onder Engelse beheer sou wees.

Hy het allereers aangebied om my na Scotch Farm en daarna na Boshof te vergesel, maar het van plan verander en gesê dat hy na Olifantsfontein en die Bloemfonteinpad wou gaan. Dit sou beteken dat die Engelse voorhoede omseil moes word – 'n gevaarlike maar steeds haalbare onderneming. My plan het geen kans op welslae gehad nie tensy ons troepe nog rondom Kimberley was. Ek het aanvaar dat hulle nog daar was en Sternberg gevolglik op pad na Scotch Farm verlaat. Die maan het geskyn en ek kon die pad goed sien. Gelukkig of ongelukkig het ek egter die verkeerde pad op advies van Léon se swart bediende geneem – 'n pad wat na laers aan ons regterkant gelei het – en eers my fout ontdek toe ek die Schotnekreeks gewaar. Ek was van plan om aan die voet daarvan verby te ry, toe ek op 'n laer afkom wat besig was om te vertrek. Aangesien ek aanvanklik nie herken is nie, moes ek op die afwesige bevelvoerder wag. Hy het bevestig dat dit onmoontlik sou wees om Scotch Farm te bereik, aangesien gedeeltes van die roete reeds in Engelse hande was. Hy het my aangeraai om saam met sy laer terug te trek. My onnosele swarte wat niks verstaan het nie, kon niks beter nie as om my na 'n buurplaas te beduie waar ons kon slaap. Na 'n betreklike lang ruk het die kolonne in beweging gekom, met die manskappe te voet omdat die perde nie betyds van die weivelde gehaal kon word nie. Dit was die Belmont-kommando en hierdie stukkie onverskilligheid toon duidelik watter mate van militêre verwarring by die Boere geheers het.

Aan die begin van die mars was daar 'n mate van toesig, is elke nou en dan met die blaas van 'n fluitjie gehalt en het die manskappe bymekaar gehou, maar nadat 'n deel van die manskappe se perde weer by hulle aangesluit het, het hulle weggevlieg en was hulle so versprei oor die wye grys vlakte, versilwer deur die maan, dat 'n mens by tye kon glo dat jy alleen daar gereis het. Nadat hy my aanvanklik gevolg het, het die swart bediende my verlaat om op die vlakte met die toom in sy hande te slaap. Die gebrek aan slaap het swaar op my verstand gelê en ek het vreemde hallusinasies gehad. By tye het die waens in die verte vir my gelyk soos huise wat deur bome omring was; partykeer het 'n gewelf van sink waarvan die dak so laag was dat ek bang was dat ek my kop sou stamp, skynbaar die aarde en lug geskei. Ek het 'n appel wat in die laer aan my gegee is en ek in my sak vergeet het, geëet om my dors te les, want ek was effens koorsig. Later het ek 'n bietjie brandewyn in my fles gekry en dit gedrink deur lank aan die bottel te suig om niks daarvan verlore te laat gaan nie.

By 'n kruising van paaie naby 'n huis het ons by ander kolonnes verbygegaan. Parallelle linies waens het oor die vlakte beweeg, die waens het deurmekaar geloop en die vinnigste een het die stadiger een uitgestoot; die manskappe, te voet of te perd, het sorgeloos voortbeweeg of het rustig onder hulle waens gelê en slaap. Die deurmekaarspul was nietemin betreklik kalm. Afgesien van die krete van die swart seuns om die osse aan te jaag en die geklap van die swepe, was daar geen menslike geraas nie, geen vloekwoorde nie, geen woedekrete nie. Die onverskilligheid of militêre onkunde van hierdie terugtrekkende groep wat besig was om die Vrystaat vir die Engelse oop te maak, was selfs nogal opgeruimd. Dit was nie vir die Boere nodig om dit in woorde aan my te stel dat die terugtrekking hulle algemene goedkeuring geniet het nie. Daardie Vrystaatse kommando's van Cronjé se leër, wat ek so dikwels afgekraak het, het werklik hulle aansien gestand gedoen.

XXV

16 Februarie. Teen dagbreek het ek meneer Jorissen, een van generaal Cronjé se sekretarisse, aangetref waar hy oorkant 'n pragtige woning op die Boshofpad en naby die aangewese kampplek op die generaal gewag het. Van ver af kon 'n mens sien dat die waens besig was om hulle te rangskik. Ek het stilgehou om met hom te gesels en aangesien twee swartes besig was om voer te verkoop, het ek my gehaas om twee gerwe te koop vir my perd wat ek onder 'n boom vasgemaak het. Van die generaal se sekretaris het ek bevestiging ontvang van die ontruiming van die Kimberleykampe die vorige dag, wat my hoop gegee het dat my wa met Kolbe se troepe teruggetrek het.

Nadat ons ons perde laat suip het, het ons besluit om saam na Petrusburg te gaan, wat nie so ver as Boshof was nie en op die Bloemfonteinroete geleê het. Aangesien ek geen besittings meer gehad het nie, kon ek nie in die kamp bly nie en wou ek my nie van Colesberg laat afsny nie, waar Sauer met die ander wa was. In plaas van die aksie waarna ek by die Modderrivier kom soek het, het ek niks behalwe 'n betreurenswaardige swakheid in die bevelvoering en 'n irriterende deurmekaarspul van ongelyke sterktes – waarin die Vrystaat die hoofrol gespeel het – aangetref nie.

As my planne misluk het as gevolg van hierdie hardnekkige dadeloosheid waarin die Boere uitblink, was my menings ook ongenadiglik geregverdig, want deur niks te doen nie, het ons ons nou in hierdie rampspoedige situasie bevind wat ek reeds met 'n eerste oogopslag van die stellings by die Modderrivier en Kimberley waargeneem het. Die enigste ding wat my verwagtings oortref het, was dat Cronjé sonder om te veg aan die Engelse oorgegee het. Daardeur is die situasie slegs vererger, aangesien dit 'n volslae erkenning van algehele wanorde was.

Nadat ons 'n betreklike groot afstand afgelê het, het ons die Modderrivier genader waarheen die voorhoede van die konvooie instinktief gedraai het. Hier het ons tot by die waterkant gevorder, terwyl die geskut van die Engelse ruitery op ons waens losgebrand het – gelukkig op 'n lang afstand. Hulle het van ligdag af kontak met hulle battery gemaak. Die mars het daarna makliker geword, die diere het voortbeweeg en die koppies reg voor is stuk vir stuk deur die Boere gedek terwyl ander na die Modderrivier ontplooi is. Vanwaar het die bevele gekom? Dit het gelyk asof alles instinktief geskied het.

Ek het middagete saam met die generaal se personeel in sy kombuis geniet, terwyl hy en sy vrou op 'n negosiekis geëet het. Die koffie was sonder suiker, daar was 'n bietjie gestoofde vark en 'n mens het dit moeilik gevind om by die water in die emmer naby mevrou Cronjé te kom. Haar kop was met 'n sydoek onder haar hoed bedek. Sy het haar kis uitgepak met die hulp van 'n swart dwerg wat sy aandete bietjie vir bietjie onder die generaal se rytuig genuttig het, waar hy sy hoofkwartier ingerig het en waar hy sowel sy skouers as sy kop onder 'n koloniale helm verberg het.

Na hierdie vinnige middagmaal was ek besig om met meneer Jorissen te vertrek toe ek Coste tot my groot verbasing na my sien kom. Hy is as gevolg van die onveiligheid van die pad deur die Boere verhinder om Scotch Farm te bereik, het na die hooflaer teruggekeer juis toe dit vertrek het en moes sedert sy aankoms by die nuwe kamp wagte op 'n koppie uitsit. Ek het hom van my voorneme verwittig om vir 'n ruskans na Petrusburg te gaan en hom gevra om hom die volgende aand met of sonder die wa daar by my aan te sluit. Ek het toe op die inligting staatgemaak wat die Boere my gegee het – hulle het skynbaar 'n behae daarin geskep om dit foutief te gee – dat Petrusburg slegs vier ure van die kamp af was. Ons sal sien hoe uitvoerbaar my idee was!

'n Uur nadat ons afgesaal het, het ons weer teen ongeveer nege-uur vertrek. Ten spyte van 'n skroeiende son en die feit dat ons op die verkeerde pad beland het, het ons betreklik vinnig na die Modderrivier gery. Ons het dit by 'n sogenaamde drif oorgesteek en deur die inligting van verbygangers te volg, het ons 'n roete gevolg wat ons genoop het om die rivier weer 'n keer oor te steek. Ons het op 'n goedgebruikte roete beland wat in heeltemal die teenoorgestelde rigting gelei het. Dit wou voorkom asof ons in 'n sirkel beweeg het.

Nietemin het die swartes bevestig dat dit die pad na Bloemfontein was. Omdat ek angstig oor ons rigting was, het ek die hele tyd inligting gevra om ons van die pad te vergewis, maar behalwe vir beeste was die ontsaglike vlakte leeg. Uiteindelik het ons 'n plaasopstal gewaar, maar om dit te bereik, moes ons weer die Modderrivier oorsteek. Die opstal was deur 'n Boeregroep beset wat die swartes se inligting bevestig het. Terwyl ons daar was, het ons die perde gevoer, wat dit baie nodig gehad het. Ek het lank water gedrink omdat ek koorsig gevoel het. Daarna het ons weer die rivier oorgesteek, oortuig daarvan dat ons op pad Bloemfontein toe was en dat dit nie die Petrusburgpad was nie – die bestaan daarvan was skynbaar aan niemand bekend nie.

Die pad was veronderstel om ons van die Modderrivier na die goedgebruikte roete te lei wat – wou dit vir my voorkom – ewewydig met die rivier geloop het. Ons kon dit nie weer vind nie en uiteindelik het ons op 'n groot plaas afgekom waar 'n aantal waens laer getrek het. Van die Boere wat my geken het, het ons met hulle gebruiklike gasvryheid ontvang en het voer aan ons perde en vars melk en water aan ons gegee. Ek het vir tien minute met my kop op my saal ingesluimer. Dit was vieruur toe ons weer vertrek, dié keer goed ingelig oor Petrusburg. Dit wou voorkom asof ons weer eens op pad daarheen was en slegs 'n reis van twee uur weg. Daardie twee uur het soos 'n ewigheid gevoel. Om sesuur het ons by 'n plaas verbygegaan waar hulle ons voorgekeer het om die nuus te verneem. Jorissen kon die aanbod om iets te drink nie weerstaan nie – 'n gebruik waarvoor die Boere baie lief is – en het koffie aanvaar wat sonder suiker vir ons aangebied is. Daar is dikmelk vir ons bedien. Ek kon vir 'n geruime tyd voel hoe die vermoeienis sy houvas op my binneste kry en die drinkgoed het 'n algehele ommekeer hierin teweeggebring. Toe ons weer ons perde bestyg, het die nag oor die heuwels voor ons begin daal. Ek sou, sover dit my aangaan, verkies het om op die plaas te oornag, al was die huis klein en vol met 'n familie onder die patriargale heerskappy van 'n eerbiedwaardige grootvader. Maar Jorissen is deur die hotel op Petrusburg aangetrek.

Ons het dus vinnig voortgegaan, terwyl ons ons arme perde te hard gedryf het, met ons oë vasgenael op die pad wat in die nag met die veld versmelt het. Uiteindelik het die maan opgekom. Soms het 'n lig in die verte in die veld geflikker, of het weerligstrale agter die koppies aan ons die indruk gegee dat ons naby aan die einde van ons reis was. Maar hoe meer ons oor die riwwe geklim het, hoe meer was die misleidings, en nadat ons in ons gedagtes die moontlikheid van aandete laat vaar het, het ek ook alle gedagtes aan verblyfplek prysgegee. Ek was van oordeel dat ons sou eindig deur van uitputting in die veld neer te slaan.

Skielik het 'n lig egter voor ons opgeflikker wat ons moed gegee het. Helaas! Dit was maar net vuur wat deur swartes gemaak is. Hulle het ons nietemin verseker dat Petrusburg nie ver was nie, slegs twee koppies daarvandaan. Dit was te veel – nog twee koppies! Ons kon nie nog verdra nie, ons het genoeg daarvan gehad! Ek het gevolglik aan die swartes gesê dat ek twee sjielings aan hulle sou gee as hulle ons soontoe sou neem.

Ek het dit die sekerste manier geag om nie te verdwaal nie en dit was gerusstellend dat ons regtig nie ver weg was nie. Ons het teen looppas voortgegaan en ons perde met die spore aangeja. Van die drywer van 'n kar wat ons verbygesteek het nadat ons die eerste koppie bereik het, het ons verneem dat ons nog 'n afstand van 600 tree moes aflê. Ek het dié getal met agt vermenigvuldig in 'n poging om nader aan die Boereskattings te kom. Uiteindelik het ons die tweede koppie bereik, maar dit was eers nadat ons al 'n hele ent daarby verby was dat ons die enigste lig gemerk het wat nog op Petrusburg gebrand het. Dit was byna middernag. Ek was bykans 48 uur in die saal.

XXVI

By Petrusburg

17 Februarie. 'n Goeie hotel wat deur Duitsers bedryf word; uitstekende aandete en 'n gerieflike bed waar ons broederlik geslaap het nadat ons vir ons perde gesorg het. My nagrus is as gevolg van oorvermoeidheid versteur en die oggend het ek diep geslaap. Nadat ek opgestaan het, het ek na die telegraafkantoor gegaan om 'n boodskap oor my wa na Boshof te stuur sodat dit na Bloemfontein gestuur kon word. Daar was nog geen nuus van die wa nie. Dat Coste sou kom, het vir my al hoe onwaarskynliker gelyk noudat ek met die roete vertroud is; hy sal dit nooit vind nie. Wat die wa betref – ek het lank reeds alle hoop laat vaar om dit te verwag. In die rapporte word vermeld dat generaal De Wet 'n Engelse konvooi van tweehonderd waens gebuit het.

'n Kommando het verbygegaan op pad om Bloubankdrift aan die Rietrivier te beset, waarvandaan die Engelse hulle beweging uitgevoer het. Maar ek was nou reeds in hulle operasionele gebied, want daar is ook beweer dat die roete tussen Petrusburg en die hooflaer afgesny was. Jorissen het die gedagte laat vaar om hom weer by sy generaal aan te sluit.

Hy het gevra dat ek die middag saam met 'n Nederlandse dokter na Bloemfontein vertrek. Ek dink ek sal dit aanvaar, want die tekens van 'n ineenstorting is daar en dit lyk nie vir my of Cronjé se korps in staat is om weerstand te bied as die Engelse vasberadenheid toon nie. Hy moes in elk geval reeds na Boshof op pad gewees het om die kontak te verbreek en daardie belangrike kruising van roetes te beset, al moes hy met die terugtrekking 'n deel van sy waens agterlaat.

18 Februarie. Ons het gistermiddag om vieruur vertrek in die geselskap van dokter Lingbeck en meneer Wincherlenk, twee vriendelike Nederlanders wat Frans net so vlot as ander tale praat, want hulle landgenote is verstommende poliglotte. Ons het op 'n pragtige Boereplaas oornag. Dit was na nege toe ons arriveer. Ons het vinnig gevorder, want ek en Jorissen het die dokter se kar te perd gevolg. 'n Aandete van eiers en melk is vir ons voorberei – 'n spyskaart wat my maag goed gepas het. Ons het elkeen sy eie bed gehad, want al die plase is ingerig om groot gasvryheid te betoon. Hierdie besondere een was so bekend dat 'n mens daarop kon reken soos op die huis van jou intiemste vriende. Dit, moet 'n mens erken, was allesbehalwe die gewone stand van sake.

Om vieruur die oggend was ons op pad, nadat ons deur ons gashere gewek en 'n koppie koffie met melk aan ons bedien is. Watter Parysenaar sou om drie-uur die oggend opstaan om ontbyt selfs vir sy beste vriend voor te berei?

Ons het 'n langer maar beter roete gevolg as die grootpad wat heeltemal te sanderig vir die kar was. Ten spyte van ons perde se vermoeidheid het ons goed gevorder, deur die kar aangehelp. My arme perd – dit was Léon s'n – het, hoewel hy 'n baie goeie dier was, stadig geword. Dit was soos om 'n blok hout die spore te gee.

Om agtuur het ons by 'n plaas gehalt en is deur die bewoner melk aangebied. Die dokter het vir ons op 'n gerieflike spiritusstofie Nederlandse blikkieskos – bestaande uit groente en 'n mengsel van fyngesnipperde worsies of wildsvleis – verhit. Dit word sonder brood geëet en 'n enkele blikkie versadig jou heeltemal.

Ten spyte van die briesies wat af en toe teen die koppies gewaai het, het ons by gebrek aan lug tussen die doringboombosse baie uitgeput geraak. Ons het daarna 'n weelderige plaas bereik wat deur 'n Ier en sy dogter – 'n baie innemende jong dame – bewoon word. Na 'n verfrissende was het ons 'n uitstekende middagete sonder mieliebrood, maar met hoenderpastei, Ierse bredie en vars room na binne gespoel met melk en suiwer water aangesien ons almal koorsagtig dors was.

Uiteindelik het Bloemfontein die middag teen vieruur in sy groen raam verskyn en het ons die stad die oomblik binnegery toe groot reëndruppels aankondig dat die storm wat ons gevolg het, nou gaan uitsak. Ons was net betyds, want ek en Jorissen het geen ander beskerming as die klere aan ons liggame gehad nie.

19 Februarie. Ek het 'n opname gemaak van die skade aan my persoonlike besittings. My baadjie was aan flarde, my kamaste besig om in te gee, die skede van my ruitersabel het 'n gat in sy boom en die loop van my rewolwer peul uit sy skede. Ek kon nie 'n ander hemp aantrek nie en my ook nie afborsel nie, en wel om 'n baie goeie rede – 'n tandeborsel was die enigste besitting wat ek gehad het. Jorissen se enigste besitting was 'n koekie seep, wat ek geleen het. Ek het egter nie in ruil daarvoor my tandeborsel aan hom geleen nie. Ons het sleg geslaap omdat ons doodmoeg was. Die vorige dag het ons niks anders gedoen nie as drink, so folterend was ons dors. Nadat ek 'n klein toilettas – die dringendste behoefte – gaan koop het, het ek 'n telegram gestuur aan die landdros van Boshof – met wie ek by Petrusburg in verbinding getree het – om te verneem of hy nuus oor my wa het en, indien wel, hom te versoek om dit hierheen te stuur. Ek het ook aan Sauer by Colesberg getelegrafeer om vas te stel of hy nog daar was en aan te dui wat hy vir my moes saambring, en aan Grunberg om nuus oor Léon te verneem. Daarna het ek meneer Fischer,[37] 'n lid van die Uitvoerende Raad, gaan spreek om aan hom my siening oor die situasie uiteen te sit.

Hy het onmiddellik vir president Steyn laat roep. Ek het dadelik opgemerk dat sy uitrusting nie dieselfde as dié van sy kollega Kruger was nie en hom hartlik daarmee gelukgewens. Ek het eers in Frans verduidelik – wat deur Jorissen vertaal is – en soos my entoesiasme oor my onderwerp gegroei het, in Engels dat die bevel van die Vrystaatse troepe in die hande van een man gelaat moes word; dat generaal De la Rey, geoordeel aan sy dienste, vir my voorgekom het as die aangewese bevelhebber en dat hy met 'n reserwetaakmag by Bloemfontein gestasioneer moes wees – en moes optree waar hy ook al die nodigste was in die rigting van óf die Modder- óf die Oranjerivier.

Ek het aan hom gesê dat dit sinneloos sou wees om kommando's na generaal Cronjé te stuur aangesien hy omsingel was, maar dat hulle na generaal De Wet gestuur behoort te word, wat – na berig word – die Modderrivier nader ná die skitterende verrassingsaanval waarmee hy die regimentstrein (180 spoorwegwaens) van die Kimberleyse omvleuelingskolonne gebuit het. Voorts het ek 'n reeks guerrilla-operasies teen Kitchener se treine aan die hand gedoen. Dit sou die lewe vir hom onmoontlik maak, sonder die nodigheid dat ons ons blootstel deur te poog om sy voorwaartse beweging te verhinder, aangesien die landskap as gevolg van die groot oop ruimtes in elk geval ongeskik vir so 'n poging was. Ek het selfs aangebied om 'n vinnige plan vir die verdediging van Bloemfontein op te stel, maar die president het met goeie rede daarteen beswaar gemaak

---

37 Abraham Fischer (1850–1913) is in 1878 tot die Volksraad van die Oranje-Vrystaat verkies en het in 1896 lid van die Uitvoerende Raad geword. Tydens die Anglo-Boereoorlog het hy Europa en die Verenigde State van Amerika besoek in 'n poging om internasionale ingryping te bewerkstellig. Met die instelling van verantwoordelike regering het hy in 1907 die eerste (en enigste) Eerste Minister van die Oranjerivier-Kolonie geword. In die eerste Unie-Kabinet was hy Minister van Lande.

omdat hy Bloemfontein vanuit 'n posisie so ver as moontlik van die stad self wou verdedig om sodoende die stad nie aan 'n direkte aanval bloot te stel nie. Hy het gesê dat hy die Krygskommissie sou inlig oor die idees wat ek aan hom uiteengesit het en het my versoek om my vertrek na Colesberg uit te stel.

By die klub was daar baie vriendelike mans en ook te veel te drinke! Die middag is in beslag geneem deur na my konsul te soek wat skoonveld was. My gids het my na huise geneem waar meneer Aubert dikwels kom en my so op drie besoeke aan vriendelike dames geneem by wie ek elke keer tee gedrink het. Aan tafel het ek die aand 'n telegram van die landdros van Boshof ontvang met die boodskap dat my wa gevind is en op pad na Bloemfontein was. Om dit te vier, het ek saam met Jorissen 'n glas brandewyn geniet. Hoe die nuus ook al versag is, was dit steeds ernstig. Cronjé was omsingel. De Wet het nader aan hom beweeg en versterkings ontvang. Ferreira se mag het in Cronjé se omgewing opgetree, maar die arme Ferreira is per ongeluk gedood toe hy 'n slapende soldaat wakker gemaak het wie se geweer gelaai was. Du Toit het die Long Tom van Kamfersdam af gebring en moet naby Riverton wees. Volgens party is Kolbe by hom, volgens ander is Kolbe naby Boshof.

Dit was alles ietwat van 'n deurmekaarspul. Al wat vir my seker gelyk het, was dat Sternberg met sy rare idee om tussen die Engelse kolonne deur te beweeg, deur hulle gevange geneem is. Mag God gee dat hy weer soos my wa te voorskyn sal kom!

XXVII

20 Februarie. Die situasie was steeds twyfelagtig. Cronjé het wel geskuif, maar die sirkel sluit al nouer om hom. Sedert Sondag is hy heeltemal afgesny – selfs van rapportryers. Die Engelse het Koedoesrand, 'n los koppie naby die Modderrivier en drie uur van Abrahamskraal af, wat ses uur (drie uur in Boeretyd!) hiervandaan is, in groot getalle beset. De Wet is besig om sy versterkings saam te trek en moet aanval om die sirkel te verbreek, maar niks is gedoen nie en ek is skepties oor die Boere se aanval.

Operasies word deur 'n Krygskommissie gelei, en ons ken die

waarde van Auliese rade[38]. Du Toit het sy kamp oos van Kimberley opgeslaan en daar gebly omdat hy nie aangeval word nie. Hy het nooit vermoed dat hy afgesny is en Boshof tot elke prys behoort te bereik nie. Daar is gesê dat Kolbe daar is. Ferreira se afdeling moes naby die Engelse wees en met De Wet saamwerk, maar geen duidelike aanduiding bestaan daaroor nie.

Dit was 'n ledige dag van wag. My perd is mank, wat dit vir my onmoontlik gemaak het om te beweeg, selfs al sou ek geweet het waarheen om te gaan. Die aand het die wa aangekom met De Bréda en meneer Bosher, wat hy in die wanorde van die vertrek van Kimberley af opgelaai het. De Kertanguy word vermis. Die landdros het iemand gestuur met die versoek dat ek meneer Guillot, hulle derde metgesel, se identiteit bevestig. Hy het in 'n uiters bejammerenswaardige toestand by my opgedaag en haal môre die trein na Pretoria.

De Bréda het sy sake op 'n knap wyse verrig. Enkele dae na ons skeiding het hy van 'n hoogte af die Engelse se intog in Kimberley met 5000 of 6000 manskappe gadegeslaan. Hy het sommige van die Boere na Kolbe se laer sien terugkeer, die muile ingespan en hulle gevolg. Hy het met Kolbe se laer in die rigting van Du Toit teruggetrek en daarna hierdie twee generaals sien gaan na die laer wat op 'n afstand van die spoorlyn af op pad na Riverton sigbaar was. 'n Geveg het hier plaasgevind met die Engelse wat in dieselfde rigting beweeg het. De Bréda het gevolglik kortpad met sy wa in die rigting van Boshof gekies, waar hy Saterdagaand aangekom het. Die landdros het die vorige dag my telegram ontvang, gevolglik is hy in staat gestel om na Bloemfontein voort te gaan. Aangesien die pad na Boshof ook na die Modderrivier lei, het De Bréda en Bosher twee dae aaneen die gebulder van die Engelse kanonne gehoor, maar hulle was nie bekommerd nie. Hulle het met hulle paar Duitse en Engelse woorde oor die weg gekom, die betreklik vol Modderrivier oorgesteek en die wa en span veilig hier besorg, hoewel hulle baie uitgeput was.

---

38 'n Verwysing na die Auliese Raad wat in die Heilige Romeinse Ryk die Keiser se Geheime Raad was; later die Oostenrykse Staatsraad.

Tans is daar drie Franse by Cronjé se kamp, insluitende Coste, asook Léon se swart bediende met een van sy perde. De Kertanguy moet in die hande van die Engelse wees. Dit is ook die geval met Sternberg, wat met die eerste boot na Londen gestuur sal word. Die ander het Pretoria waarskynlik bereik. De Bréda gaan ook daarheen, want hy het reeds drie perde kapot gery.

21 Februarie. Ten spyte van Cronjé se krisis duur dieselfde operasionele traagheid steeds voort. Ek sal môre vertrek, selfs sonder nuus. Sauer se antwoord het uiteindelik aangekom. Die hitte is ondraaglik en die mense is tot die dood toe vermoeid. Ons het voer en hoefysters vir die perde gekry. Ek het besluit om Bosher Pretoria toe te stuur om die Franse wat met die Chargeurs-Réunis-boot aangekom het, saam te groepeer. Volgens alles wat 'n mens hoor, moet daar 300 wees, maar ek het aan meneer Reitz geskryf om hom mee te deel dat ek bevel van hulle sou oorneem al is daar slegs 100! Dit beteken dat ek na Pretoria ontbied kan word. Iets goeds kan hieruit voortspruit. Ek sal dit nie glo nie tot ek dit gesien het, want in hierdie land is alles teen aksie gekant. Jorissen keer na Pretoria terug.

22 Februarie. Gister se storm het die laaiery vertraag. Geen personeel is by die stasie, wat van Boere gewemel het, opgemerk nie. Na 'n sorgvuldige soektog het ons een ontdek wat ingestem het om Léon se perde na Pretoria te stuur, maar ons eie besittings moes wag. Uiteindelik het ons vertrek en byna 'n spesiale trein gevorm. Ons het op die bank van 'n treinwa gaan sit, want daar was nie kompartemente vir passasiers nie.

Die nuus is so sleg as wat dit maar kan wees en dit is moontlik dat ek gou van Colesberg af sal terugkeer – as ek daarvan gaan terugkeer. Die samestelling van 'n Franse korps sou sake moontlik uitsorteer, maar ek ken die land te goed om enige illusies te hê. Die spoorwegpersoneel van die Vrystaat is Engelse en die diens is baie swak. Ons het byvoorbeeld eers om tienuur in plaas van agtuur vertrek en was bestem om Colesberg teen twee-uur die middag te bereik. Maar by Springfontein teen ongeveer halftwee is aan my gesê dat ek vir 'n volgende trein om elfuur die volgende oggend moes wag.

Aangesien ek in 'n treinwa gereis het, het ek geen ander alternatief gehad nie as om langs die wa te kampeer. Net so reëlmatig as wat die Nederlandse maatskappy in Transvaal funksioneer, net so moeilik – om dit sagkens te stel – en sonder bedagsaamheid is reis in die Vrystaat. As ek my nie van die feite vergewis het nie, sou ek nie eens geweet het tot by watter verre stasie ek daaraan blootgestel sou wees nie.

23 Februarie. Soos van die Nederlandse Spoorwegmaatskappy[39] verwag kan word, het ons teen 'n ander tyd vertrek as wat gister aan ons gesê is. Om agtuur, terwyl ek besig was om 'n bottel melk te kook wat ek by 'n predikant gekoop het, het 'n swart bediende aan my kom sê dat ons gaan vertrek. Ek het my melk nie behoorlik warm gemaak nie en het net tyd gehad om, bygestaan deur De Bréda wat die bekers en die suiker gedra het, met my kastrol te vlug om so ons middagete in die trok te nuttig.

Die landskap het vinnig verander. Ons het spoedig tussen koppies deur gekronkel wat steeds nader na mekaar gekom het totdat hulle die spoorlyn en die beskeie rivier tussen hulle steil hange omsluit het. Kortom, 'n ruwe land, maar met 'n eiesoortige karakter – hier en daar digte polle; groen plase in die laagtes tussen die heuwels met damme waaruit hierdie groenigheid natgelei word, skape, volstruise en wollerige bokke. Hier en daar was klein laers in dieselfde smal vallei, en dieselfde kuddes vee. Die koppies daal in die rigting van die Oranjerivier.

Die rivier vloei met 'n bepaalde statigheid en het meer water tussen sy steil oewers met rye bome langs sy loop as wat ek gedink het. Ons het die rivier met 'n ysterbrug oorgesteek en Norvalspont bereik. By die stasie was syspoorlyne, 'n platform waarop 'n samedromming van Boere was, waens met vee en klein hopies voorrade wat aan die Transvaalse en Vrystaatse kommissariate behoort. Op my versoek is ons vinnig afgelaai. Ek het my perd laat suip, waarna ons vinnig middagete tussen die baie onderhoude deur genuttig het by die dapper Boer wat sy tafel met ons gedeel het en aan ons walglike tee teen twee sjielings verskaf het. Om eenuur het ons na Colesberg vertrek.

---

39 Nie die NZASM wat in Transvaal die Spoorweë bedryf het nie.

Met die laaiery het 'n muil my geskop en my horlosiekas gebreek! Nog 'n ramp! Maar, helaas! Ek het telling van al die teenslae verloor.[40]

Colesberg, 25 Februarie. Die oggend was ons reeds vroeg op die been. De Bréda het, nadat hy in die middel van 'n stortbui asof op 'n alleenstaande klip op 'n kis voorrade gesit het, uiteindelik skuiling gesoek in 'n wa wat reeds deur swart mans beset was. Deur geswets en geklap het hy vir hom plek ingeruim en het hy die volle voordeel van hulle reuk vir die res van die nag gehad. Ek het die vloed van my bed af in die oog gehou, maar vrees om die tent te sien wegdryf, het my verhinder om 'n oog toe te maak. Die pad volg 'n koers tussen bruin, donker koppies en deur middel van opeenvolgende draaie word die smal versperring maklik oorgesteek. Die vlakte wat daardeur omsluit word, is plek-plek sanderig en elders modderig en glibberig vir perde en waens.

Ek is spyt dat ek nie gisteraand na Colesberg deurgedruk het nie, wat ons sou bereik het toe die storm op sy hewigste was. Dit sou beter gewees het as die roete wat ons gevolg het. Toe ons by Colesberg aankom, het die son ná 'n gestoei met die wind deur die wolke gebreek en 'n mens het die gevoel gekry dat die gure weer verby was. Die eerste sonstrale het koesterend geval op die klein dorpie wat groen tussen die bruin koppies gelê het. Dit is uitgelê in die vorm van 'n kruis, met 'n Griekse tempel by die kruispunt van die twee arms. Dit is 'n skoon, vriendelike, goedversorgde plek, hoewel haas al die inwoners dit verlaat het. Engelse netheid is duidelik sigbaar en 'n bewys daarvan word gevind in die blomme, die witgekalkte heinings, die skoon winkels, die stoepe en sypaadjies omrand met deeglik geplante skaduryke bome. Enkele aantreklike damesgesigte – Engels, Afrikaans of Duits – verskyn en verdwyn. 'n Mooi Anglikaanse kerk wat saans verlig word, herroep die Gotiese tydperk in Engeland. Kortom, die algemene voorkoms van die plek is aantreklik en tog is die dorp leeg. Dit is 'n liggaam sonder siel. Die Vrystaat Hotel wat deur Engelse mense gehou word, is gesluit,

---

40 Die volgende gedeelte vir 25 Februarie (tot voetnota 42) ontbreek in die Franse teks en is uit die Engelse teks vertaal.

maar die stal is teen betaling tot ons beskikking gestel. Intussen gaan soek ek na die oorlogskommissariaat. Dit bestaan nie! Maar andersyds is daar 'n pragtige Johannesburgse veldhospitaal waarvan die luuksueuse toerusting slegs deur die welwillendheid van die personeel oortref word. Dr. Mangold, wat in bevel is, was uitermate vriendelik teenoor ons. Hy het 'n vrye tafel, sover ek kon waarneem in die 24 uur wat ons by hom deurgebring het, en het bowendien 'n Franse sjef wat aan my 'n kotelet en gebraaide beesvleis voorgesit het wat my aan Voisin of Durand[41] herinner het. Ons het uitstekende wyn en mineraalwater gedrink. Die gesig van eiers en vars melk laat 'n mens van Transvaal, die oorlog, en die naderende ontruiming vergeet – 'n mens verbeel jou dat jy niks meer hoef te doen nie as om lekker te lewe en dat al die ellende verby is.

By die aanskoue van hierdie veldhospitaal wat so manjifiek in die huis van die hoofmagistraat ingerig is, die kerk, die groot winkels, twee of drie kothuise en die konsertsaal van Colesberg, vra 'n mens jouself af hoe dit moontlik is om al hierdie volmaaktheid so buite verhouding met hierdie rudimentêre militêre organisasie te versoen. Daar is 'n modeloperasiekamer, elke reëling vir chirurgie, reseksie en die afbinding van slagare. Alles is skoon en noukeurig versorg, orde en metode is oral waarneembaar. 'n Behoorlike museum van staalkleinode wat 'n mens sonder enige verskuilde motiewe kan bewonder, uitgestal in fluweelkiste; wasbakke en houers van elke soort, sorgvuldig met linne en gaas bedek; 'n bed vir die pasiënt, waar hy sy vlees aan die helende mes kan onderwerp en sy bloed in hierdie vlekkelose houers kan giet wat so sorgsaam versluier en nou so onbevlek in hulle ongebruikte toestand is. Hier is ontsmettings-baddens, wasbakke vir operasies, gejodoformde linne, skoon wit verbande wat sorgvuldig opgerol is – oral dieselfde sorgsaamheid, dieselfde wisselende oorvloed. Byderhand is die apteek met sy bottels soos boeke gerangskik. Daar is sale vir koorsgevalle, vir gewondes, ensovoorts. Boere, Duitsers, Engelse meng almal saam, daar is selfs 'n Australiese kaptein. 'n Wag is as gevolg van die gewonde gevangenes uitgesit. Die verpleegsters, geklee in ligblou met

---

41 De Villebois-Mareuil se geliefkoosde restaurante in Parys.

Rooikruisarmbande, haas hulle heen en weer, terwyl mediese ordonnanse hulle bystaan. Daar is nagenoeg tagtig siekes en gewondes: een, 'n kind, is besig om aan ingewandskoors te sterf, 'n man met 'n afgesette ledemaat wys ons die stomp wat met linne bedek is; 'n Boer wat deur die lyf geskiet is, wie se vrou in swart geklee langs sy bed waak; 'n Duitser wat in die maag geskiet is; die een is aan 't sterwe, 'n ander een sal deurgehaal word. Daar is lyding, baie daarvan, onder die gaasbedekkings wat die gesigte teen die vlieë beskerm, maar die algemene voorkoms is een van vertroue, berusting en vreedsaamheid. Die lug sirkuleer vryelik, die temperatuur is aangenaam, die ruimte tussen beddens voldoende en die plafonne hoog. Dr. Mangold word bygestaan deur 'n jong Rus, dr. Sahol, wat soos 'n eerstejaarstudent lyk maar wat inderwaarheid as snydokter so bekwaam is dat hy hoof van 'n spesiale afdeling is waarvoor hy in die geheel verantwoordelik is. Hy was buitengewoon gaaf teenoor my en het aan my daardie fyn beleefdhede betoon wat die Russiese gees waardig is – so eg vroulik in die teerheid vir 'n menslike broeder. Nadat ek aandete geniet het saam met 'n baie aangename kommandant genaamd Fouché (wat my môre aan generaal De la Rey wil voorstel), die landdros van Bloemfontein, die Oostenrykse kaptein Gaertner (wat pas van Norvalspont af gearriveer het en wat hoofsaaklik merkwaardig vir sy eetlus is), en verskeie Duitsers wat lid van die Johannesburgse kommando is, het ek my na 'n pragtige kamer teruggetrek waar ek volgens dr. Mangold die geriewe waarmee hy sy gaste oorlaai, ten volle sou waardeer.

Allereers het ek besluit om na Rensburg te gaan waar generaals Schoeman en Grobler 'n presiese idee van die situasie sou kry, en waar ek hoop om Sauer te vind. Op pad na Rensburg het ek deur die Boerestellings langs 'n reeks rotskoppies gery wat vir twintig myl in 'n reguit lyn loop en aan die punte effens geboë is. Agter bepaalde plekke het die verkleinde laers gelê, want Colesberg is ontneem van sy manskappe wat na die Modderrivier gestuur is. 'n Oop vlakte vergemaklik kommunikasie, maar hoe kan 'n afstand van twintig myl deur 'n paar duisend manskappe gehou word? Rondom sien 'n mens die gevegstellings: hier was die Engelse artillerie, waarvan die vuur die huise in die dorp vernietig het en twee mense gedood het, sonder om party van Haar Majesteit se swart mense by te reken.

Die Colesberg (Coleskop) is 'n pragtige rotsmassa wat oor die omliggende bergagtige landskap troon. Dit kan van oral af gesien word, soos 'n reusagtige seintoring wat die gebroke landskap rondom oorheers. Tans is dit onbeset, maar die Engelse het een van sy plat dele vir hulle artillerie gebruik. Gister se reën het orals 'n groen skynsel meegebring behalwe op die grys vlakte; die ondergaande son het daardie wonderlike opaalagtige kleure en 'n galop is hierdie tyd van die dag goed wanneer die son se hitte afneem. Hier is ons by die kamp en tussen die algemene skare Boere. Ek word aan die generaals voorgestel. Ons gesels oor gebeure by die Modderrivier. Ek het tot die besef gekom dat die komende ramp vir Cronjé waarskynlik oral in die twee republieke geïgnoreer word. Die Boere gee nie toe dat so 'n moontlikheid bestaan nie; selfs manne soos De la Rey dink nie dat Cronjé 'n bevelvoerder is wat ooit sal oorgee nie. Wanneer ek onthou van die afwesigheid van nuus wat op De Wet se magteloosheid dui, is dit moeilik vir my om enige hoop te behou. Generaals Schoeman en Grobler het op simpatieke en welgevallige wyse hulle meelewing met Frankryk en sy offisiere uitgespreek. Ek het sonder 'n tolk my beskouings in Engels verduidelik en hoewel hulle ietwat ontwykend gereageer het op my wens om my môre in hulle kamp te vestig, het ek gou begryp dat hulle vasbeslote is om te vertrek. Sauer, wat verskyn het, het my siening bevestig. Hy is voortreflik toegerus met arme Léon se uitstekend uitgeruste wa en onthaal generaal Schoeman se personeel, al die landdroste en lede van die Volksraad, sy gewone klante, nutteloos soos hulle is. Van hom het ek verneem dat daar reeds ten gunste van die terugval oorkant die Oranjerivier, die oproep van generaal De la Rey na Bloemfontein, en trouens al die maatreëls wat ek aan president Steyn voorgestel het, besluit is. Sauer wou graag vooruit na Colesberg gaan om hom by die kolonne aan te sluit, en ek het hierheen teruggekeer om ter voorbereiding vir môre se moeilikhede in groot gerief aandete te nuttig en te slaap.[42]

---

42   Die voorafgaande gedeelte vir 25 Februarie (vanaf voetnota 40) ontbreek in die Franse teks en is uit die Engelse teks vertaal.

26 Februarie. Sauer het geen woord oor die volgende aan my gerep nie, maar dit is verskoonbaar. Die kamp is om agtuur die aand opgebreek en hulle het die heelnag voortgeploeter in 'n warboel van waens wat in die modder vassit. Hy was verplig om by hierdie afdeling, wat in so 'n chaos verkeer het, te bly en het eers in die vroeë môre daaruit gekom om die voortou van die terugvallende mag te neem. Ek het hom op my ou kampplek van die nag van die vloed aangetref, waar hy uitgespan het. My wa het vooruitgegaan en was reeds daar uitgespan.

Ek het saam met De Bréda agtergebly om 'n uitstekende ontbyt met die dokter te geniet. Die feit dat die ambulans die oggend met al sy gewondes sou vertrek, het hierdie merkwaardige organisasie nie verhinder om 'n ontbyt voort te sit wat net so oorvloedig soos dié van gister was nie. Na baie vriendelike gehandskud het ons ons wa ingehaal toe dit verby die voorpunt gaan van Schoeman se rytuie wat op ons pad begin kom het. Ons het by Norvalspont gearriveer – ek het vooruitgegaan – en hier het ek baie items van die kommissariaat ontvang waaraan ek 'n dringende behoefte gehad het, in die besonder beskuit, aangesien al ons s'n tydens die storm deur die bediendes verloor is. Ek het aandete voorberei, want daardie briljante De Bréda weet nie hoe om enigiets te doen nie, behalwe vir 'n toespraak oor hoe om dit te doen, en is soos baie mense wat gebore word om bedien te word, altyd in die moeilikheid. "Geen vleis nie." Maar met botter, rys, aartappels – hoewel hulle beskadig is – en 'n ui kan 'n mens 'n baie goeie aandete voorberei. Ons het in 'n kamer geslaap wat in 'n stal verander is en wat ek laat skoonmaak het. De Bréda snork hard en hou vol dat ek hom nooit met iets help nie. Wel, ons is kiets.

In die loop van die aand is ek deur kommandant Fouché aan generaal De la Rey voorgestel. Hy is 'n rysige man, skraal, met 'n groot swart baard, 'n skerp en intelligente oog, wat vinnig en beslis antwoord op alle vrae wat op hom neerreen. Ons het privaat gekonfereer. Ek het hom oor die uitslag van my besoek aan die president ingelig, die rol wat ek hoop om hom in die Vrystaat te sien speel, en wat ek van gebeure aan die Modderrivier dink. Sy sieninge oor Cronjé se posisie stem met myne ooreen en hy dink nie die

Modderrivier is 'n hindernis nie, want dit kan op enige plek oorgesteek word. Hy het aan Cronjé 'n driehoekige stelling uitgewys om Kimberley te dek en ek het opgemerk dat sy militêre voorgevoel meebring dat hy die taktiese waarde van Jomini[43] se beroemde *caput porci*[44] of die echelonnering by die terugval van beide vleuels toepas. Ek het dit geleer uit 'n beweging van die Sesde Korps, wat deur die betreurde generaal Miribel[45] uitgevoer is. Ek besef ten volle dat ek in die teenwoordigheid verkeer van 'n man wat verdien om 'n hoë bevelsposisie te beklee en ek het die generaal gevra om my op sy personeel in te deel wanneer hy na die Modderrivier vertrek, of om my hier te hou as hy terugkom. Laasgenoemde moontlikheid lyk egter nie waarskynlik nie.

27 Februarie. Ek asem die vars lug in van bo van my wa af, wat op 'n treinwa geplaas is, met 'n skare Boere aan my voete. Ek besluit vinnig wat om te doen omdat al die kommando's besig is om na die Modderrivier te beweeg. Die Engelse kan as gevolg van hulle gebrek aan manskappe nie uit Noupoort padgee nie. Selfs dié wat voor generaal Grobler is, is besig om te wyk, hoewel ons self besig is om terug te val. Met die hulp van die landdros van Bloemfontein, meneer Papenfus, wat ek een aand by dr. Mangold se kwartiere ontmoet het, het ek my perde, muile en wa op die trein gekry. Ek sien Sauer weer, soos gewoonlik onbewoë. Hy wil by my aansluit, maar kan nie. Hy gee egter 'n skaapboud aan my. Ek beroof die kommissariaat van 'n paar aartappels en ontvang na oneindige probleme 'n hoeveelheid voer. Dit is 'n geval van kry wat jy kan en ek kom soos 'n egte Boer reg. Die vorige dag het ek alles wat ek kon, van die kommissariaat gekry. Ek is deels weer van lewensmiddele voorsien en is gereed om te gaan waar ook al die geleentheid hom mag voordoen. Die oplaai op die trein geskied vinnig, danksy die welwillendheid van almal. Ons gaan na ons plekke en ontbyt is gerieflik genoeg, want ek het ons waens behoorlik in volgorde geplaas en het alles nou byderhand

---

43 Jomini, baron Henri (1779–1869), Switserse soldaat en strateeg. Gebore by Payerne in Vaud. Hy word na die vrede van Tilsit 'n baron gemaak. Hy het Napoléon se aandag getrek met sy *Traité des grandes opération militaires* (1804) en skryf *Précis de l'art de guerre* (1830).
44 Letterlik "varkkop".
45 Miribel, Marie Joseph de, Franse generaal, gebore in 1831 te Montbonnot, Isère, en sterf in 1893. Onderskei hom in die Frans-Pruisiese Oorlog (1870–1871) en word hoof van die generale staf van die Franse weermag (1890–1893).

wanneer ek dit nodig het. Vir ons koffiewater stuur ek iemand na die enjin. Die water is so skoon soos gewoonlik.

Ek het 'n baie aangename besoek gehad van C. Papenfus, die seun van die landdros. Hy is reeds 'n soldaat en was onder skoot, hoewel hy slegs twaalf is. Hy dra 'n mauserkarabyn en het vir 'n maand aan die front diens gedoen en ek sou graag van ons Franse seuns wou sien wat so nugter, innemend en intelligent is as hierdie dapper seun met wie 'n mens kan gesels of hy 'n man is. Ek was in staat om vir hom waatlemoen en sjokolade aan te bied en hom uit te nooi om aandete saam met my in ons wa te geniet, aangesien ons eers tussen agtuur en tienuur die aand by Bloemfontein sal arriveer.

Ek het daardie stadium van op kommando wees bereik wanneer 'n mens se intelligensie baat vind by dinge wat oënskynlik die minste geskik is om dit te bevredig. Dit is die stadium wat 'n soldaat behoort te bereik. Die menslike brein vergaar indrukke van alles rondom met 'n vindingrykheid en beslistheid wat nie tot die gewone lewe gereken kan word nie. 'n Mens verbaas ander en jouself deur jou vermoë om alles vooruit te beplan, selfs die kleinste besonderheid soos die laai van die wa, die reëlings vir voedsel van die manskappe, swart en wit, perde, muile, ensovoorts. Ek voel wonderbaarlik goed noudat ek van my vermoeienis herstel het, maar ek is 'n smerige figuur. Al my besittings is vuil en my geld is op.

28 Februarie. Ons het die nag bo-op of onder die wa deurgebring. De Bréda verkies om hom in sy volle lengte uit te strek, selfs al is dit tussen swart mense; ek weer het 'n weersin in hulle reuk ... ek bieg dat ek in staat is om in alle posisies, selfs die onwaarskynlikste en teen voorwerpe waarvan die hoeke geen moontlike vorm van steun bied nie, te slaap. Die onaangename aspek daarvan is om te beweeg wanneer 'n mens se ledemate lam of styf is. Die menslike liggaam is op stuk van sake nie sleg gevorm nie, veral wanneer 'n mens streng eise daaraan stel. Omdat die soldaat op een of ander wyse superieur moet wees, is dit in die reël in uithouvermoë. Intellektuele eis alles vir hulle op. Voordat 'n mens egter jou oë sluit, moet 'n mens die skikgodinne raadpleeg, in hierdie geval die personeel van die Vrystaatse spoorweë, en ons lot van hulle verneem. Die wa bly by die spoorwegstasie; die perde en muile sal van die trein afgelaai word.

Iets ongewoon om te sê, maar iemand het reeds die perde afgelaai. Wie het dit gedoen? Ons draf in die donker tussen die perde se stalle rond, voel aan hulle skowwe, ondersoek hulle velle. Niks anders kan gesien word nie as saggeaarde diere wat toelaat dat hulle betas word, verbaas oor hierdie middernagtelike vertroeteling. Uiteindelik runnik my perd Colenso vir my vanuit 'n vreemde groep perde waarheen hy verkeerdelik geneem is. My merrie en De Bréda se perd is ver agtergelaat, maar na baie moeite het ons hulle by ons. Noudat ons weer in besit van ons perde is, soek ons na ons gerwe voer wat ons onder die wa gelaat het, maar die Boere het dit geneem en ek vind die tekens daarvan op die roete waarlangs die diewe dit gesleep het. Ons arme diere moes sonder voer bly.

Die volgende oggend is ons met dagbreek wakker gemaak. Terwyl De Bréda sy beskouinge gee oor wat gedoen moet word, sonder om self iets te doen – wat deur en deur Frans is – het ek na die perde gegaan, wat ek natuurlik versprei gevind het. Nadat ek hulle bymekaar gemaak het, het ek hulle self gevoer, aangesien ek geen bediende gehad het nie. Daarna het ek – geïrriteer deur die traagheid van die swartes en ontstem omdat ek ander mense se werk moet doen – gestap en 'n koppie koffie en 'n klompie heerlike koekies op die markplein geniet. Ek het die geleentheid benut om vir eie rekening aankope te doen en het die kap van my mantel vol tamaties gemaak. Nadat ek 'n aantal bevele aan De Bréda gegee het, het ek gewas en met die stasiemeester gesels. Oortuig dat die landdros van Bloemfontein, wie se kar op my treinwa is, sake sal bespoedig, sal ek soos 'n stoïsyn wag totdat die ploeterende amptenare besluit om die treinwa tot by die perron te bring.

Die buitelandse militêre attachés is in Bloemfontein met kolonel Gurko as hulle hoof. Hulle het 'n lang gevolg. Party, soos die Franse kaptein Demange en kwartiermeester Raoul-Duval,[46] het wit bediendes om na hulle personeel om te sien; ander het niemand nie.

---

46 Roger Raoul-Duval het na die oorlog 'n boek, *Au Transvaal et dans le Sud-Africain avec les Attachés Militaires,* oor sy wedervaringe geskryf.

Hierdie manier van beheer wat onvermydelik daarin eindig dat die rykes die armes moet help, sal vir seker struikelblokke oplewer. Omdat hulle almal nogtans onder leiding van 'n kleinseun van president Kruger is, sal hulle op die een of ander wyse bymekaar bly. Raoul-Duval het aan my die resultaat van sy aankope getoon, waaruit dit maklik was om te sien waarom hulle nie saamwoon nie en hoe min hulle begryp van die reël van eie voorrade. Hy was, soos kaptein Demange, baie gaaf en het my 'n aantal briewe uit Frankryk gegee om te lees. Hieroor was ek baie opgewonde, aangesien ek niks per pos ontvang het nie. Die goeie nuus uit Frankryk het aan my getoon dat ek op die weg was wat God vir my bestem het, aangesien niks my terugroep nie. Ek het uiteraard nie een van die ander attachés gesien nie. Ek sal hulle weer by die Modderrivier ontmoet.

Ek het generaal De la Rey weer ontmoet. Hy verwag om oormôre saam met kommandant Fouché na die Modderrivier te vertrek, maar bevele is nog nie uitgereik nie en verwarring vier hoogty. Niemand weet iets nie en dit is heeltemal nutteloos om die snert in die koerante te lees. Ek herhaal hier dat Cronjé hom slegs kon oorgee aangesien hy nie bevry is nie en hulle verswyg die feit vir ons. Geen vertraging aan die kant van die Engelse sal die teendeel bewys nie. Wat doen De Wet? Wat doen die res? Hulle wag net aangesien hulle nie toegelaat word om aan te val nie – wag tot Kitchener gereed is en besluit om hulle aan te val.

Ek het die aand op 'n aangename wyse by meneer en mevrou Belse deurgebring. Hulle is Afrikaners en ek het na musiek geluister wat, hoewel dit Engels was, goed gesing is. Ek het gedink dat so iets heeltemal onmoontlik was. Hulle het my versoek om aan hulle my visie van die toekomstige verloop van sake te gee. Ek het dit sonder enige aarseling, maar as 'n geheim aan hulle gegee. Ek het geglo dat die Boere in die lig van hulle verbasende suksesse die strategiese offensief op die regte tydstip sou neem, maar ek het nou besef dat hulle die juiste oomblik laat verbygaan het en dat die oorwinning aan die opponent sal gaan ten spyte van die foute wat aan daardie kant begaan is. Nietemin, hier is ons, en terwyl die traagheid van die Boere met die tyd slegs toeneem, sal Kitchener se opmars versnel in ooreenstemming met die wet van strategiese belang in verhouding tot die sukses daarvan.

1 Maart. Die dag van vertrek is weens gebrek aan voorrade uitgestel. Die oggend is 'n foto van ons groep geneem wat deur die reën in die wiele gery is. Toe ek die middag terugkom by ons tent, het ek gevind dat die swart agterryer Jack my merrie laat loskom het. Ek stuur hom om haar te soek en as hy haar nie opspoor nie, sal ek hom voor die landdros bring. Nóg hy nóg die merrie sal waarskynlik ooit weer opdaag. Swaar reën, gevolglik bly ons in die tent nadat ons diep slote daaromheen gegrawe het. Teen nege-uur het die stortreën opgehou, maar dit was te laat om aan vertrek te dink. De Bréda, wat van Bloemfontein af gekom het, het my ingelig dat Cronjé se oorgawe amptelik aangekondig is. Dit is Donderdag en die oorgawe was Dinsdag. Ek weet nie watter uitwerking dit op die owerhede sal hê nie. Die mense rondom my aan wie die nuus oorgedra word, stel hulleself tevrede deur te sê: "So", met algehele onverskilligheid. Daar is soveel op die vaderlandsliefde van die Boere gereken en ek het so baie daarvan gehoor, dat die gevoel van ontnugtering miskien oordrewe is. Te veel kan nie gesê word tot lof van daardie helde wat vir die onafhanklikheid van hulle land gesterf het nie; maar die Boer doen alles in sy vermoë om heelhuids daarvan af te kom en hy moet weet wat in die mou gevoer word om in staat te wees om sy koelbloedigheid en merkwaardige skietvermoë enigsins te benut.

2 Maart. Vertrek na 'n vertraging van een nag. Soos gewoonlik 'n rampspoedige reis. Die roete is vol flegmatiese, trae Boere wie se kalmte deur niks versteur word nie, behalwe granate en koeëls wat hulle dadelik laat beweeg. Ek het by 'n laer verbygegaan. Die Vader alleen weet hoekom dit daar was, aangesien dit van Koedoesrand af gekom het, waar die militêre attachés gister moes gewees het. Ek verneem van 'n Boer dat ons na generaal De Wet op pad is. Ons doen aan by 'n plaas om ontbyt te nuttig. Hierdie mense is merkwaardig. Om eenuur die namiddag staan 'n groot lummel uit die bed uit op, gee ons een kyk en gaan dan terug bed toe. Hulle kla dat hulle naby die hoofpad is. Wanneer 'n mens voorstel dat hulle 'n wins maak deur die pryse wat hulle vir produkte kry, kla hulle oor die moeite wat dit hulle besorg.

Ons neem inderdaad die roete wat ek aanvanklik na Cronjé se

laer geneem het, wat by Abrahamskraal by die Modderrivier aansluit en die pad na Petrusburg in die suide verlaat. Laasgenoemde pad vertak links na die eerste winkel, waar ons saam met Léon oornag het. By hierdie winkel is die attachés, en Demange het my en my kamerade genooi om saam met hom aandete te geniet. Hulle het geskei, maar die Franse is saam met kolonel Gurko en nog iemand. Hulle tafel is so oorvloedig soos hulle gasvryheid.

3 Maart. 'n Lang mars met generaal De Wet. 'n Mens sien niks nie behalwe Boere wat met hulle perde van die front af terugkeer. Dit lyk asof dit die einde van alles is.

Hulle sê die Engelse het Ladysmith ontset nadat Joubert die front weer oorgesteek het. Ek is bevrees dat die Engelse, as hulle besluit om te beweeg, dieselfde slenter op De Wet gaan uithaal as dié waarmee hulle Cronjé om die bos gelei het. Vir my kom dit al hoe meer voor of die oorlog verby is en die houding wat die Boere self inneem, is eenvoudig 'n bewys van hulle gewone skynheiligheid of naïewe bygelowigheid. Ons het by Abrahamskraal gehalt, waar Demange en sy waens weer by ons aangesluit het. Die ander attachés het per ongeluk na Petrusburg gegaan. Hulle sal met 'n ander pad terugkeer. Ons het op 'n verlate plaas geslaap waar algehele chaos heers. Ek het meneer Raoul-Duval se oordadige bed en muskietgordyne bewonder en hy is in dieselfde mate verras deur my eenvoudige reëlings. Demange en hy het alles op 'n manjifieke wyse gedoen – verversingslokale, ensovoorts – alles groots in opset. Trouens, alles wat 'n heer behoort te hê. Dit skep vir hulle in hulle onpartydige hoedanigheid geen probleme nie. Vir my sou dit onvanpas gewees het en heeltemal bo my middele. Die bewyse van my geharde leefwyse is baie duidelik sigbaar en ek begin skaam voel daaroor.

4 Maart. Ons het betreklik laat vertrek, maar nie voordat ek my geselle aangejaag het nie, want hulle hou daarvan om te slaap; en omdat ek vies was, is koffie uit die program weggelaat. Op pad het ons ons voedselvoorraad aangevul om vandag en môre in ons behoeftes te voorsien. Ons het in swaar reën gearriveer en is baie goed deur generaal De Wet se sekretaris ontvang, wat ons 'n lekker koppie koffie aangebied het, asook brood van die Engelse wa wat die generaal by Koffiefontein gebuit het. In die wa is twee beddens; voor is 'n tafel waarby geskryf en geëet kan word; aan die linkerkant is 'n wastafel en oral kiste wat as sitplekke dien. Dit is trouens 'n uiters weelderige voertuig vir 'n veldtog, waarin al die normale lewenstake verrig kan word sonder om enigiets deurmekaar te maak of die normale huislike leefwyse te ontwrig.

Die generaal het spoedig gearriveer en ons is aan hom voorgestel deur meneer Rau, 'n agbare Duitser, feitlik 'n Boer, wat as rapportryer tussen ... en Petrusburg optree. Die generaal was simpatiek maar nie baie spraaksaam nie. Hy het 'n energieke en peinsende voorkoms. Hy is klaarblyklik baie besorg. Drostery is besig om die geledere van sy manskappe uit te dun en hy het slegs 9000 man om 'n reeks koppies te hou wat vier uur in beslag neem om te besoek wanneer te perd en vinnig gery word.

Ons het naby die generaal gekampeer in 'n aangename afgeslote plek omring deur populiere en turksvybome. Eensklaps kom 'n bediende en deel ons mee dat meneer Wyland se perd in die Modderrivier geval en versuip het. My reeks ongelukke met perde duur soos gewoonlik voort. Ons voel die behoefte aan 'n derde agterryer om hulle te versorg.

Ek het pas die stellings gaan besoek en hulle uiters gebrekkig gevind. Die Engelse wat, soos ons, op die linkeroewer van die Modderrivier was, het kragdadig aangeval noudat dit 'n hindernis is en mag vind dat hulle op 'n onaangename wyse vasgekeer is. Maar wat is die nut van kombinasies? Voorheen was daar nie generaals nie en nou is daar boonop nie manskappe nie. Hulle kan op die paaie gesien word waar hulle vlug met hulle perde wat gelei word. Drostery is, soos volslae demoralisasie, algemeen. Dié wat reguit is, vra jou angstig oor die einde van die oorlog uit, terwyl dié wat voorgee oor die algemeen 'n houding inneem wat as korrektief vir hulle lafhartigheid moet dien. In die laers was altyd drie soorte manskappe. Eerstens was daar diegene wat as gevolg van hulle temperament of gewete geveg het, die elite wat bo die massa uitgestaan het. Tweedens was daar diegene wat altyd in die laer gebly het, die blok aan die been wat slegs by maaltye bygereken is. Laastens hulle met invloedryke familie of wat die beskerming van 'n lid van die Volksraad geniet, wie se tyd met verlof deurgebring word en wie se jingoïsme toeneem hoe verder hulle van die front is. Maar hoekom verbaas wees? Hierdie dinge is onvermydelik in enige maatskaplike of politieke omstandighede as militêre bande nie stywer om 'n volk in sy krisisuur getrek word nie, selfs in so 'n mate dat dit in die vlees insny. Sonder dissipline of militêre deugde behou die mens sy natuurlike gebreke – vanselfsprekend die gewone man, want die held is die uitsondering. Die heroïese tradisie is miskien hier in 'n mindere mate as elders aanwesig. Die Boer is allereers oor sy veiligheid begaan. Hy meet homself teen 'n teenstander slegs wanneer hy deur die rotsblokke van 'n koppie omring is. Dié wat aanval – of eerder wat vir 'n aanval oorreed kan word – is des te bewonderenswaardiger en uitsonderlik omdat dit teen die grein van al hulle opvoedingsbeginsels gaan. Hulle voortreflike perde en skerpskuttersvermoë maak van die Boere ernstige vyande, maar enige poging om van hulle helde te maak, moet stuit teen hulle aard. Hoewel sukses die meerderheid aan die begin van die veldtog kon gestimuleer het, terwyl die agterlaat van huis en haard nog te kort gelede was om pynlik te wees, lei terugslae ná vyf maande van vyandelikhede noodwendig tot rampe. Dit was duidelik dat die einde binne 'n kwessie van 'n paar uur daar sou wees.

XXVIII

Die stellings het niks gedek nie en het die vyand uitgelok om 'n oorvleuelingsbeweging uit te voer wat ons teen die Modderrivier sal vasdruk en wat, soos in die geval van Cronjé, op De Wet se oorgawe sal uitloop.

Die stelling van die Boere vorm 'n konkawe boog teenoor die Engelse se regterflank. Dit is aan sy linkerkant heeltemal oorvleuel. Die laers wat twee tot twee en 'n half myl van die hoofgroep aan daardie kant verwyder is, hou sonder enige nut oor die wye vlakte wag, want as die oorvleuelingsbeweging takties uitgevoer is, sal dit tussen hulle en die hoofkorps deurgaan. As dit strategies is, sal daar geen beheer daaroor wees nie. Met die eerste oogopslag wil dit voorkom asof hierdie strategiese beweging 'n aanvang geneem het en dat dit ná twee dae heeltemal volvoer kan wees. Oorlog met sulke onskuld aan die een kant is eenvoudig 'n maneuver teen 'n skynvyand.

Ek het die stellings met besorgdheid oor hulle onbestendigheid besoek en ek het dieselfde onbestendigheid opgemerk by dié wat die stellings beman het. Ons uur is dus naby.

Onderwyl ek op my reis was – en hase en korhane skrikgemaak het – het ek De Bréda in sy ietwat vreemde jag bygestaan. Twee valke het op 'n wildepou jag gemaak. Ons het hulle met belangstelling gevolg, waardeur ons ook aan die jag begin deelneem het deur agter die voël aan te galop wanneer dit deur die roofvoëls grond toe gedryf is. Ons perde het ook in die gees van hierdie pluimbalspel gekom. Na twintig minute was die wildepou verbyster deur die snawels van die valke en uitgeput van vlieg, waarop ons dit doodgemaak en aan De Bréda se saal gehang het.

Hewige storms het mekaar opgevolg. Laasnag was vreesaanjaend en vannag beloof om soortgelyk te wees.

5 Maart. Vertrek vroeg om verkenningswerk te doen saam met De Bréda en nog 'n Fransman genaamd Peinpen wat by 'n Boerekommando is. Ons het geweet dat 'n ander kommando, aangevoer deur generaal Botha, voor ons was. Wanneer die horison egter so wyd is soos hier, is dit onmoontlik om 'n man se uitrusting in die verte uit te ken. Ons het versigtig, sonder om agterdog te wek, voortbeweeg na 'n groep ruiters wat teen die horison afgeëts was, toe daar van ons regterkant af – dit wil sê die kant van die vyand – op ons gevuur word. Op daardie oomblik het die ruiters voor ons 'n enkel ry gevorm en so voortgery. Dit het ons laat besef dat dit opgeleide troepe was. Van die linkerkant het ons ander ruiters gesien wat na ons aangery gekom het. Ons het gevolglik heeltemal omgedraai om nader te gaan aan die Boerestellings wat nog in sig was.

Skaars het ons dit gedoen, toe skote van 'n ruigte af op ons geskiet word. Ons het ons gevolglik op 'n stywe galop teruggehaas en nie teuels verslap nie voor ons Boere gesien het wat ons tegemoetgehardloop het. Hulle oë, beter as ons brille, het ons oortuig dat 'n fout gemaak is. Generaal Botha se verkenningsgroep het ons agtervolg of eerder, sy ruiters was ná 'n skermutseling met die Engelse berede infanterie besig om terug te trek teen dieselfde tyd as ander en dit het voorgekom asof hulle ons wou afsny, maar in werklikheid was hulle agter die ontvlugte perd van die generaal aan.

Hoewel die leier van die generaal se verkenners ons aangeraai het om saam met sy manskappe terug te keer, aangesien ons afsondering voor die Engelse linies vir hom gevaarlik voorgekom het, het ons ons besigtiging voortgesit. Ek het trouens geweet dat die Boereverkenningstogte gewoonlik tot 'n skermutseling met die opponente se patrollies of op 'n perdestelery uitgeloop het en dat hulle gewoonlik sonder inligting oor die vyand se bewegings teruggetrek het. Dit was noodsaaklik dat ek daardie inligting bekom. Ek wou graag minstens my persoonlike veiligheid en dié van my wa waarborg ingeval generaal De Wet, vasbeslote om Cronjé se lot te deel, volhard om ten spyte van inligting, van aangesig tot aangesig met die Engelse linkerkant te bly, onverskillig oor die uitgebreide beweging aan die regterkant. 'n Rukkie daarna het daar 'n Boer opgedaag wat ons verkeerdelik vir Engelse aangesien het en terwyl hy aankom, "Hands up!" geskree het. Toe hy besef dat hy met 'n Franse kolonel te doen het, het 'n glimlag oor sy gesig gesprei en het ons gesels. Hy was op pad na vier Boere wat op 'n plaas taamlik na aan die Engelse linies agtergebly het, daarom het ons gedink dat dit die vyand was wat op ons geskiet het. Die skote was dus kennelik van ons eie kant af. Ons het hierdie Boer vergesel en ons hoede gewuif terwyl ons die plaas genader het. Nadat hulle gegroet het, het ons hulle verlaat om ons verkenning voort te sit, terwyl hulle 'n kastrol wat hulle op die plaas aangetref het, rondswaai soos wat hulle algaande in die verte verdwyn. Ek wou vasstel of die Engelse ons, insluitende 'n patrollielaer, omvleuel het en ook onder watter omstandighede hulle bewegings uitgevoer is – of dit strategies of takties was. Om dit te doen, was dit noodsaaklik dat ek die vyand se stellings oorkant die Petrusburgpad bereik en sover die terrein toelaat na die lae vlakke vorder wat in alle waarskynlikheid die beweging verdoesel het. Lugspieëlings van manskappe, kolonnes, stofwolke en ander aanduidings het in die helder Transvaalse[47] lug opgedoem soos opgeefsels van water. Ons was verplig om alle twyfel uit die weg te ruim soos ons nader gegaan het.

Na 'n rukkie het Engelse kolonnes op pad in sig gekom, wat in 'n suidwestelike rigting beweeg langs ander Engelse stellings wat reeds gevestig en bewaak was. Ek het tot die slotsom gekom dat daar 'n opeenvolgende beweging van eenhede was – 'n soort indirekte beweging *à la Frederik*[47] wat die Boerelaers omvleuel. 'n Ent verder het ek 'n bewegende regiment ruiters verras wat die voorhoede van 'n groot kolonne kon gewees het. Na 'n hele rukkie het die verskyning van 'n lang ry waens my tot die besluit gebring dat dit eerder die begeleiding van 'n konvooi op pad na Jacobsdal was. Op 'n tydstip terwyl ons met ons militêre ondernemings besig was, het ons ons 1600 tree van 'n voorhoede bevind en hierdie nabyheid kon tot heilsame bepeinsinge gelei het as dit nie was dat ons aandag deur 'n groot stofwolk aan ons linkerkant getrek is nie, wat allerweë gelyk het of dit deur 'n belangrike kolonne veroorsaak is. Op galop soontoe het ons van alles vergeet – selfs van die mees elementêre versigtigheid. Na langdurige waarneming wat die eerste indrukke reggestel het, het dit geblyk dat dit bloot die beweging van eskadrons was en het ons rustig teruggekeer om ons perde soveel moontlik te spaar. Skielik is ons deur 'n sarsie aan ons linkerkant – minder as tweehonderd tree weg – begroet en te midde van die geknetter van hewige geweervuur het ons perde wild op loop gegaan. Gelukkig was ons nie op die rûe van ons eie vermoeide diere nie, aangesien ons drie uitstekende ryperde geleen het by die laaste laer wat ons besoek het. Hulle vitaliteit het ons gered, want die Engelse het ons aanhou bestook tot ons buite trefafstand was. Ek kan nog nie begryp hoe daardie hinderlaag ons misgeskiet het nie – aangesien ons op so 'n kort afstand so 'n goeie teiken vir hulle was. Die peloton moes baie uitasem gewees het toe hulle weer die helling op is. Ek dink dat sowel my swart baadjie en Europese voorkoms as die gewaagde aard van hierdie verkenning ons ook spesiale teikens vir hulle geweervuur gemaak het. Van waar hulle geskiet het, moes hulle vermoedens duidelik bevestig gewees het.

---

47 Hier natuurlik Vrystaatse lug.
48 *À la Frederik*, soos van Frederik die Grote van Pruise.

Met my terugkeer het ek 'n gesprek met generaal Botha, broer van generaal Louis Botha van Colenso, gehad. Soos sy broer was hy 'n sjarmante, intelligente man en fisiek net so goed bedeel. Ek het my indrukke aan hom oorgedra en my vrese teenoor hom uitgespreek – in die lig van die onsamehangende posisionering van ons stellings en van die feit dat hy van generaal De Wet afgesny was. Soos ek, het hy die situasie as kritiek beskou en dit het vir my gelyk of hy eweneens oor die nuwe taktiek waartoe ons gedwing was, met my saamgestem het – dit is om eenvoudig 'n skynbeeld aan die Engelse voor te hou om hulle vordering te vertraag, en om 'n reeks stelselmatige aanvalle te organiseer om hulle voorwaartse beweging onmoontlik te maak. Ek was jammer dat ek nie so goed verstaan is of minstens toe net so ernstig deur generaal De Wet opgeneem is nie, en nie voor vroeg die volgende dag as gevolg van my laat terugkeer na die kamp in staat was om met hom 'n gesprek oor die saak te voer nie. Ek het nie gedink dat hy daardie dag aangeval sou word nie, maar moontlik die volgende dag. Ek het in elk geval aan hom bevestig dat die Engelse hom heeltemal omvleuel het en dat, indien die Engelse hulle aanval vertraag, dit sou wees om hom teen die Modderrivier te omsingel. Hy het my geantwoord dat hy pas versterkings na generaal Botha gestuur het. Hy het egter aan die onpeilbare selfversekerdheid van die Boer bly vasklef, waarvan 'n mens nie weet of dit aan dadeloosheid grens, en of dit die natuurlike gevolg van 'n onmeetbare onverskilligheid is nie.

XXIX

6 Maart. Dit was toe teen dagbreek dat ek die generaal gespreek het en teen tienuur het die Engelse reeds my woorde bevestig.

Miskien moes ek in De Wet se geval soos in dié van Cronjé die rol van Kassandra[49] gespeel het, en aangesien ek nie rede het om in

---

49 In die Griekse mite 'n siener en dogter van die Trojaanse koning Priamos. Die god Apollo, wat op haar verlief is, skenk aan haar die gawe van profesie. Sy versmaai egter sy liefde en as straf heg niemand waarde aan haar voorspellings nie. Vandaar die sogenaamde Kassandravoorspelling: 'n sombere voorspelling waarop niemand ag slaan nie. Sy voorspel onder meer die ondergang van Troje en die moord op Agamemnon. (Van Reeth, dr. A: *Ensiklopedie van die mitologie*, Vlaeberg, 1994).

beide gevalle die vrese van die Boere weg te steek wat almal maar te deeglik kan bevestig nie, is die Boere oortuig dat my siening oor gebeure by sowel die Modderrivier as die Tugelarivier juis was. Indien ek van nature nie baie opdringerig was nie en 'n buitengewone afkeer daaraan had om my in te meng met sake waarvoor ek nie verantwoordelik is nie, sou ek nog altyd – selfs teen die grootste persoonlike risiko – daarmee volhou om in 'n raadgewende hoedanigheid op te tree by generaals wat my met welwillendheid in hulle hoofkwartier ontvang – optrede wat myns insiens op daardie welwillendheid behoort te antwoord. As die gebeurtenisse my so duidelik reg bewys het, was ek ver daarvandaan om die verdienste vir myself op te eis. Daar is nie 'n troep in skynoorlogvoering teen 'n aangewese vyand wie se bewegings nie voorspel kan word nie. Nou oefen die Engelse teen 'n eenvoudige skyf. Wat op daardie dag hulle optrede beduidender gemaak het, was die aankoms van president Kruger in die hooflaer, terwyl die eerste kanonskote van die front- en die flankaanvalle weerklink het. Hy kon skaars tien minute met een of twee van sy generaals gesels. Dit is hoe ek agtergekom het dat hy besig was om 'n groot Europese korps saam te stel waaroor ek die bevel moes voer. Hy was daar in swart geklee in 'n pak wat niks Engels daaraan gehad het nie en op sy kop was die onvermydelike keil wat hy opsit – onmiddellik nadat hy wakker geword het – net soos hy 'n kroon sal opsit en dit nie sal afhaal nie totdat hy gaan slaap. Hy het gepraat soos 'n man wat al die natuurlike gesteldhede onthou van 'n land waar hy voorheen grootwild gejag het. Maar skielik het hy weer in sy koets geklim en terwyl sy muile hom op 'n galop na Abrahamskraal geneem het, sou 'n mens kon sê dat die vooruitsigte van twee Republieke wat reeds deur Groot-Brittanje verslaan is, weer rooskleurig was. Die waarheid is dat die Boere deur *en masse* op te tree – soos hulle dit van die begin af moes gedoen het – en deur die regte plek vir 'n inval te kies, die Engelse in die toekoms slegs kon vertraag. Trouens, hulle voer beslis die botoon.

Diegene wat die ontruiming van De Wet se stellings sonder 'n infanteriegeveg aanskou het, vanweë die eenvoudig neerdrukkende beeld van 40 000 manskappe wat op die vlakte ontplooi is, het insgelyks tot die droewige besef gekom dat die Boeremagte gedemoraliseer is. Die terugtrekking het nie in 'n wilde vlug verander nie omdat dit sonder 'n geveg geskied het, en omdat die Engelse deur hulle ontplooiing te uitgeput en te ver weg was om hulle agterna te sit.

Nadat ek my wa haastig weggestuur het, het ek tevergeefs na 'n plek gesoek waar die Boere kon besluit om pal te staan. Oral oor die hele vlakte het die Boere in klein groepies opgebreek en verward langs die waens beweeg, wat 'n opvallende tou op die pad na Abrahamskraal gevorm het. Hulle was nie meer haastig nie; hulle was seker dat hulle baie tyd tot hulle beskikking gehad het, en was vasberade om nie te veg nie. Ek het geprobeer om 'n aantal van hulle terug te hou op 'n groot koppie wat oor die hele vlakte net bokant die terugvalsroete heers. Hulle het na my geluister met die onverskilligheid van manne wat klaar besluit het. Ek het daarna vertrek en dit was eers ná my vertrek dat 'n deel van die Vrystaatse artillerie baie tydsaam na die voet van die stelling gegaan het om die vuur te open. Die waens van die attachés wat lank ná myne vertrek het, was reeds ver weg. Die wa van kolonel Gurko, waarvan die as gebreek het toe hy die laer moes verlaat, is agtergelaat en aan die sorg van sy bediende oorgelaat. Die Engelse het dit gebuit en die kolonel gevang wat op 'n koppie versuim en 'n moeilike tyd tussen die vuur van die Boere en die Engelse soldate beleef het. Aanvanklik was ek bang dat die Engelse berede mag voor ons by Abrahamskraal sou wees en alles sonder enige weerstand sou verower. Maar nadat hulle met 'n aanval begin en die agterhoede van ons konvooi gebuit het, het hulle nie verder gegaan nie, hetsy weens vermoeidheid of papbroekigheid. Slegs artillerie het ons op die regteroewer van die Modderrivier gevolg, waarskynlik met die voorneme om ons kampeerplek onder kanonvuur te steek. Nogtans is die bedreiging deur geen aksie opgevolg nie. Nadat ons by die kraal uitgespan het om die diere te laat suip, het ek die wa nog twee myl verder na 'n militêr aanvaarbaarder stelling verskuif, waar die Johannesburgse polisie ook nog geprobeer het om die vlugtelinge voor te keer. My planne om daar te kampeer, is deur die algemene vertrek van die waens getemper en dit was eers teen middernag dat ons – weer eens deur polisie voorgekeer – kon ontspan. Die vlugtelinge was oor 'n lang, onreëlmatige tou uitgestrek en hoewel die waens teruggehou is, het die ruiters deur die net ontsnap.

7 Maart. Ons het teen dagbreek vertrek om by die kruising van die paaie na Petrusburg en Abrahamskraal kamp op te slaan. Die vorige aand het 15 Franse wat van Pretoria af gekom het by my aangesluit. Die volgende oggend het nog 15 gearriveer. Baie van hulle het vir my briewe gehad waarvan die lees daarvan sleg met ons rampspoedige situasie saamgeval het. Die briewe was vol hoop en entoesiasme vir die Boere. Helaas! Hierdie houding was beklaenswaardig vir daardie Franse wat op sukses gehoop het en in die ramp beland het. Aan die begin het ek beter vooruitsigte gekoester. Vier ander Franse wat deel van 'n Duitse kolonne by Colesberg gevorm het, het ook na my gekom – in totaal dus veertig onder my bevel. Ek sal vanaand aan hulle sê wat ek van hulle verwag. Hulle sal die ruggraat vorm van die buitelandse groep wat ons hoop om saam te stel. As die klein groepie van d'Etchegoyen en Courtenay wat by Bloemfontein gelaat is (en ek weet nie waar nie versprei is) by my sou aansluit, sal ek ongeveer vyftig berede gewapende manskappe hê wat almal gretig is om te veg. Deur derhalwe ons waens binne bereik van Bloemfontein te laat, sal ek hulle môre na die front teruglei wat op die oomblik gehou word deur generaal De la Rey met 'n groep reserwes wat van Colesberg af gekom het en gedurende die nag by ons verby is. Hierdie halfdag van verposing was onontbeerlik vir ons arme perde, en kort soos die ruskans vir die muile was, was dit baie nodig in die lig van die onbekende reis wat ons terug na Transvaal kan lei.

XL

8 en 9 Maart. – Ek is deurmekaar met die datums en kan nie waarborg dat dit die 9de is nie. Ek sit in die veld in die skaduwee van 'n doringboom ongeveer drie myl van Abrahamskraal af en skryf. Ons is in die frontlinie onder aanvoering van generaal De la Rey en staan onder direkte bevel van generaal Andries P. Cronjé, die Vrystaatse generaal. Het ons enige voorposte? Ek het nie die vaagste benul nie en aanvaar heeltemal geredelik dat hulle die afwesigheid daarvan tot 'n deug verhef het. Is daar enige Engelse naby ons? Niemand weet nie. Sover dit die Boere aangaan, het hierdie 40 000 troepe verdwyn sonder dat ons weet of hulle noord of suid beweeg het. Dit is alles uiters moeilik om te begryp. Waarom het die Engelse verdwyn nadat hulle vir 'n groot geveg voorberei het? Ek glo hulle is gerieflik ingerig in die stellings wat ons ontruim het, vanwaar hulle hul voorsieningsdienste organiseer ter voorbereiding van 'n verdere opmars. Ons mense wend nietemin geen poging aan om uit te vind nie. Toe ek met my veertig Franse hier aangekom het, was 'n krygsraad aan die gang. 'n Baie lewendige woordewisseling het tussen generaal De la Rey en een van sy kommandante plaasgevind. Die verskil tussen die twee manne was opvallend. Die generaal is groot, rysig, regop en geklee soos 'n soldaat, terwyl die kommandant aangetrek is soos 'n predikant, wat ek vermoed hy is. Ek hoef nouliks te sê dat die enigste moontlike uitweg volgens die kommandant was om terug te val. 'n Groot aantal Boere het pas versprei langs 'n reeks koppies tent opgeslaan. Geen rantsoene of voer is uitgedeel nie. Elkeen leef van dit wat hy kry, soos die perde wat op die veld wei. Die krygsraad het die vraag bespreek of 'n opeenvolgende reeks koppies verdedig moet word ten einde Bloemfontein te dek, of eenvoudig slegs die koppies naby die stad.

Hulle het skynbaar nie eens eenstemmigheid bereik oor wat die gewone roetine van 'n krygsraad is nie. Ons het ons naby die kommandant[50] van die Johannesburgse polisie ingerig. Die Johannesburgse polisie is beroepsoldate. Daarna het ek uitgegaan en met my verkyker verkenningswerk gaan doen. Ek het geen Engelse opgemerk nie, maar wel 'n groot aantal hase op een van die koppies. Nou asem ek die heerlike vars lug in wat so algemeen op hierdie hoogte bo seevlak is en geniet die briesie wat salwend is. Ek het al die Franse wat ek verwag het, ongeveer veertig, bymekaar gekry. Hulle is redelik goed opgelei en baie goed bewapen. Hulle beskik oor waens en lyk gretig om hul bes te doen. Onder hulle is 'n Rus,

---

50 Kmdt. G.M.J. van Dam.

meneer Bagration, wat die Kaukasus verlaat het met die voorneme om te reis, maar wat 'n ompad geneem het om na Transvaal te kom. Hy behoort tot dieselfde Semitiese ras as die Tsjerkesse, is 'n uitstekende ruiter met 'n goeie perd en is heeltemal tuis op die vlakte, maar begryp nie waarom ek sy wa so ver agterlaat nie. Onder my jong medesoldate is D'Etchegoyen en De Bréda, kavallerie-offisiere wat oor troepe bevel voer, en 'n vlootluitenant, Châteauvieux, wat met die aanvang van die oorlog hier aangekom en dwarsdeur die veldtog geveg het. Hy en drie kamerade het 'n groep Duitsers onder aanvoering van kaptein Gaertner by Colesberg verlaat en gister hier aangekom. Die geselskap onder bevel van D'Etchegoyen het verdwaal en wou na Petrusburg terugval, maar het nadat hulle oor die Engelse opmars gewaarsku is, hier by ons aangesluit. Ons attaché, kaptein Demange, moes sy kar verlaat wat met die res van die sending terug Bloemfontein toe vertrek het en sluit nou te perd by my aan. Môre se verkenning sal die situasie opklaar. Dis heeltemal onmoontlik om te sê hoeveel ons is. Hoeveel Boere is deur die polisie voorgekeer en het teruggekom? Hulle beweer 8000. Kom ons stel dit op 4000.

10 Maart. – Gister het ek 'n slegte aand en nag beleef. Ek en De Bréda het ons perde verloor as gevolg van die agtelosigheid van die man wat hulle moes versorg. Alle navrae in die loop van die nag en teen dagbreek was vrugteloos. Onderwyl ek anderkant Abrahamskraal met verkenningswerk besig was, het ek ons perde opgemerk tussen perde wat die Engelse agtergelaat het. Ek het De Bréda gestuur om hulle te gaan vang. Ek sal 'n dankgebed tot sint Antonius rig want ek het nie verwag om hulle ooit weer te sien nie. Hierdie verkenningswerk het my langs die Modderrivier op tot by die Engelse voorposte geneem. Aangesien ons opgemerk is, het ons vinnig teruggeval om te voorkom dat ons afgesny word. Enkele skote is op ons geskiet sonder dat enige skade aan ons berokken is, maar ons moes in klowe skuil en plekke oorsteek waar dit onmoontlik gelyk het om terug te keer. My jong manskappe het alle bevele verontagsaam en al die geweerskote beantwoord, maar die dissipline sal verbeter. By ons terugkeer het ons links van die Boerelinie stelling ingeneem, waar 'n draaibeweging besig was om plaas te vind. Daar is tussen 12 000 en 13 000 Engelse. Hulle het verskeie kanonskote afgevuur na die koppie waar twee van ons kanonne in posisie is. Kaptein Demange is ernstig gewond toe 'n kartetskoeël hom in die dy getref het. [...] wat hom vergesel het, het my oor sy wond en sy vertrek na Bloemfontein kom inlig. Hy was bevlek met die bloed van 'n lid van die Johannesburgse polisie wat naby hom gewond is. Sover dit ons aangaan – behalwe vir enkele maximskote op die kavallerie – het ons niks gedoen nie as om na die beweging te kyk, wat nie in 'n geveg kon ontwikkel nie omdat die Boere nooit aanval nie en uit die Engelse lokval wou ontsnap voordat gestorm word. Ek was moeg vir hierdie nuttelose gewag, het op my perd geklim en my kampplek na die omgewing van die Modderrivier verskuif. Hier kan ek die perde water en voer gee. Hier is koelte en kan die manskappe was. Hier moet ek, 'n kolonel in 'n Europese leër, nou die kleinste roetinepligte uitvoer. Ek kla egter nie oor die algehele verwarring wat heers nie, want dit is een van die kenmerke van die situasie. Almal is uiters hoflik en probeer om my so ver moontlik help. Wanneer hulle koffie maak, wedywer hulle onder mekaar om aan my die grootste hoeveelheid te gee. Enige maaltyd sonder tee of koffie is vir my nou buite die kwessie. Met al hierdie kraginspanning het ek die een of ander stimulant nodig. Om sewe-uur deel hulle my mee dat almal vertrek. Geen bevel word gegee nie. 'n Ruiter wat op volle galop verbyry, dra hierdie inligting aan my oor. Ek stuur meneer Geyer, 'n knap Hollander, na die kommandant van die Johannesburgse polisie, Van Dam, om vas te stel wat aangaan. Van Dam is 'n uiters simpatieke persoon en 'n baie ferm bevelvoerder. Omdat Geyer lank wegbly, gaan ek self en ontmoet 'n luitenant van die polisie van wie ek verneem dat ons by ons kamp bly om môre in die koers van Petrusburg te opereer. Toe ek by my eie manskappe terugkom, vind ek dat hulle die perde opgesaal het. Die Boere wat verbygaan, het aan hulle gesê om dit te doen. Geen bevele van die bevelvoerders nie en klaarblyklik ook geen kans om hulle te ontvang nie. Ons vertrek na die Bloemfontein-pad. Courtenay deel my mee dat alles verander het en dat die polisie terugtrek. Ons sluit by hulle aan en uiteindelik verneem ek van die kommandant dat ons na Bloemfontein verskuif.

Generaal De la Rey wou die stad verdedig, maar generaal De Wet, wat pas van Bloemfontein af aangekom het, het beveel dat teruggeval word. Die saak word tot stemming gebring en die Boere is eenparig ten gunste daarvan dat teruggeval word. 'n Stowwerige en stil nagmars saam met die Johannesburgse polisie. My manskappe het hard en deeglik gewerk. Kamp opgeslaan by die eerste winkel waar ons aangekom het; 'n plek waar ek reeds twee keer tevore oornag het.

11 Maart. – Vertrek na Bloemfontein. Die Engelse groet ons met 'n paar sarsies wat geen skade aanrig nie. Ons het laaste weggetrek, want ek was gretig om die perde te spaar. Die roete loop deur die oorblyfsels van vorige kampeerplekke van die Boere. Ons het by 'n plaas stilgehou waar my Franse manskappe op 'n aantal kalkoene en eende beslag gelê het, sonder om te vergeet om hulle ook aan kool, wortels en ander tuinprodukte te help. Dit is 'n voorspel tot die jag na perde wat môrenag naby Bloemfontein sal plaasvind. Ek kry twee perde wat my agterryer triomfantelik vir my bring. Ek het geen benul waar hy hulle gekry het nie. Ek het nie tyd om op die saak in te gaan nie, omdat 'n belangrike besluit geneem moet word by die ontvangs van 'n definitiewe bevel of opdrag. So 'n opdrag word dikwels te midde van die verwarring en ontsteltenis van 'n nederlaag uitgereik en dan moet dit gehoorsaam word. Sal hulle Bloemfontein verdedig of nie? Dit sal gekheid wees, want die pad op die regteroewer van die Modderrivier eindig naby Brandfort en sny die verdedigers van die stad van hulle natuurlike terugvalsroete af. Die stelling wat Bloemfontein sal dek, moet op die regteroewer ingeneem word, op 'n plek wat nie verdag is nie. Ek weet van so 'n plek en sou graag duisend Franse soldate by my wou gehad het om aan die Engelse te demonstreer hoe ek dit sou doen.

12 Maart. – Vertrek om drie-uur die oggend. Dit is ontsaglik moeilik om oor 'n groep vryskutsoldate bevel te voer: orde is noodsaaklik, maar elke individu is geneig om slegs aan sy behoeftes te dink. 'n Stadige mars het lang haltes. Al die waens behalwe die een met 'n gebreekte disselboom het teen eenuur by die drif naby die spoorwegbrug oor die Modderrivier aangekom. Ek verlaat die verkenners wat vooruit gestuur is, en gaan doen op my eie verkenningswerk vir 'n verdedigbare stelling op 'n plaas aan die ander kant van die Modderrivier. De Bréda deel my mee dat die drif moeilik is om oor te steek. Ek het daarheen gegaan en die groep beveel om met 'n ander pad na 'n alternatiewe drif te gaan. Ek het Châteauvieux aangetref wat met bewonderenswaardige beslistheid die wa wat agtergelaat is, gebring het nadat hy 'n disselboom van iemand opgeëis het. 'n Aangename stilhouplek waarvandaan dit moeilik was om die manskappe en perde sover te kry om te vertrek. Maar dit was hoog tyd om aan te beweeg Brandfort toe. Ek sien dat met die waens in laerformasie getrek is en keer na die plaas terug waar ons vanoggend was, aangesien die Engelse teen dagbreek daar kan aankom. Dit was 'n moeilike mars deur die veld, maar ons het ons bestemming bereik pas toe ons dit as 'n nuttelose onderneming wou prysgee. Dit is 'n aspek om in gedagte te hou en nieteenstaande enige militêre noodsaak daarvoor, sal ek met hierdie nagmarse oor 'n terrein sonder paaie ophou. Bed toe om 12:30; op om vieruur.

13 Maart. – Die kanonne bulder oor Bloemfontein. Ons perde is opgesaal en ons bly paraat. Die perde het verlede nag baie hawer gekry, want voer op die plaas is volop. Die arme diere het dit nodig gehad. Die neiging bestaan hier by mense wat nie aan perde gewoond is nie, om 'n hele aantal perde aan te hou, maar twee of drie swak gevoede, afgeleefde diere maak nog nie een goeie een nie. Nadat die stellings bepaal is, wag ons. Die Engelse kom nie. Hulle ag dit skynbaar voldoende om die verskrikte Boere voor hulle uit te dryf. Dit is nie meer 'n leër wat vernietig moet word nie; dit het 'n groep landbouers geword wat daarna uitsien om na hulle plase terug te keer, met geen ander gedagte nie as hulle eie veiligheid, en wat daardie gedagte slegs vir 'n oomblik laat vaar om die perde te vang wat op die vlakte wei. 'n Kort kanonnade gaan die intog in Bloemfontein op die hakke van hierdie vlugtelinge vooraf. Geen verwoesting van die spoorweg nie; selfs geen poging by die Modderrivierbrug nie. Geen enkele dinamietkers kan gevind word nie. Hierdie besprekings is hartverskeurend as 'n mens dink aan die tyd wat bestee word, en die middele wat tot hierdie krygsrade se beskikking is. Dit is onmoontlik om selfs advies te gee, want daar is so 'n algehele afwesigheid van enige gesag om dit te benut. Ek het my waens na 'n veilige plek geneem en 'n goeie posisie ingeneem. Nadat dit duidelik was dat niks verder gedoen kon word nie, het ek teen die middag met 'n deel van my afdeling vertrek. Bykans 'n dosyn wat laat was, is agtergelaat. 'n Mens kan nie enige dissipline handhaaf of enige militêre erns by mense tuisbring wat nie as beroepsoldate na Suid-Afrika gekom het nie en eenvoudig as tydverdryf aan oorloë deelneem. Op enkele skitterende uitsonderings na, het hulle te veel slaap en kos nodig om werklike goeie soldate te wees. Hulle is hoogstens geskik om in die kommando's te dien. Hulle arriveer gereed om verslaan te word en verdwyn in die ramp.

Om twaalfuur vertrek ons na Brandfort. Die gebrek aan behoorlike leiding ontstem my en ek besluit om as bevelvoerder te bedank, aangesien dit slegs slawerny sonder enige kompensasie is. Ons trek op 'n stappas voort om ons perde te spaar; 'n stofwolk verskyn links van ons en aanstons merk ons die verkenners van die voorhoede. Die Engelse het 'n beweging uitgevoer om ons by Brandfort te omsingel. Ons galoppeer vinnig na die dorp, waar ons waens moet wees. Ons afgerende perde span hulle kragte vir oulaas in, tot die grootste verbasing van hulle ruiters. Ten spyte van die ywer van die Engelse voorhoede kry ons uiteindelik 'n voorsprong op hulle en wanneer hulle merk dat ons na Brandfort beweeg, ry hulle stadiger en hou uiteindelik stil omdat hulle blykbaar in die waan verkeer dat ons mag groter is as wat dit werklik is. Dit gee ons tyd om die perde in te span en terwyl die konvooi gereed maak om na Kroonstad op te ruk, laat ek my paar skutters echelonsgewys regs van die dorp stelling inneem om teen omsingeling te waak. Terwyl ons gewag het, het 'n heftige woordewisseling plaasgevind met die landdros wat gevrees het dat enige skietery weerwraak van die Engelse tot gevolg kan hê. Ek het hom in Engels, Frans en Duits my opinie oor sy lafhartige gedrag gegee en hom verseker dat indien die Engelse kom, ek hom sou wys hoe 'n paar Franse 'n stelling kan behou wat deur die Boere ontruim is. Intussen het ons waens vertrek, die nag was besig om te daal en dit was duidelik dat die Engelse nie sou aanval nie. Ek het stasie toe gegaan om generaal Joubert te gaan groet en by hom 'n paar perde te kry om dié te vervang wat my ruiters onbruikbaar gemaak het toe hulle geleer het om perd te ry. Ek het by dié geleentheid gebaat deurdat ek 'n goeie skimmelperd vir my eie gebruik ontvang het. Ons het ons waens met die pad na Winburg gevolg. 'n Ent buite Brandfort het 'n koerier van generaal Joubert my versoek om na Brandfort terug te keer en 'n aantal koppies naby aan generaal De la Rey te beset. Op hierdie tydstip is dit onmoontlik om uitvoering aan die bevel te gee en ek keer na Brandfort terug, waar ek in die hotel gaan slaap het, ten spyte van die vrese van my manskappe wat slegs die versekering van my kon kry dat ons om nege-uur die volgende oggend by die stasie sal vergader. Hulle het in die pad geval en op 'n plaas sewe myl buite Brandfort oornag. Hierdie voorbeeld van hulle vermoë tot samehorigheid is afdoende bewys dat my traak-my-nie-houding die moeite werd is. Wat myself betref, ek beskou die hele aangeleentheid asof die verwydering tussen my en my manskappe nie langer bestaan nie en gaan my eie gang.

XLI

14 Maart. – Marsjeer na Winburg waar ons ons waens aantref. Die siekes het in Bloemfontein agtergebly of het per trein Kroonstad toe gegaan. Party het agtergebly om deur die Engelse gevang te word; ander het by Brandfortstasie gestop om vir 'n trein te wag. Dan volg 'n rit van tien uur op 'n galop om voor donker aan te kom. 'n Groot ontvangs deur die landdros wat 'n indrukwekkende vertoning van verwoede patriotisme lewer in 'n toespraak wat hy voor die Franse hou terwyl hulle by die hotel eet. Ek tolk met heelwat byvoegings. Hy gee aan ons rantsoene en voer en betaal vir ons drankies en aandete. Verdere beleefdhede eindig met nog drankies ten spyte van die oorweldigende uitputting en die begeerte om te slaap. Verskeie Duitsers is hier, waaronder die hoof van die polisie op Winburg. Hulle is baie hoflik. Ek is altyd met groot hoflikheid ontvang deur die Duitsers in Suid-Afrika, wat altyd gevlei voel as 'n mens hulle in Duits aanspreek.

15 Maart. – Hulle het dit oorweeg om my waens per spoor te stuur, maar nadat die saak met die stasiemeester bespreek is, was dit duidelik dat alles deurmekaar is. Ek het De Bréda gewaarsku dat ons om elfuur vertrek. Ek het afskeid geneem van die landdros, wat in geen opsig dieselfde man as gisteraand was nie. Hy is klaarblyklik een man in die aand en iemand heeltemal anders in die oggend. Om 11:30 het ek van my Franse manskappe afskeid geneem, spyt oor die paar goeies maar sonder enige illusies oor die res, wie se idees oor die hoeveelheid voedsel en rus wat hulle nodig het, te ver ontwikkel is dat hulle ooit krygsliede sal word. Ons marsjeer deur 'n swerm sprinkane, oor natuurskone vlaktes na die winkel van 'n Jood wat 'n bohaai opskop omdat ons ons ete geniet naby 'n skuur wat aan hom behoort. Hy dreig om ons aan die landdros uit te lewer weens betreding op private eiendom. Ek het hom sleggesê met al die Engelse uitdrukkings waaraan ek kon dink en het geweier om weg te gaan; derhalwe kon ek in sy skuur slaap.

16 Maart. – Die Engelsman[51] het verskoning gevra en ons het as die grootste vriende van mekaar afskeid geneem nadat ons gedagtes oor sake van die dag gewissel het. Daar is regerings wat sal baat deur oor hierdie insident na te dink. As ek sy bevel gehoorsaam het en sonder meer weggegaan het, sou hy hartgrondig op my neergesien het. Onthou dat hy gisteraand geweet het wat my rang is, net so goed as wat hy vandag daarmee bekend is, en dat hy nie aanvaar het dat ek 'n Boer is nie, soos hy na die tyd aan my verduidelik het. Maar hy het gemerk dat ek energiek was en nadat hy probeer het om vrees by my in te boesem deur my te oorbluf, het hy verkies om tot 'n vergelyk te kom. Ontbyt by Ventersburg, waar my rytuig kwalik stilgehou het toe 'n jong man vir my 'n heerlike skaapboud en vars melk bring. Hierdie spontane gasvryheid wanneer om niks gevra word nie, is 'n bekoorlike karaktertrek van die Boer. Reis is 'n noodsaak en hy help die reisiger sonder om enigiets as beloning daarvoor te verlang.

---

51 Jood.

17 Maart. – Kom op Kroonstad aan en bevind my midde-in 'n krygsraad waar ek met die grootste eerbied ontvang word. Die twee presidente asook Joubert het opgestaan en my hand geskud. 'n Stoel is vir my langs Kruger aangebied. Hulle het besluit om die oorlog voort te sit en buitengewone maatreëls sal getref word teen daardie Boere wat huistoe gegaan het. De Wet het 'n strategiese aanvalsbeweging teen Bloemfontein voorgestel, natuurlik met die voorbehoud dat die taktiese verdediging gehandhaaf word. Ek word as generaal aangestel en kry bevel oor alle Europeërs wat ek in 'n legioen moet verenig. Hulle belowe my alles; hulle staan alles toe wat ek vra. Ek aanvaar hierdie verantwoordelikheid met 'n gevoel van skeptisisme in die lig van die ondervinding wat ek pas met van die Franse soldate gehad het. 'n Aantal van hulle het eenvoudig Pretoria toe vertrek. Ek het hulle voorade laat afsny en sal hulle uit my legioen wegja wanneer hulle weer hulle opwagting maak. Hier het ek die voorraaddepots versoek om niks sonder my handtekening te oorhandig nie. Daar vind reeds te veel misbruike plaas. Party Franse – selfs daardie wat op grond van hulle sosiale stand hulle nie aan sodanige gedrag skuldig behoort te maak nie – het hulle aan nuwe klerasie, toerusting, saals, perde, ensovoorts gehelp; alles ten koste van die staat. Terwyl hulle reeds tente en wavragte van alles het, word hulle boonop gratis by hotelle gevoed. Hulle ag hulle baie slim om alles so in die hande te kry, maar vergeet dat sulke gedrag negatiewe opinies uitlok. Dit tref my met geweld hoeveel manne die militêre aspek van hulle teenwoordigheid hier uit die oog verloor, onder 'n wolk van idees wat 'n mens verkieslik reken as die spesiale eiendom van Moses se ras, eerder as dié van 'n Christelike volk. Ons slaan kamp op en laat hierdie sluwe siele toe om hulleself ten koste van die staat te verryk. Hierdie probleme waarmee ek te kampe sal hê, is sekerlik ernstiger as enige van dié wat ek met betrekking tot die Engelse moet oplos. Party van my manskappe eis meer vergoeding as dit waarteen hulle gewerf is. Die Joodse gees het gewis vreemde woonplekke. Ek het 'n tyd saam met president Kruger in sy pragtige presidensiële spoorwegwa deurgebring, waar sy innemende geneesheer, dr. Heyman, Rynwyn aan ons voorgesit het. Die president het aan my gesê: "Al die Europeërs eis jou aanstelling as bevelhebber vir hulle op, maar ek is baie in my skik, veral omdat dit Frankryk is wat die eer vir die aanstelling kry." President Steyn het nadat hy afskeid geneem het, die Franse militêre attaché ontbied om hom mee te deel hoe bly hy was om my by hom te hê.

Sondag, 18 Maart. – Gesels met verskeie mense, onder andere 'n aantal Duitsers en graaf Von Wrangel, wat almal by my wil aansluit. Ek geniet aandete saam met 'n aantal Hollanders, attachés en Transvaalse amptenare. My heildronk op koningin Wilhelmina is 'n groot sukses. Lang gesprek met die seun van mnr. Fischer, 'n lid van die Uitvoerende Raad, wat baie ontsteld is oor Demange se idee van wat korrek is. Hy besef nie dat daar nie so iets as korrektheid hier is nie. Fischer belowe my al die perde wat ek nodig het.

19 Maart. – Lang gesprek met president Steyn wat baie inskiklik is. Ek versoek dat: 1. 'n afdeling saamgestel word uit die verskillende Europeërs in die laers; 2. Afrikaners toegelaat word om by die afdeling aan te sluit; 3. 'n aantal telegrafiste tot my beskikking gestel word, en 4. 'n voertuig vir dinamiet aan my beskikbaar gestel word ingeval die een uit Transvaal vertraag word. Alles word goedgekeur; hy sal sorg dat aan die versoeke voldoen word. Meneer Coleman sal die versoek oor Afrikaners hanteer en belowe my dertig Boere. Ek hoop dat ek honderd gekeurde ruiters sal hê. Aanvanklik wil ek nie meer as dié getal hê nie. Die attachés geniet aandete by my.

20 Maart. – Die hergroepering gaan voort; die korps soos dit saamgestel is, kom voortdurend aan. Ek het 'n spesiale trein saamgestel waarmee ek graaf Von Wrangel stuur om die Duitsers en Amerikaners asook my dinamietwa in Pretoria te gaan haal. Ek het gewis as aide-de-camp 'n offisier wat in die ganse wêreld die minste geskik is vir die amp – 'n regte remskoen, 'n hoop luiheid en onbevoegdheid in elke opsig, behalwe wanneer dit 'n kwessie is om iets te kry waaruit hy hoop om voordeel te trek. Hierdie takhare is beslis buitengewoon geslepe. Daar vlieg gedurig aantygings rond tussen die avonturiers onder my bevel – hulle beskuldig mekaar onophoudelik van alle moontlike skelmstreke en diefstal. Ná my diens as bevelvoerder in die Vreemde Legioen is ek nou inderdaad die aanvoerder van 'n bende struikrowers. Sal hulle veg? Dit sal ek moet vasstel. Dit is onmoontlik om die afdeling te takseer. As ek met sukses uit hierdie saak tree, sal dit wees omdat God genadig is. Joubert het teruggekeer en besoek daagliks saam met die president die stellings. Hulle het vandag gesê dat generaal Gatacre op pad na Norvalspont deur Grobler gevang is en dat die Engelse 'n mag van 16 000 stuur om Grobler teen te staan. Alles is duister omtrent die situasie van die Engelse.

21 Maart. – Ek probeer om 'n perd te koop en hulle bring vir my 'n afskuwelike dier wat op die Boeremanier voortdrentel, maar wat ek nietemin koop omdat hy sterk lyk en goeie bene het. Hy is voorheen deur die rapportryers gebruik. Kommandant Smorenburg[52] bring die Hollandse korps met vlieënde vaandels na my toe. Ek inspekteer hulle en spreek hulle toe. Voorkoms in die algemeen goed. Noudat ek iets van hulle gesien het, sal ek nogtans wil weet wat hulle werd is. Ek wag op manskappe en het voldoende manskappe, maar geen perde of krygstuig nie. Ontslae geraak van my rapport aan die president; 'n halfdag het verlore gegaan om dit te vertaal. Hierdie land is die een waar alles tot môre uitgestel word. Coleman is besig om sy korps Afrikaners op die been te bring en het na Winburg vertrek waar, volgens hulle, die front is; 'n front waaroor hulle, vermoed ek, eintlik effens verleë is.

22 Maart. – Het aan die koningin van Nederland geskryf. Die ongelukkige Demange het 'n reeks ongelukke. Eers breek sy Europese bediende sy been deur by die trap van 'n hotel af te tuimel, daarna is sy muile wat by dié van die regering gehou is, deur die artillerie opgekommandeer, en laastens het hy ontdek dat 'n medegas, 'n Hollander in diens van die Transvaalse regering, op koste van die attachés 'n ongehoorde hoeveelheid Franse wyn (Château Lafite) en sjampanje (Moët) gedrink het wat sy rekening op 'n enorme bedrag

---

[52] Een van die Hollanderkorps se offisiere. Hy is in April 1900 by Boshof gevang en na St. Helena gestuur.

te staan gebring het. Ek rig 'n dringende versoek om dinamiet en perde. Die president en die regter is baie hoflik en beloof alles. Ek laat Coleman agter om sake te bespoedig en gaan na ons kamp terug om vir 29 Franse en 90 Hollanders te reël. Te midde van al hierdie wanorde het ek die minimum ontvang van alles wat ek benodig.

23 Maart. – Om nege-uur het niks nog aangekom nie. Ek bring my tyd deur met die ondertekening van rekwisisies vir die Franse wat nie 'n enkele ding het wat hulle nie verander wil hê nie. Hulle het nouliks in die land aangekom of al hulle toerusting vereis hernuwing. Party het hulle op die weelderigste wyse op Kroonstad ingerig, asof hulle vir die res van hulle lewens daar gaan bly, en doen net moeite om uit te gaan wanneer hulle verplig word om te marsjeer. Ander vertoon die mees onbeholpe welwillendheid in hulle pogings om hulself te verlos van al die probleme wat die besit van 'n perd – wat hulle óf laat wegraak óf onbruikbaar maak – 'n saal, ammunisie, ensovoorts meebring. Hulle was nog altyd 'n groot bron van uitgawes vir die twee Boererepublieke en ek het geen duidelikheid oor watter diens hulle gelewer het nie. Intussen slaan ek 'n droewige figuur vir 'n generaal, sonder 'n stafoffisier of selfs 'n ordonnans om my te vergesel. Die regering is radeloos; alles ontbreek, selfs die eenvoudigste noodsaaklikhede; daar is geen wapens nie, feitlik geen patrone nie, geen saals en tooms nie. Dit gaan sleg en hoe energiek 'n mens ook al is, 'n mens is geneig om te swig te midde van hierdie algehele ineenstorting. Die dinamiet het pas uit Pretoria aangekom, maar die perdekar wat dit moet vervoer, het verdwyn. Ek het ses en twintig perde in plaas van sestig, nie 'n enkele arbeider of depot nie en ek is bevrees dat ek sake net vertraag deur 'n herrie op te skop. Van die manskappe wat aan my toegewys is, is party ver weg, ander daag nooit op nie. Pretoria hou 'n groot aantal van hulle terug onder die voorwendsel dat hulle hergroepeer word. Dit is die einde, daaroor kan geen twyfel bestaan nie, maar ek vrees dat dit selfs 'n ellendiger einde is as wat ek verwag het. So ver dit my aangaan, is die Europeërs in dieselfde bootjie as die Boere. Ten spyte van die feitlik sinnelose vermindering van alles wat ek aangevra het, kan ons nie vertrek nie, omdat die drywer van die perdekar nie opgespoor kan word nie. Ek het versoek dat sestien swart mans vir die pakperde vir die uitval en vir die gesonde perde by die depot tot my beskikking gestel word. Ek het nie 'n enkele een gekry nie. Ek het die pakperde weggelaat omdat dit gevaarlik is. Slegs vier sal deur die ruiters gelei word. Ek laat vaar die depot heeltemal. Dat die voorspoed van my geselskap afhanklik moet wees van 'n vervlakste arbeider was my so vertoorn het dat ek nie kon slaap nie. By die stasie was 'n trein oorlaai met Boere wat generaal De la Rey verlaat omdat hy geweier het om verlof aan hulle toe te staan om huis toe te gaan. 'n Mens vra jouself af hoe die Boeregeneraals onder sodanige omstandighede moet reageer indien hulle besef wat oorlog is. Meneer Reitz deel my mee dat hulle 'n aantal Boere onder my bevel gaan plaas. Ek kan my indink dat hulle, indien hulle van hulle regte as vrye burgers gebruik maak, nie lank by my sal bly nie. Daar is nogtans enkeles oor wat wil veg. Dié wat agterbly, het hulle redes daarvoor om tot aan die einde van die oorlog te bly. Ek het aan Pretoria voorgestel dat alle voorrade afgesny word vier dae nadat hulle die bevel ontvang het om weer aan te sluit.

XLII

24 Maart. – Ek het die bevel aan die Russiese kolonel, Maximof, oorhandig, wat hom skynbaar wil onderskei deur soveel moontlik van die regering te vra. Ek het ook 'n Hollander, meneer De Bruyeres, wat as sekretaris na my gestuur is aan hom toegewys. Hy is 'n regeringsamptenaar wat, hoop ek, selfbeheersing by Maximof sal meebring. Dit was 'n verskriklike dag vir die kantoor van meneer Hertzog (die regter). Hulle het baie goed daarin geslaag om vir my muile, drywers, ensovoorts, te kry, wat weggeneem word of verdwyn so vinnig as wat hulle gegee word. Ek kan byna sê dat die kantoor die ganse dag in die saal was. Die drywer van my dinamietkar is uiteindelik ontdek tussen 'n klomp swart arbeiders wat by Kimberley gevang is. Die dag gaan verby terwyl die stemming wissel tussen hoop en vertwyfeling. Ek het twintig vars perde ontvang en dit gee my hoop dat ek môre my bediendes sal kry, asook 'n klein polisiemag om die Boere te verhinder om hulle van my te steel. Ek het verskillende soorte dinamietkerse op die perdekar gelaai. Ons het amper weer teëspoed gehad toe 'n lid van die kommissariaat in 'n woordewisseling met die drywer van die dinamietkar betrokke was. Die geldkwessie is ook lastig. Ek verkies om niks daarmee te doen te hê nie, aangesien 'n mens weet dat die besprekings wat daar was, gehandel het oor die wyse waarop amptenare geld verdien. Ek sou eenvoudig verkies om rekwisisies vir dit wat ek nodig het, aan die landdros uit te reik. Intussen gee hulle my op die laaste oomblik 'n tjek – wat lastig was – maar wat ek uiteindelik vir Britse geld gewissel het. My afdeling het geleidelik die sterre sien verskyn sonder dat ons in staat was om te vertrek.

25 Maart. – Ons het ná 'n vertraging van meer as 'n uur en 'n half vertrek. Eers die een en dan die ander ding totdat ons om 8:30 in plaas van 7:00 vertrek het. Die nag was donker met reënbuie af en toe. Die marsorde is dwarsdeur die nag goed gehou, aangesien dit uiters noodsaaklik was om naby mekaar te bly. Soms het die pad verdwyn; dan moes ons halt en inligting by die naaste plaas gaan kry. Met dagbreek het ons oos in plaas van wes gekyk. Ek het saam met De Bréda na 'n plaas gegaan om navraag te doen. Die inwoners verstaan nie 'n enkele woord Engels nie, maar ek het deur middel van tekens en gebare vasgestel waar ons was en ontdek dat ons vier myl terug moes gaan om die hoofweg te kry en dat ons die winkel by Smaldeel nie voor die aand sou bereik nie.

Ons vertrek weer om elfuur. Die vryheid wat vanoggend met die mars toegelaat word, het tot gevolg dat die hele afdeling versprei raak en daarna op 'n volle galop terugkeer. Party Franse manskappe het selfs op 'n trop wildebeeste gevuur. Hulle behoort aan 'n Boer wat hulle in 'n soort park aanhou, naby die plek waar ons hoop om die nag te vertoef. Ek het so vinnig moontlik die gebrek aan dissipline onderdruk. Ná die middagpouse is die afdeling hergroepeer en het dit met groter orde voortmarsjeer en by tye selfs gedraf. Die noodsaak om bymekaar te bly was al wat ek in die koppe van my geïmproviseerde soldate probeer inprent het. Om sesuur was ons steeds twee kort ure van Smaldeel af en het ons naby 'n plaasheining kamp opgeslaan. 'n Groot hoeveelheid voer is versprei (vier gerwe per perd) en 'n aantal skape is aangeskaf. Dit is reeds duidelik dat weens die klimaat in dié streek – waar siektes ontstaan as gevolg van langdurige verblyf op groot hoogtes bo seevlak en die skielike verwisseling van hitte met koue – die uithouvermoë van mens en perd beperk is. Ek sal gelukkig wees as ek hoegenaamd my plan kan uitvoer. Nietemin, dit sal langer neem as wat ek gedink het.

26 Maart. – Die gewone gesukkel met Boeretraagheid. Hulle het die karre waarop die dinamiet is, oorlaai. Die Boere is van nature ongeërg. Elke huis word 'n stilhouplek en die mars word dienooreenkomstig vertraag. Hulle gaan om 'n glas melk, brood, inderdaad enigiets te kry; wat hulle hoegenaamd nie interesseer nie, is die noodsaak om die mars voort te sit. Die gevolg is dat ons by 'n tak van die Vetrivier moes kamp opslaan, wat my idees oor kartografie en die rigting van Hoopstad heeltemal omvergewerp het. Ten spyte van De Bréda se gesnork, het ek goed geslaap. Ek moes uit sy omgewing padgee en het digby 'n bediende geslaap wat kwaai hoes.

27 Maart. – Sake verloop so stadig dat ek besluit het om vandag saam met Coleman en die Boere Hoopstad toe te gaan om die nodige reëlings te tref vir die afdeling wat eers môre kan arriveer. Ek hoop om perde, inligting, 'n gids, voer, voedselvoorrade, trouens alles wat nodig is, te kry. Ek oorhandig die bevel aan kommandant Smorenburg, met twee Boere as gidse. Ons ry deur 'n swerm sprinkane wat ons volg en rondom ons bly. Dit bedek selfs die grond rondom die winkel waar ons stilhou om ons perde te voer en ons te verfris met die uitstekende koffie en melk wat die eienaar, 'n Boer, ons aanbied. 'n Perdekar arriveer met die landdros van Hoopstad, dr. Baumann, wat waardevolle inligting aan my verstrek en my alles belowe wat ek nodig het – perde, gidse, voedsel en, laastens, die vriendelike welwillendheid van sy huis. Sy vriendskap met Coleman dra daartoe by dat hy nog inskikliker is. Die landdroste speel in alle opsigte 'n uiters belangrike rol, want dit is hulle wat die hulpbronne van die land tot die strydende magte se beskikking stel. Hulle is nie slegs intelligent en bekwaam nie, maar is ook beleefd en het die vermoë om sake met 'n ruim blik te betrag. Ek het aan die landdros my vrese verduidelik oor die Engelse se keuse van die Vaalrivier as 'n operasielyn teen Transvaal op dieselfde wyse as wat waarvolgens hulle die Modderrivier gebruik het om teen die Vrystaat op te tree. Hy antwoord dat dieselfde gedagte by hom opgekom het. My verkenning sal in elk geval uitsluitsel gee oor die strategie wat by toekomstige operasies gebruik moet word: óf die strategiese opmars via Kimberley en die Vaalrivier; via die Modderrivier, Koedoesrand en Bloemfontein; óf via Colesberg en Bloemfontein moet geskied. Die hoof van ons kolonne arriveer wanneer ons die winkel verlaat. Ek maak kennis met generaal Bredenkamp wat onder Cronjé gedien het. Die mars gaan ten spyte van die skroeiende hitte – 42 °C in die skaduwee – vinnig voort. Om 12:30 stilgehou. Ek waardeer die vriendelikheid van die Boere en die aandag wat aan my geskenk word. Daar is wedywering oor wie my perd sal versorg en wie vir my melk, koffie, ensovoorts, sal bring. Soos hulle, neem ek slegs vloeibare verversings soos melk en koffie in. 'n Mens dink nie eens aan vaste spyse nie. Ons het van 7:00 die oggend tot 19:30 die aand 53 myl afgelê, waartydens ons drie keer afgesaal en twee keer stilgehou het, een keer vir bykans 'n uur en een keer vir byna twee uur. Ons het ons perde twee keer gevoer en een keer water gegee. Die perde is in 'n goeie kondisie en beweeg vinnig. Nie een van hulle is skynbaar deur die tog uitgeput nie. By die Vetrivier, die laaste stilhouplek, het 'n Boer ons melk aangebied. Dié man was 'n vet, papperige skepsel wie se gesig as gevolg van bysteke heeltemal opgeswel was, terwyl sy dogter 'n skoonheid soos in 'n skildery van Raphael gehad het. So groot was die kontras tussen vader en dogter dat die raaisels van ouerskap vir my onoplosbaarder as ooit tevore voorgekom het.

29 Maart. *(Die eerste agtien reëls is onleesbaar.)* Pas het drie perdekarre gearriveer – een met landdros Baumann en nog een met baron Van Dedam wat hartlik deur my broer by my aanbeveel word. Hy is 'n voormalige offisier in die Nederlandse kavallerie. Saam met hom is die Ierse volksraadslid, Michael Davitt, wat protesteer teen die onregverdigheid van die Engelse regering teenoor die Boere en uit sy setel in die parlement bedank het. In die winkel het ons 'n gesprek gehad oor die beste manier waarop die Boere bygestaan kan word en oor die moontlikheid om betogings ten gunste van die

Boere in Frankryk te organiseer. Ek was saam met twee mans wat vasbeslote was om in hulle doel te slaag, maar ek het beslis enige gedagte afgekeur wat op 'n diplomatieke insident steun waarby die Franse regering ingesleep kon word, soos die stuur van 'n skip onder die Franse vlag met gewapende vegters. Met 'n regering wat in die verleentheid gebring is, kan slegs oneer en herroeping verwag word as eindresultaat van enige diplomatieke voorval. Daarvan het ek genoeg gehad, want dit is altyd Frankryk wat ly. Ek het gehoop dat die oorlogsgeluk met die Boere sal wees en dat hulle sal seëvier as hulle kan volhou; en ek het aangetoon dat die dood van Joubert – hoe betreurenswaardig dit ook al was om iemand te verloor van sy kaliber; 'n man wat Frankryk opreg liefgehad het – eintlik nie 'n militêre verlies was nie; terwyl die aanstelling van Botha nuwe stukrag aan die operasies sal gee en nuwe vertroue onder die Boere sal wek. Ek is dit ten volle eens met die gedagte dat die Boere tot die aanval moet oorgaan.

Aangesien dit blyk dat die kontingente wat uit Frankryk aankom, baie verskil ten aansien van hulle militêre vermoëns, het ek voorgestel dat manne gewerf word wat voorheen onder my gedien het. Duisend van hierdie manskappe behoort gewerf te word; 'n skip moet gehuur word om hulle volledig toegerus, behalwe vir wapens ('n klein bajonet uitgesluit) te vervoer; hulle behoort in Lourenço Marques aan wal gesit te word en moet in klein groepe na Pretoria vertrek waar ek bevel oor hulle sal neem. Ek het in die fynste besonderhede ingegaan op mobilisasie en vervoer en het die koste op […] beraam. Die regering moet aandui of hy die fondse kan voorsien. Daarna het ons die moontlikheid van Europese ingryping uitvoerig bespreek en het ons saamgestem oor die welwillende onpartydigheid van die Duitse keiser, wat slegs voordeel kan trek uit enige vernedering wat Engeland mag ervaar, selfs al sou hy nie daarin slaag om 'n gedeelte van Mosambiek in te palm nie. Nadat ek enige moontlike inisiatief van Frankryk afgekeur het omdat daardie land geen behoorlike regering het nie, was ek van mening dat enige optrede van Rusland om diplomatieke redes Frankryk by sodanige optrede sal betrek.

Ingryping sal geskied as ons net kan volhard. Engeland sal van soldate en fondse gestroop wees. Daarom moet ons die stryd hardnekkig voortsit. Ek het 'n beroep op my voormalige soldate aan Davitt, wat na Frankryk terugkeer, oorhandig. Hulle behoort sonder twyfel daarop te reageer.

31 Maart. – Ek het my gaste na Kroonstad weggestuur; meneer Van Dedam sal my by my terugkeer daar ontmoet. Ek bly agter en wag op die perde wat die landdros – wat in die nag vertrek het – my belowe het. Arriveer om sesuur die aand op Hoopstad. Meneer Vels het 'n goeie klompie perde vir die oorblywende Hollanders versamel. Ek eet by hom en hy bring vir my 'n telegram van president Steyn wat so beleefd is om my voor publikasie van die amptelike nuus in te lig oor die oorwinning wat generaal De Wet by Brandfort behaal het. Ses kanonne en waens is van die Engelse gebuit. Hierdie gebeurtenis was nodig om te toon dat ons nog lewe. In die toekoms sal hulle besef dat ons van plan is om voort te veg. Ek moet dit nou bewys.

XLIII

1 April. – 'n Aand van besoeke – genooi om aandete by Vels, wie se welwillendheid en sorgsaamheid ongeëwenaard is, te gaan geniet. Hy het vir ons 'n klompie eersteklas perde gekoop, maar die onkunde van die Hollanders oor perde sal verhoed dat ons enige voordeel uit hierdie meevaller behaal. Ek het hom versoek om 'n aantal perde wat minder werd is, by te voeg om te lei. Hy het 'n baie goeie perd vir my teruggehou. My eie perd is baie mank en moet agterbly.

Vertrektyd is vir twee-uur bepaal. Ons verlaat Hoopstad, ongeag op watter manier. Voordat ons die rivier bereik het, het een van die perde die loop geneem en moes ons stap. Met ons deurgang deur die drif het die kolonne in algehele wanorde geraak. Uiteindelik het ons baie stil begin draf en dan, wat 'n gesig! Die handperde raak los van mekaar, saals draai na onder, alles word versteur en die ongelukkige ruiters kom in die verknorsing. Ek wag in die pad saam met die gids. My handperd het alles in die stof afgegooi – suiker, dose ingelegde vrugte, ensovoorts. Dit is 'n volslae ramp so ver dit ons mae aangaan. Vir my is dit eweneens betreklik algeheel wanneer ek dink aan die kavallerie wat ek op die punt is om teen die Engelse te lei. Daardie nag het ons min vordering gemaak; selfs teen looppas was daar ongelukke. Een Hollander het terug Hoopstad toe gegaan omdat sy saal van bo van die perd se rug af na onder gedraai het. Daar kon meer gewees het. Ek het geen verdere aandag aan hulle geskenk nie omdat ek taamlik goed weet wat hulle werd is. Op enkele uitsonderings na behoort hulle van hulle perde ontneem te word. Ek het aangebied om dit te reël, maar selfrespek het hulle verhoed om die aanbod te aanvaar. Ek sal uiters verbaas wees as enigeen van hulle in gevegte betrokke raak; hulle is 'n klomp kruideniers, nie soldate nie. Tydens die lang halt van agtuur die aand tot eenuur die oggend het twee manskappe, hoewel daar bome was waaraan die perde vasgebind kon word, met ons vertrek hulle perde verloor. Dit was voldoende rede vir hierdie uitstekende vegtende winkeliers om weer te gaan slaap en te weier om te vertrek voordat hulle hul koffie geniet het! As dit so voortgaan, het dit geen sin om snags voort te trek en bedags weg te kruip om so ons bewegings geheim te hou nie. Om 6:30 het ons kamp opgeslaan in 'n laagte naby 'n verlate plaas waar daar water was om in te was en wilgerbome om koelte te gee. Die professionele laatslapers het ons op 'n galop ingehaal soos 'n klomp skoolseuns wat uit is vir 'n vakansiedag. Die inligting wat ek oor die Engelse by Boshof ontvang het, het my voorneme om hulle aan te val, versterk. Dit sal my in ieder geval in staat stel om ontslae te raak van my Hollanders, wat ek saam met my trofeë na Hoopstad sal terugstuur as ek suksesvol is. Wat die ander betref, dit sal hulle bloeddruk laat styg en dalk sal hulle voortaan minder aan aan hulle eie gerief dink. Ek vertrek om 17:00.

3 April. – Onderhoud met veldkornet Daniels[53], 'n intelligente en simpatieke mens, wat Engels goed praat en gretig is om my tot diens te wees. Ek het aan hom my begeerte verduidelik dat ek Boshof graag onderweg wil aanval en deur die aanval die aandag van die Engelse wil trek. Verder het ek hom om 'n gids na die Modderrivier gevra. Ek sou graag vanaand wou vertrek het, maar aangesien

---

53 De Villebois-Mareuil skryf Daniell in sy dagboek.

reëlings met die Boere getref moet word en ek weet hoe lank dit hulle neem om tot 'n besluit te kom, het ek dit tot môreaand uitgestel met die verskoning dat verdere inligting oor die posisie van die Engelse by Boshof wenslik is. Ek en Daniels het ooreengekom om by my kamp te ontmoet. 'n Verdere vergadering met verskeie veldkornette. Hulle weier om hulle goedkeuring aan my plan te heg onder die voorwendsel dat daar 'n Engelse kamp by 'n plek genaamd Losfontein, tussen Boshof en Kimberley, kan wees. Hierdie kamp – as dit wel bestaan – sal slegs 'n faktor wees indien ek in daardie rigting beweeg. Die kamp sal in elk geval nie in die nag vertrek nie. Maar dit verontrus die Boere, aangesien hulle die Engelse kamp dan in die rug sal hê. Ek hoop nietemin dat ek hulle oortuig het deurdat ek verantwoordelikheid vir alles aanvaar het en dit slegs aan hulle oorlaat om teen die drosters op te tree. 'n Voorstel is gemaak vir uitstel om verdere inligting te bekom, maar ek het geantwoord: "Môre of hoegenaamd nie." Feit is dat ek óf die gedagte sal laat vaar om Boshof te verras, óf tussen Boshof en Kimberley sal deurgaan. Dit sal afhang in hoeverre ek nie opgemerk word nie.

4 April. – Vertrektyd volgens operasionele bevele vir vieruur vasgestel. Die Boere beweer dat daar twaalf myl van Boshof af altesaam 7000 Engelse voetsoldate is wat van Warrenton af gekom het. Nadat die Boere ingewillig het om 'n klein aandeel aan die aanval te hê, het hulle met hierdie storie vorendag gekom. Die man wat daarvoor verantwoordelik is, het my verseker dat hy die Engelse mag gesien het. Hulle het almal aangebied om te gaan verkenningswerk doen en die egtheid van die bewering te kontroleer. Aangesien die verkenning tot môre sal duur en ek reeds om vieruur vertrek, sal hulle nie saam met my kan gaan nie. Ek kan nie dink hoe die Boeregeneraals daarin slaag om hulle manskappe te kry om hulle te volg nie; ongeag hoe maklik ek dinge maak, ek kan hulle nooit sover kry om handelend op te tree nie. Die veldkornet verstaan baie goed en doen skynbaar iets. Dit is blykbaar 'n saak van tradisie en beginsel. Wat die Hollanders betref, hulle het vier perde verloor wat – gereken dié vyf wat gister verloor is – nege van hulle voetsoldate maak. Ek sê dat hulle te voet moet voortgaan. Hulle ongelukkige kommandant, heeltemal gedemoraliseer, verduidelik aan my dat uit 'n gevoel van kameraadskap die res van hulle daarop sal aandring om agter te bly, omdat hulle vrees dat hulle vriende gevang sal word. Ek het my ingehou, maar hom daarop gewys dat sy korps met oneer uit die saak sal tree en dat, indien ek slegs met die Franse die veldtog moet voortsit, ek by my terugkeer 'n voorbeeld van die drosters sal maak. Dit het hom skynbaar ietwat beïndruk. Wat my betref, kan die Hollanders na die duiwel gaan.

Hier eindig die oorlogsnotas van kolonel De Villebois-Mareuil. Die kolonel wat op 19 Maart deur president Kruger as generaal aangestel is, het op 5 April op 'n laaste verkenningstog vertrek. Terwyl sy klein eenheid Franse en Hollandse vrywilligers naby Boshof was met die doel om die stellings van lord Methuen te verken, teen wie kolonel De Villebois-Mareuil 'n belangrike aanval beplan het, is die eenheid skielik deur 'n sterker mag Engelse troepe omsingel. Hy het geweier om oor te gee en het in 'n skermutseling gesneuwel.

Register

Abrahamskraal 71, 116, 130, 137–139, 141
Action Française vii
Adelstand, Franse vii
Agamemnon 136 n.
Albert (spoorwegaansluiting) 8
Albion 95. *Sien ook* Engeland.
Alexanderfontein 85, 106
Algerië vii, 2–3, 19, 32, 73
Aliwal-Noord 8–9
Allum, kapt. *foto nr. 23*
Amerika xi, 115 n.
Amerikaanse Vryheidsoorlog xi
Amerikaners 60, 149
Anglo-Zoeloe-oorlog 9, 68
Apiesrivier (Pretoria) 16–17
Apollo 136 n.
Athene (Griekeland) xi
Aubert, mnr. Georges 4–5, 8–10, 12–13, 15, 116
Aubert, mej. 4, 10
Auliese Raad 117
Australiese kaptein 121

Baden-Powell, kol. (later genl. lord) R.S.S. 7
Bagration, prins Nikolai (prins Nikolai G. Bagration-Mukhransky van Tiflis) 140, *foto nr. 27*
Balzac, Honoré vii
Baumann, dr. 154–155
Belmont 11, 108
Belse, mnr. & mev. 128
Bethulie 9
Betsjoeanaland 5, 8 n., 46
Bilse, ene (adjudant) 101

Black Watch (Royal Highlanders) 88
Bloemfontein 9, 66–69, 71, 86, 89, 106–107, 109, 111, 113–117, 122–123, 125–129, 139–144, 146–147, 155
Bloubankdrift (Rietrivier) 113
Boere (De Villebois-Mareuil se siening van) vii–viii, xi–xiv, 15–16, 21, 24, 29, 32, 37–38, 54, 61, 80, 83, 90–93, 100, 105, 108, 111, 129–132, 137–138, 147, 153
Boeregevegsmetodes (De Villebois-Mareuil se siening van) vii–viii, xi–xiv, 15, 20, 26, 34, 37–38, 49, 51, 61, 64, 74–76, 88–90, 93, 108–110, 113, 116, 118, 128, 130, 132–133, 136–137, 139–140, 155, 160
Boereleiers (De Villebois-Mareuil se siening van) xii–xiii, 20, 23, 56, 59, 61, 100–101, 105–110, 118, 144–145, 151, 155–156, 160
Boksburg 50, 52
Bosher, mnr. 104, 117–118
Boshof vii, ix, xiv, 95, 107, 109, 112–114, 116–117, 150, 158–160
Bosrant (Hlangwane) 24–26, 34
Botha, genl. (later kmdt.genl.) Louis xii, 24, 26–27, 30, 36–38, 41, 47–49, 54, 56, 59, 61–62, 64, 136, 156, *foto nr. 5*
Botha, genl. P.R. (Philip) 133–134, 136

Botswana 5 n., 46 n.
Boucher, mnr. 21
Bouvines, slag van vii
Boy Scout-beweging 7
Brandfort 67, 98, 143–146, 157
Braun, kol. von. *Sien* Von Braun, kol.
Bréda, lt. Pierre, graaf de. *Sien* De Bréda, lt. Pierre, graaf.
Bredenkamp, genl. 155
British South Africa Chartered Company 8 n.
Brittanje. *Sien* Engeland.
Buller, lt.genl. sir. R.H. (Redvers) 17, 23, 25–27, 37–38, 41, 61, 68
Bulwana 60
Burger, wnd. pres. genl. S.W. (Schalk) 22–23, 27–28, 57–59, *foto nr. 6*
Burgersdorp 8

Cecil-kanon 101
Charette, René de. *Sien* De Charette, René.
Chargeurs-Réunis 118
Chateaubriand vii
Châteauvieux, vlootluitenant 141, 144
Chelmsford, lord 9
Churchill, lord R.H.S. (Randolph) 8
Churchill, W.L.S. (Winston) 8
Clery, genl.maj. sir C.F. (Cornelius) 8, 27
Coleman, vk. Walter 149–151, 154
Colenso 5, 8, 14, 23–31, 41–42, 44–47, 52–53, 60–64, 75–76, 82–83, 136
Colenso (perd) 82, 127

Colesberg 8–9, 64, 83, 89, 106, 109, 115–116, 118–123, 139, 141, 155
Coleskop (Colesberg) 123
Coste, mnr. 104–106, 110, 113, 118
Courtenay, ene 104, 139, 142
Creusot-kanon. *Sien* Long Toms
Creusot-werke 15, 100
Cronjé, genl. A.P. (Andries) 139
Cronjé, veggenl. A.P.J. (Andries) 78, 80
Cronjé, mev. C.C. (née Cronjé) 75, 110
Cronjé, asst.kmdt.genl. P.A. (Piet) xiii, 5–6, 11, 14, 27, 47, 68, 73–82, 86–89, 94–97, 105–110, 113, 115–116, 118, 123–125, 128–130, 132, 134, 136, 155, *foto's nrs. 7 & 21*

Daniell, vk 158 n.
Daniels, vk. 158–159
Davitt, Michael 155, 157
De Aar 9
De Beersmaatskappy 85
De Bréda, lt. Pierre, graaf. 87, 104–105, 117–120, 124, 127, 129, 133, 140–141, 144, 147, 153–154, *foto's nrs. 24 & 27*
De Bruyeres, mnr. 152
De Charette, mnr. René 87, *foto nr. 19*
De Ferrière, mev. 13
Degeorges, mnr. 65
De Kertanguy, ene 104, 117–118
De la Fayette, markies (M.J.P.R.G. Motier) xi
Delagoabaai 2
De la Rey, genl. (later asst.kmdt.-

genl.) J.H. (Koos) 14, 59, 65, 115, 122–125, 128, 139–140, 143, 146, 152, *foto nr. 11*
Demange, kapt. 127–128, 130, 141–142, 149–150, *foto nr. 23*
De Medici, Catharina 86
Dercksen, vk. (later kmdt.) A.J. 50–52
De Richelieu, kardinaal (A.J. du Plessis) 15, 58 n.
Dertigjarige Oorlog 76
De Sainte-Croix, mnr. 65
D'Etchegoyen, lt. 104, 139, 141
De Villebois-Mareuil, graaf Christian 155
De Villebois-Mareuil, kol. (later veggenl.) G.H.A.V.
   Vroeë lewe vii, ix–x, *foto's nrs. 1 & 2*
   Begrafnis vii, ix
   Beskrywings van landskappe 2–3, 19–20, 32, 41–42, 62, 67, 72–74, 119
   Dagboek vii–xi
   Haat vir Brittanje vii–viii
   Kruisvaart xi
   Offisier ix–x, xiii, 16, 39, 142, 151
   Ridderlike ideaal vii–xi, 29
   Soldaat ix–x, xiii, 10, 15, 35, 61, 84, 126
   Reis vanaf Lourenço Marques tot Pretoria 1–4
   Verblyf in Pretoria en Johannesburg 4–19
   Natalveldtog xiii, 19–65, *foto's nrs. 16, 17 & 18*
   Tweede besoek aan Pretoria 65–66
   Besoek aan Bloemfontein 66–68, *foto nr. 20*
   Modderrivier xiii, 38–40, 42, 46, 54, 56, 68–80
   Beleg van Kimberley 80–107
   Terugtog en verblyf in Bloemfontein 107–118, 143–145
   Colesberg 118–129
   Terugtog na Abrahamskraal 129–143
   Brandfort en Boshof 145–160
De Villiers, ene 28
De Villiers, genl. (eers kmdt.) C.J. 62
De Vogüé, E.M. xv
De Volksstem 24–25
De Wet, hoofkmdt. (of generaal) (eers wnd. kmdt.) C.R. (Christiaan) xii, 107, 113, 115–117, 123, 128–132, 134, 136–137, 143, 147, 157, *foto nr. 12*
Drakensberg 39
Dreyfus, kapt. Alfred 15
Dronfieldstasie 85
Duitsers xiii, 2, 5–6, 23–24, 26, 34–36, 48, 51, 68, 80, 112, 120–122, 131, 139, 141, 146, 149, 156
Duitsers (De Villebois-Mareuil se siening van) 35
Duitsland 35, 156
Dundee 5–6, 20, 65
Dunlop, dr. 104
Du Plessis, A.J. (kardinaal De Richelieu) 15
Dupont, mnr. 47–49, 52, 55–56, 66–67, 87
Dupuy, C.A. 57
Durand restaurant (Parys) 121
Durban 9

Du Toit, genl. S.P. 82–85, 89, 93–96, 101–104, 116–117, *foto nr. 14*
Duval, mnr. 13
Duval, Roger Raoul. *Sien* Raoul-Duval, Roger.

Elandsfontein (Germiston) 66
Elandslaagte 5–7, 21, 28, 43, 57, 63
Engeland vii, 120, 137, 156
Engelenburg, dr. F.V. 24–25, 29
Engelse (De Villebois-Mareuil se siening van) vii–viii, 69, 118
Engelse gevegsmetodes (De Villebois-Mareuil se siening van) 25, 37–38, 41–42, 61–64, 76, 78–79, 83, 88, 128, 131–133, 156
Erasmus, genl. D.J.E. 60, 65
Erasmus, maj. P.E. 16
Esselen, adv. E.A. (Ewald) 45, 47–48
Estcourt 8, 61
Estrellaberge (Portugal) 32
Etchegoyen, lt. *Sien* D'Etchegoyen, lt.
Europa 90, 115 n.
Europese legioen xiii, 137, 147–152, 157–158
Eustachius, Handelinge van 77 n.
Eylou, slag van vii

Fabvier, baron C.N. xi
Ferreira, hoofkmdt. (of genl.) I.S. (Ignatius of Naas) 81–85, 100–101, 116–117, *foto nr. 13*
Ferreiramyn (Johannesburg) 12–13
Ferrière, mev. de. *Sien* De Ferrière, mev.

Fischer, mnr. (seun van Abraham) 149, *foto nr. 21*
Fischer, Abraham 115, 149
Fouché, kmdt. 122, 124, 128
Frankryk vii, ix, xiv, 4, 14, 17, 32, 35, 39, 53, 57, 65, 87, 93, 96, 103, 123, 128, 149, 156–157
Franse xiii, 2–5, 10, 12–15, 28, 46–47, 57, 65, 67, 76 n., 87, 93, 95–97, 102–104, 117–118, 126–128, 130, 133–134, 139–141, 143, 145–151, 153, 157, 160
Franse legioen 139–146, 148
Franse politici (De Villebois-Mareuil se siening van) 16, 46, 57, 156
Franse Rewolusie vii
Frans-Pruisiese Oorlog (1871) vii, x, 35 n., 48
Frederik 135

Gaertner, kapt. 122, 141
Galopaud, lt. Ernest 24–25, 29, 31, 35–36, 38–39, 76, *foto nr. 25*
Gatacre, genl.maj. sir W.F. (William) 9, 150
Geyer, mnr. 142
Gironde 46, 87
Glencoe 20, 65
Gloucester Regiment 7
Goudbereiding 12–13
Grand Hotel (Pretoria) 4
Green, sir W. Conyngham 5
Grieke xi
Griekeland xi
Grobler, genl. F.A. 122–123, 125, 150
Grunberg, mnr. Léon 15, 65, 104, 115, *foto nr. 3*

Grys Eminensie 58 n.
Guillet, vader 67
Guillot, mnr. 117
Gurko, lt.kol. V.Y. *Sien* Romeiko-Gurko, lt.kol. V.Y.

Handelinge van Eustachius 77 n.
Harrismithlaer 56, 60, 62
Haute-Loire (Frankryk) 57 n.
Heidelberg (Tvl.) 19
Heilige Graf xi
Heilige Romeinse Ryk 117 n.
Heitz, mnr. von. *Sien* Von Heitz, mnr.
Hertzog, asst.hoofkmdt. (of genl.) (eers regter) J.B.M. 152
Heyman, dr. 148
Hirsch, mnr. 21
Hlangwane. *Sien* Bosrant.
Hofer, mnr. 11–13
Holboom, mnr. 5, 8
Holland. *Sien* Nederland.
Hollanders. *Sien* Nederlanders.
Hooflaer (Hoofdlager) (Natal) 43–44, 48, 57, 60
Hooflaer (Wesfront) 75, 86, 105–106, 110, 113, 137
Hoopstad (OVS) 154, 157–158
Hubertus (St.) 77

Iere 114, 155
Indië 32
Indiërs 22, 28
Indo-China vii
Indus 32
Ingogo 19–20
Ipopa 52
Isandlwana 9
Italiaanse legioen 56

Italianers 48

Jack (agterryer) 129
Jacobsdal 73, 76, 78, 106–107, 135
Jacques, mnr. 14
Jag 52–54, 77–78, 91–92, 133
Jameson, dr. L.S. 5
Jode (De Villebois-Mareuil se siening van) viii, 15, 17–18, 147–148
Johannesburg 4, 6, 8–14, 18–19, 21, 47, 76, 103, 120
Joinville (Frankryk) xi
Jomini, baron Henri 125
Jorissen, mnr. H.C. (Hendrik) 109–111, 113–116, 118
Josef, vader. *Sien* Le Clerq du Tremblay, François.
Joubert, mev. H.S.J. (Hendrina) (née Botha) 46–47, 58–60
Joubert, kmdt.genl. P.J. (Piet) xiii, 5, 8, 14, 21, 28, 31, 39, 44, 46–47, 53–62, 64, 81–82, 94, 104, 106, 130, 146–150, 156, *foto nr. 17*
Judas xv

Kaapland (Kaapkolonie) 8 n., 29, 41, 49, 53, 56, 59, 91, 95
Kaapstad 8 n., 9, 95
Kaïro (Egipte) 8 n.
Kamfersdam 83, 85, 90, 93–94, 96, 98–99, 101–102, 104, 116
Kantoor 44
Kassandra 136
Katolieke, *sien* Rooms-Katolieke
Kaukasus 140
Keizer, mnr. (sekretaris van genl. Piet Cronjé) 96, 105

Kersdag xiii, 31–35
Kertanguy, de. *Sien* De Kertanguy, ene.
Kimberley xiii, 6, 8, 11, 14, 38, 41, 46, 78, 80–85, 87, 89–90, 93–97, 101–102, 105–106, 109, 115, 117, 125, 152, 155, 159
Kitchener, genl. (later veldmaarskalk) lord H.H. 38, 115, 128
Klein-Tugela 60–61, 63–64
Kliprivier (Ladysmith) 22, 28–29, 42–43, 47–48, 50, 55, 60, 62
Kock, genl. J.H.M. (Jan) 5–6, 57
Koedoesberg 97
Koedoesrand 116, 129, 155
Koenig 24, 76
Koffiefontein 106–107, 131
Kolbe, mev. (née Pretorius) 86–87, 94
Kolbe, genl. W.J. (Willem) 84–87, 93–94, 96, 101, 104, 109, 116–117, *foto nr. 8*
Komatipoort 2–3
Kommando's
  Boksburg 50–52
  Harrismith 56, 60, 62
  Johannesburg 122
  Krugersdorp 45
  Potchefstroom 80
  Pretoria 56
  Transvaalse 5–6, 81
  Vrystaatse 6–7, 52, 56, 60, 64, 81, 108, 115, 138
Konsul, Franse. *Sien* Aubert, mnr. Georges.
Korps
  Duitse 5–6
  Nederlandse 5–6, 150
Krone, lt. 16

Kroonstad 67, 145–147, 151, 157
Kruger, pres. S.J.P. (Paul) 9, 14, 15, 17, 28, 30, 46, 57–58, 104, 115, 128, 137, 147–148, 160, *foto nr. 9*
Krugersdorp 45
Krupp-kanonne 81
Krygskommissie 116
Krygsrade 20–21, 30, 60–61, 93–95, 99, 140, 144, 147
Kuruman 46

Ladysmith (Natal) xiii, 5–9, 14, 21–23, 27–28, 31, 34, 41–43, 45, 47–49, 54–55, 59–66, 68, 95, 130
Lafayette, markies. *Sien* De la Fayette, markies (M.J.P.R.G. Motier)
Laingsnek 5, 19
La Liberté ix, 65
Le Clerq du Tremblay, François (Vader Josef) 58
Le Colonel Chabert vii
Leeuvlei (plaas, OVS) 70
Lefranc, mnr. 105
Léon, kapt. Sam 15, 21–23, 56, 59–60, 63, 65, 69, 71–72, 81–82, 88, 93–98, 102–104, 107, 114–115, 118, 123, 130, *foto nr. 18*
Liebenberg, genl. Piet 80
Lingbeck, dr. 113
Lodewyk XIII 15, 58 n.
Loire-Leër (Franse) x
Lombardskop 22 n.
Londen 87, 118
Long Cecil. *Sien* Cecil-kanon.
Long Tom (kanon) 22, 60–62, 75, 80, 83–84, 87, 90, 93–102, 104,

106, 116, *foto nr. 21*
Loretta, Onse Vrou van 18
Losfontein (plaas, OVS) 159
Lourenço Marques ix, 2, 10, 31, 60, 103, 156
Luik (België) 77 n.
Lynch, kol. Arthur 66

Maastricht (Nederland) 77 n.
Madagaskar vii
Mafeking 5–7, 80
Mafikeng 5 n.
Magersfontein vii, 27 n., 78–80, 88
Majuba 19
Makkabeërs, Boek van xv
Malan, kmdt. A.H. 47, 58
Malherbe, ene 28
Mambas 30
Mangold, dr. 120, 122, 124–125
Maputo ix n.
Maristebroers 13, 18
Mashonaland 8 n.
Matabeleland 8 n.
Mathis, mnr. 3–4
Mausers 126
Maximof, lt.kol. Y.Y. (Yevgenii) (Eugène) 152
Maxims 8, 20, 22, 26, 51, 65, 142
Mayenne (Frankryk) 67
Medici, Catharina de. *Sien* De Medici, Catharina.
Melfi (Italië) 76 n.
Meslay (Frankryk) 67
Methuen, lt.genl. (later veldmaarskalk) lord P.S. vii, 9, 160, *foto nr. 15*
Meyer, genl. L.J. (Lucas) 6, 44, 49, 53–54, 59, 65, 75
Michel, ene 104

Midi (Frankryk) 32
Minister van oorlog, Franse vii
Miribel, genl. 125
Modderrivier 6, 14, 27, 40, 42, 49, 54, 56, 68, 71–72, 75–80, 94–95, 97, 105, 107, 109–111, 115–117, 122–125, 128, 130–132, 136–138, 141–144, 155, 158
Modderspruit 7, 22, 45
Modena (Italië) 76 n.
Moloporivier 46 n.
Molteno 9
Monteil, kol. 65
Montecucculi, graaf Raimond 76
Mosambiek 9 n., 11, 156
Motier, M.J.P.R.G. (markies de la Fayette) xi
Msab 73

Nantes, Edik van 15
Napoléon 125 n.
Napoléon van die Kaap 93. *Sien ook* Rhodes, Cecil John.
Natal xiii, 5, 11, 20, 39, 59, 61, 63, 66, 72, 91, 98
Natal Volunteers 50–51
Nederlanders 5–6, 40, 105, 113, 142, 149–150, 155–160
Nederlandsche Zuid-Afrikaansche Spoorweg-Maatschappij (NZASM) 11, 20, 119
Nederlandse veldhospitaal 105
Nelspruit 3
Newcastle (Natal) 20
Noord-Afrika 3
Noord-Kaap 46 n., 83 n.
Noord-Rhodesië 5 n.
Norvalspont 119, 122, 124, 150
Noupoort 9, 125

NZASM. *Sien* Nederlandsche Zuid-Afrikaansche Spoorweg-Maatschappij (NZASM).

Oblate van Maria 18
Océana 11
Olifantsfontein (by Kimberley) 85, 107
Oos-Londen 9
Oostenryk 76, 117 n.
Oostenrykers 76, 122
Oran (Algerië) 32
Oranjerivier 115, 119, 123
Oranjerivier-Kolonie 115 n.
Oranje-Vrystaat 5–8, 39, 41, 54, 64, 66–67, 84, 108–109, 115 n., 118–119, 124, 155
Ottoskoppie 85, 100–101, 104

Paff, mnr. 47–48
Papenfus, mnr. (ordonnans) 16, 18–19, 21–22, 28
Papenfus, mnr. (landdros, Bloemfontein) 122, 125–128
Papenfus, C. 126
Parys (Frankryk) 7, 33, 41, 113, 121 n.
Payerne (Switserland) 125 n.
Peinpen, mnr. 133
Penn Symons, genl. sir W. *Sien* Symons, genl. sir W. Penn.
Petrusburg 70, 109–114, 130–131, 134, 139, 141–142
Philip, mnr. 18
Pietermaritzburg 8
Platrand (Ladysmith) 50
Polisie, Johannesburgse 138, 140–143
Pont-à-Mousson (Frankryk) xi

Port Elizabeth 9
Portugal 32
Portugese gebiede 9, 11, 54, 156
Potchefstroom 80
Pretoria ix, 3–4, 6–7, 9, 11, 14–22, 25, 31, 38, 48–49, 59, 63, 65, 68, 76, 103, 117–118, 139, 148–159, 151–152, 156
Pretorius, mev. 86–87
Pretorius, mej. 86–87, 94
Pretorius, pres. M.W. 15
Priamos 136 n.
Prieska 95
Protestante 15, 35 n., 58, 94
Provence (Frankryk) 32
Pruise 35 n.

Raoul-Duval, kwartiermeester Roger 127–128, 130, *foto nr. 23*
Rau, mnr. 131
Reichman, kapt. *foto nr. 23*
Reittenstein, maj. von. *Sien* Von Reittenstein, maj.
Reitz, F.W. 8, 15, 118, 152
Rensburg 122
Rhodes, Cecil John 8, 29, 93 n.
Rhodesië 5, 8 n., 9, 29
Ribots, A. 57
Ricchiardi, kol. Camillo 56–57
Richelieu, kardinaal. *Sien* De Richelieu, kardinaal.
Rietrivier 78, 113
Riverton 104, 116–117
Roberts, genl. (later veldmaarskalk) lord F.S. 37–38, 41, 59–61, 89, 94
Robinsonmyn (Johannesburg) 12
Romeiko-Gurko, lt.kol. V.Y. 127, 130, 138, *foto nr. 23*

Rooi Kruis 14, 121–122
Rooms-Katolieke 18, 35 n.
Rooth, mnr. Edward 14–19
Royal Highlanders (Black Watch) 88
Royal Irish Fusiliers 7
Rusland 156
Russe 122, 140, 152
Rustenburg 17
Ryn 76 n.

Sahara 72
Sahol, dr. 122
Sainte-Croix, mnr. de. Sien De Sainte-Croix, mnr.
Sauer, mnr. J. (Hans) 29
Sauer, mnr J.W. 29
Sauer, adv. H.B. 18–19, 23–25, 29, 36, 38–40, 42–44, 48–49, 52, 55–56, 59, 109, 115, 118, 123–125
Sauvier, mnr. 21, 66
Schoeman, genl. H.J. (Hendrik) 122–124
Schotnekreeks 107
Scotch Farm (plaas by Kimberley) 85–86, 105–107, 110
Smaldeel (OVS) 153
Smorenburg, kmdt. A. 150, 154, 159–160
Spanje 3
Spioenkop 82 n.
Spoorweë, Aanval & vernietiging van 5–6, 20
Springfontein 118
Staatsartillerie 14–15, 138–150
Staatsraad, Oostenrykse 117 n.
Standard, The. Sien *The Standard.*
Sternberg, graaf Adalbert 76, 83, 86–88, 94, 96–97, 106–107, 116, 118
Stewart, mnr. 15
Steyn, pres. M.T. 68, 95, 104, 115–116, 123–124, 147–151, 157, *foto nr. 10*
St. Helena 150 n.
St. Omer (Frankryk) 57 n.
Stormberg(stasie) 9
Suidoos-Afrika 11
Suid-Rhodesië 5 n.
Sunnyside (Pretoria) 14, 16
Swart mense viii, 16–17, 20, 24, 27, 29, 33, 40, 54–55, 58–59, 66, 68–71, 73, 80–81, 83, 86–88, 90–91, 97, 102, 105, 107–108, 110–112, 118–120, 123, 126–129, 131, 143, 151–152
Swart mense (De Villebois-Mareuil se siening van) viii, 16, 20, 33, 39–40, 54–55, 86–88, 91, 107, 120, 122, 126–127, 129
Switserland 125 n.
Switsers 125 n.
Symons, genl. sir W. Penn 6, 20

Theron, kapt. (later kmdt.) D.J.S. (Danie) 66
The Standard 76
Thomson, lt. *foto nr. 23*
Tilsit, vrede van 125 n.
Toeplitz (plaas by Ladysmith) 23
Tolomias, mnr. 12
Transvaal ix, xi, 2, 6, 12, 15, 17, 29, 58, 67, 103, 119, 121, 139–140, 154
Troje 136 n.
Tsjerkesse 140
Tugela xiii, 8, 24–26, 29–34, 36,

41–42, 54, 61, 63–64, 82, 137
Turke xi, 76 n.

Uitvoerende Raad
   Oranje-Vrystaat 115, 149
   Transvaal (ZAR) 5, 28, 30–31, 57
Ultimatum 5
Umbulwana, *sien* Bulwana

Vaalrivier 6, 67, 154–155
Van Dam, kmdt. G.M.J. 140–142
Van Dedam de Gelder, baron 155, 157, *foto nr. 20*
Van Reenenspas 5, 39
Van Wyk, Jacob 45–46
Vaud (Switserland) 125 n.
Vels, mnr. 157
Ventersburg 147
Verenigde State van Amerika (VSA). *Sien* Amerika.
Vetrivier 154–155
Viëtnam vii n.
Viljoensdrif 67
Villebois. *Sien* De Villebois, kol. (later veggenl.) G.H.A.V.
Voisin restaurant (Parys) 33, 121
Volksraad
   Vrystaat 123, 132
   Transvaal (ZAR) 19, 30–31, 45, 84, 132
Volksrust 20
Volksstem, De 24–25
Von Braun, kol. 23, 26, 34–35
Von Heitz, mnr. 80
Von Reittenstein, maj. 24
Von Wrangel, baron lt. Ernst 148–149
Vreemde Legioen, Eerste (Franse) vii, 150
Vryheid (ZAR) 5
Vrystaat. *Sien* Oranje-Vrystaat.
Vrystaat Hotel (Colesberg) 120
Vrywilligers xiii–xiv

Wagon Hill. *Sien ook* Platrand
Walker, mnr. 12
Warrenton 159
Waterval-Boven 4
Waterval-Onder 3–4
Weenen (ZAR) 27, 61
Wêreldtentoonstelling (Parys) 6
White, lt. genl. (later veldmaarskalk) sir G.S. (George) 9, 64
Wilhelmina, koningin 149–150
Winburg 146, 150
Wincherlenk, dr. 113
Windsortonweg 83 n.
Wit vlag 7, 28, 97
Wrangel, graaf Von. *Sien* Von Wrangel, baron lt. Ernst.
Wyland, mnr. 131

Zambië 5 n.
Zimbabwe 5 n.
Zoeloeland 9
Zoeloe-oorlog. *Sien* Anglo-Zoeloe-oorlog.
Zoeloes, 9 n., 48
Zuid-Afrikaansche Republiek (ZAR). *Sien* Transvaal.